Introducción
a una nueva forma de
Enseñar y Aprender

EDUCACIÓN

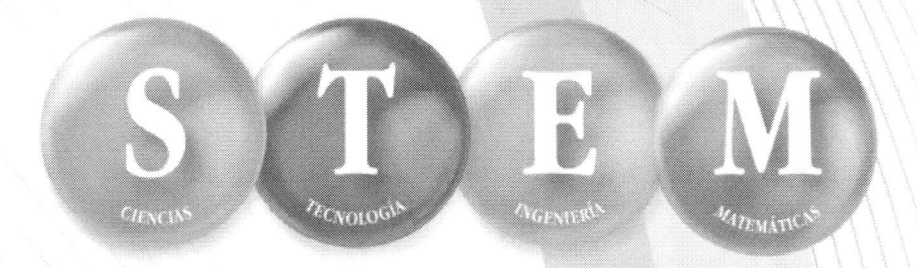

STEM
CIENCIAS · TECNOLOGÍA · INGENIERÍA · MATEMÁTICAS

JAIRO BOTERO ESPINOSA

STEM EDUCATION COLOMBIA

Prólogo por Cary Sneider Ph.D.

© STEM Educación Colombia, 2018

www.stemeducol.com

Carrera 20 No. 169 – 32, Bogotá, Colombia

Tel. 57 1 526 3965

Diseño general y de portada:

Diana Carolina Cortés M.

Impreso por:

STILO IMPRESORES LTDA.

Impreso en Colombia, Printed in Colombia

ISBN 978-958-48-3788-2

eISBN 978-958-48-3789-9

No se permite la reproducción total o parcial de este libro, ni su incorporación a un sistema informático, ni su transmisión en cualquier forma o por cualquier medio, sea este electrónico, mecánico, por fotocopia, por grabación u otros medios, sin el permiso previo y por escrito del editor.

A Dios,

por permitirnos esta aventura educativa.

Reconocimientos

Esta obra no se habría vuelto realidad sin el aporte de muchas personas que contribuyeron activamente con sus comentarios, conocimientos y apoyo incondicional. Queremos hacer público nuestro reconocimiento y agradecimiento a cada uno de ellos:

A mi esposa, Ruth Rojas, por su apoyo profundo en este proyecto educativo.

Al Ing. Pedro Rojas, por haber creído y fomentar el interés nuestro para acometer esta proyecto educativo. También por sus críticas constructivas que ayudaron a dar forma a esta obra.

Al Dr. Saúl Botero Restrepo, mi padre, por apoyarnos en la revisión de estilo y buen uso del idioma español.

Al Dr. Cary Sneider, por su apoyo académico y haber creído en esta aventura educativa.

A la Licenciada Andrea Méndez Montenegro, con quién comenzamos hace varios años a trabajar sobre la educación STEM. Sin su aporte y compañía no habría sido posible la presente obra.

A las personas del Parque Explora por su colaboración para la construcción de los capítulos 9 y 10, entre ellos al Ing. José Ignacio Uribe y a la Ing. Liliana Leiva y especial agradecimiento al Señor Director del Parque Explora Andrés Roldán por su aporte a la presente obra.

Agradecemos también a los señores Rectores de las instituciones educativas que incluimos en nuestro capítulo de experiencias y también a aquellos docentes que han creído en que el cambio es posible y que la educación STEM es una alternativa.

También queremos agradecer a Yuneidi Tatiana Quintero quién fue la primera persona que declaró la necesidad del desarrollo de una obra como esta para la comunidad de países de habla hispana.

A la Comunidad STEM Education Colombia por demostrar su pasión por la innovación en la educación y buscar alternativas como esta para un futuro mejor para los estudiantes.

Contenido

Prólogo 9

Introducción 15

Capítulo 1.
¿Qué es STEM? 19

Capítulo 2.
Los nuevos estándares de ciencias - NGSS 61

Capítulo 3.
Los estándares de tecnología.. 99

Capítulo 4.
Ingeniería en el currículo escolar 125

Capítulo 5.
Integración de las asignaturas... 149

Capítulo 6.
La institución educativa y la educación STEM 173

Capítulo 7.
Cómo llevar la educación STEM a la práctica 193

Capítulo 8.
Evaluación de actividades STEM 235

Capítulo 9.
Experiencias en instituciones educativas................................ 253

Capítulo 10.
Aportes de los museos y parques de ciencia a la
educación STEM 269

Apéndice A.
Ideas disciplinares fundamentales NGSS 285

Apéndice B.
Estándares de tecnología según la ITEEA 293

Apéndice C.
Abreviaturas y tablas de equivalencia...................................... 321

Prólogo

Cary Sneider PhD

Los educadores en ciencias en los Estados Unidos se han esforzado por décadas para realizar una reforma educativa, y los resultados han sido esporádicos en el mejor de los casos. Hoy hay en el aire un nuevo optimismo de que una revolución silenciosa está cobrando impulso. Aunque el capítulo final de nuestra historia está aún por escribirse, creo fervientemente que estamos finalmente en un camino productivo. Y estoy especialmente complacido de que Jairo Botero y sus colegas hayan encontrado que nuestros esfuerzos son dignos de ser compartidos por el mundo de habla hispana. De todos modos, los problemas que enfrentarán nuestros estudiantes de secundaria cuando se gradúen serán problemas globales. Aunque cada país encontrará sus propios retos, con seguridad, juntos haremos mayores progresos.

Permítanme ser más específico sobre los motivos por los que creo que el movimiento educacional desde la ciencia hacia STEM es de importancia global. En 1950 había 2.600 millones de personas en la Tierra. En el año 2000 había 6.200 millones. Y ahora que escribo esto, hay 7.400 millones de bocas que alimentar. El hambre se ha extendido por muchas partes del mundo. Casi todas las tierras cultivables están subutilizadas y el cambio climático amenaza con hacer la vida todavía más difícil. Cuando nuestros niños sean adultos, la población mundial alcanzará los 9.000 millones, la capa de hielo ártica desaparecerá por completo y el mundo será más difícil de manejar que hoy. A pesar de que algunos de los legisladores puedan ser persuadidos de que vale la pena invertir en la educación STEM para avanzar en la competencia económica, este propósito palidece en comparación con el objetivo mucho más importante de proveer de alimentos y agua potable a todos los habitantes del planeta, encontrar la cura para las enfermedades y prevenir las pandemias globales, inventar métodos para utilizar los recursos naturales y la energía para encauzar a la civilización sin destruir los últimos hábitats naturales que quedan y crear ciudades en donde la gente pueda disfrutar de una vida próspera y satisfactoria. Para lograr estas metas, habrá que resolver miles de problemas urgentes, y los niños y jóvenes en nuestras aulas y campos de verano tendrán que ser preparados para resolverlos. Prepararlos para el mundo del mañana, tal es nuestra tarea.

¿Cómo puede ayudar este libro? En primer lugar, porque muestra las raíces de una reforma educativa que se está realizando en los Estados Unidos, y que puede ofrecer el tipo de educación necesario para que las próximas generaciones afronten los problemas que hemos mencionado.

En el capítulo 1, *¿Qué es STEM?*, el libro describe los fundamentos de esa revolución, el cambio de la ciencia hacia STEM. En palabras de Stephen Pruitt, el líder del equipo que ha desarrollado los nuevos estándares, y actualmente comisionado para la educación en el estado de Kentucky: "Lo que importa no es lo que los estudiantes saben, sino lo que hacen con lo que saben". Como se explica en este capítulo, vivimos en un mundo dominado por la tecnología, y es esencial que todos puedan entenderla, usarla, tomar decisiones sobre ella, y mejorarla por medio de la ingeniería. Es esencial aprender sobre el mundo natural mediante la ciencia (la S de STEM), pero para los ciudadanos del siglo XXI no es suficiente. También se requieren la tecnología, la ingeniería y las matemáticas (las TEM de STEM).

El capítulo 2, Los Nuevos Estándares de Ciencias (*Next Generation Science Standards* – *NGSS*), cuenta lo que se está desarrollando en los Estados Unidos. A diferencia de la gran mayoría de los países del mundo, que tienen un ministerio de educación central, fuerte, los Estados Unidos fueron creados a partir de una colección de colonias británicas, que finalmente se convirtieron en un conjunto de estados parcialmente independientes. La responsabilidad de fijar las políticas educativas en los Estados Unidos, descansa en las legislaturas y en los comités de educación de cada estado. Hasta el año 2000, no había estándares estatales de ciencia, y los esfuerzos iniciales dieron como resultado estándares muy diferentes en calidad. Con los NGSS, creo que finalmente hemos doblado la esquina. Ahora, treinta y seis de los cincuenta estados han adoptado los estándares basados ya sea en los NGSS o en su marco de referencia (el proyecto para los NGSS), y se espera que otros ocho o diez estados lo sigan y se acomoden a estos en uno o dos años. Inclusive los estados que no tienen intención de tener estándares de ciencia y que al parecer están influenciados por un movimiento nacional, han comenzado a incluir la ingeniería y materias similares. Esto significa que los profesores de ciencias que reciben su formación en un estado pueden enseñar en otro. Y aún más importante es que los desarrolladores de currículos pueden crear los mejores materiales para temas, métodos y niveles específicos, en lugar de desarrollar cincuenta currículos que no funcionan bien para ninguno.

El capítulo 3, *Los Estándares para la Instrucción en Tecnología*, se refiere a un conjunto de estándares diferentes pero relacionados entre sí, desarrollados para un subconjunto de estudiantes en aulas especiales y en algunos casos de colegios especiales, con enfoque en la tecnología y la ingeniería. Aunque en décadas anteriores este segmento de nuestro sistema educativo preparaba a los jóvenes para oficios como la plomería, reparación de automotores y trabajos eléctricos, la celeridad del cambio tecnológico y la necesidad de técnicos altamente capacitados originó nuevos cursos en áreas como la programación de computadores, la robótica y la tecnología médica. Se espera que los estudiantes de esos programas cumplan con los estándares estatales, además de los Estándares para la Instrucción en Tecnología, desarrollados por Asociación Internacional de Docentes de Tecnología e Ingeniería (***I****nternational **T**echnology and **E**ngineering **E**ducators **A**ssociation* – ITEEA).

El capítulo 4, *La Ingeniería en el currículo*, es la clave de la iniciativa de reinventar la educación en ciencias. En el pasado, la solución de problemas en los colegios se refería a resolver los problemas matemáticos de los libros de texto, lo que se conocía como el método de instrucción "drill and kill". En lugar de eso, en los nuevos estándares la ingeniería es un enfoque sistemático hacia la identificación y la solución de problemas del mundo real. Lejos del diseño de nuevos aparatos, la ingeniería incluye una visión sistemática del mundo, el reconocimiento de que todo está conectado con todo, y el darse cuenta de que las decisiones tecnológicas pueden tener resultados imprevistos o predecibles. Si hacemos una buena labor en la mejora de los currículos y en preparación de docentes para ponerlos efectivamente en práctica, nuestros graduados de las futuras décadas tendrán el saber técnico y la sabiduría para colaborar con sus colegas en todo el mundo para abordar los problemas de un planeta que se calienta, destruye los bosques y aumenta cada vez su población.

El capítulo 5, *Integración de las asignaturas*, va más allá, para vislumbrar cómo la educación STEM puede dar los mejores resultados. El estado de California ha hecho de la integración de las asignaturas la finalidad preferida de su puesta en práctica, y ha establecido directrices para cómo combinar de diversas maneras los nuevos estándares en todos los niveles del sistema educativo, incluyendo el nivel de secundaria, reconocido como el más difícil de cambiar.

El capítulo 6 comienza con los aspectos más prácticos del libro, los pasos que es necesario dar en un colegio, una vez que se ha tomado la decisión de hacer el cambio de ciencias a la educación STEM. Aunque parecería que tal decisión concierne solo a los profesores de ciencias, lo expuesto en este capítulo reconoce que el cambio incluye a toda la comunidad escolar. Esto es ciertamente obvio en los niveles elementales, en los que lo profesores enseñan todos los temas, pero también en la educación secundaria hay oportunidades de integración con las otras asignaturas, que no deben ser pasadas por alto. En las áreas de ciencias sociales, por ejemplo, ya que los grandes desarrollos tecnológicos han tenido efectos profundos en la sociedad, desde la invención de los buques marítimos hasta los satélites y los teléfonos celulares. La lectura y la escritura no se relacionan solo con la ficción, sino con las capacidades de evaluar la información de Internet, la comunicación de ideas y la investigación, que no solo incluye textos, sino presentaciones y video. Las matemáticas también pueden ser enseñadas con mayor provecho si los estudiantes pueden ver el valor de estas para resolver problemas reales. Los consejeros y administradores escolares también tienen su parte en la transformación, así como la comunidad de los líderes en los negocios y en el gobierno. La importancia de la participación de los padres y su apoyo no puede menos de ser enfatizada, ya que estos tienen una profunda influencia en sus hijos, en sus actitudes hacia el colegio y en la carrera que aspiran a seguir.

Desde luego, los cambios más radicales serán en el aula STEM, que es el tema del capítulo 7, *Cómo llevar la educación STEM a la práctica*. Este capítulo contempla la perspectiva del docente en el aula, el desarrollo del currículo y la naturaleza de la instrucción diaria, con el enfoque del aprendizaje basado en proyectos. Este está cobrando popularidad en los Estados Unidos, como una forma de reorganizar el currículo a partir de los temas de ciencias, para conectar la ciencia con la ingeniería, y en algunos casos, incluir también otras disciplinas.

Puesto que la evaluación impulsa la instrucción, el capítulo 8, *Evaluación de actividades STEM,* pone el tercer eje de una sólida plataforma educativa: currículo-instrucción-evaluación. Dado que los nuevos estándares de ciencias - NGSS están concebidos en términos de expectativas de desempeño, la evaluación también requiere basarse en el desempeño, para que los estudiantes muestren lo que son capaces de *hacer*, no solamente lo que *saben*. El campo de la evaluación basada en la actuación es todavía joven, pero se están haciendo progresos. Este capítulo hace énfasis en que el propósito de la evaluación no es simplemente otorgar notas, sino más bien para que el docente sepa cómo están aprendiendo los estudiantes, y ajustar la instrucción. Esto significa que la evaluación se da continuamente en el aula, antes, durante y después de la instrucción.

Los capítulos 9 y 10 me parecen especialmente interesantes, pues muestran cómo se desarrolla la educación hoy en Colombia. El equipo de trabajo ha invertido un tiempo considerable en viajes para visitar colegios, museos y parques de ciencia, lugares en donde ha comenzado el cambio de ciencias a STEM. En estos capítulos tenemos la oportunidad de conocer a los pioneros de la educación en Colombia.

He oído la analogía de que los sistemas educativos son como los grandes trasatlánticos. Cambiar su curso es difícil, porque hay que superar su enorme inercia, pero nos guste o no, ya estamos en el viaje. Es de esperar que este cambio de curso nos llevará a un fascinante puerto, en donde nuestros estudiantes no solo aprenderán en forma más eficiente, sino que pensarán en forma diferente. Al cambiar la ciencia por STEM, estamos dando a nuestros estudiantes la oportunidad de entender cómo evolucionan tanto el mundo natural como el mundo tecnológico y las herramientas para progresar en la sociedad global del mañana. Para aquellos de nosotros que nunca enseñamos el mismo curso en la misma forma porque siempre estamos aprendiendo, esto promete un viaje emocionante.

Cary Sneider PhD

Cary Sneider *es profesor asociado de la Universidad Estatal de Portland en Portland, Oregón y asesor de fundaciones benéficas que trabajan para resolver problemas ambientales y educativos. También es miembro de la* **National Assessment Governing Board** *(Comité asesor del Gobierno de los Estados Unidos), el cual establece las políticas para el National Assessment of Educational Progress – NAEP (Evaluación nacional para el progreso en educación), también conocido como The Nation's Report Card.*

En años recientes trabajó en los comités para la **National Academy of Engineering** *(Academia nacional de ingeniería) y lideró el equipo de ingeniería para el desarrollo del "Marco de Referencia para la Enseñanza de las Ciencias y sus respectivos estándares curriculares* **Next Generation Science Standards – NGSS** *(Estándares de ciencias para la próxima generación).*

Introducción

Vivimos en un mundo con diversos y grandes problemas que a veces no vemos la manera de resolver, y que a la vez está deslumbrado por los desarrollos tecnológicos y los nuevos horizontes que se nos abren. Sin embargo, estos mismos desarrollos presentan posibilidades y oportunidades de gran importancia para la humanidad, como son los viajes interplanetarios, la posibilidad de abandonar la dependencia de los combustibles fósiles, de utilizar fuentes de energía que no atenten contra el futuro del planeta, de tener un mundo completamente interconectado, y muchos otros desarrollos de la invención y la innovación. Las nuevas generaciones deben prepararse para tomar parte en estos cambios, con el convencimiento de que la prosperidad económica y social de un país está fundamentada en la ciencia y la tecnología, y de que el desarrollo de estas determina su independencia y liderazgo a nivel global.

Pero en la educación se sigue enseñando lo mismo y de la misma manera como se hacía hace muchos años. Ciencias, lenguaje, matemáticas, historia, geografía, artes, educación física, se dictan de manera magistral y aislada unas de otras. Por este motivo, muchas veces los estudiantes no le encuentran sentido a lo que aprenden y lo que aprenden es de corta duración, solo para el examen, y en algunos casos desarrollan cierto rechazo por asignaturas como matemáticas y ciencias. Pero el mundo actual es interdisciplinario y los problemas de la vida también. Cuando una persona se enfrenta a problemas de la vida diaria debe poder utilizar conocimientos de diversas disciplinas para lograr tomar decisiones adecuadas y proponer soluciones viables. Por otra parte, el avance tecnológico y el desarrollo de la red Internet brindan acceso inmediato a las fuentes de información, y en esta forma el docente dejó de ser el dueño único del conocimiento. Esta situación lo invita a desempeñar una variedad de nuevos roles dentro del aula para lograr hacer cambios en la forma de enseñar y en el aprendizaje de sus alumnos.

Con las formas consuetudinarias de enseñar, los estudiantes hacen su carrera escolar sin enfrentarse a los problemas, llegan a grado once o doce, optan por una determinada carrera, pero aun como especialistas en el área de su profesión, su labor está alejada de la innovación y la inventiva. Sin embargo, los gobiernos y los países siguen aplazando un cambio necesario en la educación. Es ya hora de no perder más tiempo.

El acrónimo STEM, que hace referencia a *Science-Technology-Engineering-Mathematics* (Ciencias, Tecnología, Ingeniería y Matemáticas), es una nueva forma de ver la educación y representa una alternativa de preparar a nuestra juventud para el siglo XXI. STEM es un término ya utilizado a nivel mundial, y los países que han tenido los mejores resultados en las pruebas internacionales consideran que estas asignaturas son de importancia definitiva en de la formación de los estudiantes. La educación STEM propone una nueva instrucción en las asignaturas, que cambia la forma de aprendizaje. Ahora la instrucción en estas asignaturas no es solamente para los estudiantes que más se identifican con ellas, sino para todos.

En los Estados Unidos se está realizando una gran transformación en la enseñanza de las ciencias al poner en práctica los *Next Generation Science Standards – NGSS,* (Estándares de ciencias para la próxima generación) que transforman de forma radical la experiencia de los estudiantes al aprender sobre ciencia. Con los NGSS se abre la puerta a la instrucción de ingeniería en el salón de clase, dado que esta manera de enseñar interactúa de forma directa en las prácticas de ciencias y desarrolla hábitos mentales de suma importancia para un ciudadano que deberá participar de forma activa en los asuntos importantes de su país y tomar decisiones bien fundamentadas en todos los problemas de su vida. Por su parte, la instrucción en tecnología tiene un nuevo significado. El aporte de los *Standards for Technological Literacy – STL* (Estándares para la instrucción en tecnología), más que enseñar a los estudiantes cómo manejar o programar un equipo de última tecnología, contribuyen a un entendimiento más completo de lo que implica la tecnología. Además de entender cómo se desarrolla y se utiliza una tecnología, los estudiantes deberán estar preparados para considerar cómo afectan estas tecnologías al medio ambiente y a la sociedad. Los beneficios de una tecnología pueden ser obvios en muchos casos, pero las desventajas, los riesgos o amenazas no son tan evidentes. La relación de la tecnología con otras disciplinas es muy estrecha. Lo vemos en el deporte, en las investigaciones arqueológicas, en las facilidades para el estudio de idiomas, los descubrimientos científicos, las soluciones a problemas mediante la ingeniería, todas las áreas del conocimiento humano se apoyan y benefician de los avances en la tecnología.

Algo muy interesante que trae la educación STEM es la inclusión de la ingeniería en el salón de clase. No es una disciplina más con su propio currículo, sino que representa la adquisición de la habilidad para solucionar problemas y lograr cumplir los objetivos a través del proceso de diseño, como una forma sistemática e iterativa. Los estudiantes que desarrollen las habilidades de solución de problemas estarán en la capacidad de enfrentar situaciones nuevas, desarrollarán su inventiva y se interesarán por transformar sus soluciones en otras más eficientes. La ingeniería desarrolla hábitos mentales y ayuda a los estudiantes a pensar como ingenieros, de tal forma que entiendan la conexión entre las ciencias y la tecnología, y sepan cómo responder a las necesidades de la sociedad y del medio ambiente.

La nueva instrucción en matemáticas busca sembrar en los estudiantes una inclinación por estas como apreciables, útiles y necesarias para desenvolverse en los problemas, tanto profesionales como de la vida. La educación STEM conecta eficazmente las ciencias y las matemáticas a través del proceso de diseño en ingeniería, y la tecnología juega un papel definitivo en la relación de estas disciplinas. Los *Standards for Mathematical Practice* (Estándares para la práctica de matemáticas) se han alineado con la educación STEM y participan de forma paralela con las prácticas de ciencia e ingeniería en los NGSS.

En los equipos de trabajo profesionales son necesarias habilidades para el buen desempeño en una actividad o proyecto. Se requieren personas con habilidades de comunicación y colaboración, que sean creativas en la solución de problemas. ¿Por qué hay que esperar a que se tengan muchos años de experiencia profesional para desarrollar estas habilidades? ¿No es mejor desarrollar estas habilidades desde la educación básica? Ese es uno de los pilares de la educación STEM, que a través de la integración de las asignaturas promueve el desarrollo de las habilidades para el siglo XXI: Solución de problemas, pensamiento crítico, investigación, creatividad, comunicación y colaboración.

Todas estas transformaciones inspiran la presente obra. Con ella esperamos llevar el mensaje a toda la comunidad educativa de habla hispana, para exponer lo que significa la educación STEM. Hemos encontrado que el uso del acrónimo se está haciendo en ocasiones de forma impropia, pues muchas instituciones manifiestan que su modelo académico es STEM, que su herramienta tecnológica es STEM, que sus iniciativas interdisciplinarias también lo son, e inclusive los proyectos de la institución, sin que ello sea efectivamente así. Por lo tanto, se hace necesario explicar las bases que definen la educación STEM para aclarar los conceptos y poderlos usar para realizar una innovación educativa. El fundamento teórico incluido no solo ayuda a dar claridad a lo que realmente implica un desarrollo de la educación STEM integrada, y también muestra cómo importantes entidades académicas a nivel mundial la han puesto en marcha. La educación STEM no es una moda ni una simple transformación cosmética, es la respuesta a las necesidades del mundo de hoy y sienta las bases para una educación que define al profesional del futuro.

¿Cómo poner en marcha la educación STEM en el salón de clase? La presente obra brinda al lector un camino para entender las acciones necesarias para hacer una autentica educación STEM integrada. Se propone la forma de llevar un proyecto en una institución educativa, luego se muestra cómo son las unidades y actividades y qué criterios se deben emplear para su planeación. También se presentan los criterios para una evaluación adecuada y se traen varios ejemplos de instituciones que han decidido comenzar con esta forma de enseñar.

La conexión de los temas del currículo con los asuntos de la vida real le da relevancia a lo que los estudiantes aprenden. Sin embargo, esta experiencia no se limita al salón de clase. Hay actividades fuera del salón que contribuyen de forma importante a despertar el interés y la curiosidad de los estudiantes. Las actividades extracurriculares en el colegio, pero sobre todo fuera de este, hacen que aprender sea divertido y que los problemas del planeta y en general se tornen interesantes. Los parques de ciencia y los museos se convierten en piezas claves en la formación escolar. Existen instituciones que ya lo hacen, y que están convencidas del nuevo papel que deben desempeñar

Consideramos que este libro puede contribuir de forma importante a la transformación de la experiencia educativa de docentes, estudiantes, y en general de toda la comunidad educativa, y servirá de guía para dar los primeros pasos en una nueva formación. El docente tendrá la oportunidad de darle a su desempeño profesional un nuevo significado y la satisfacción especial de brindar a sus alumnos una experiencia educativa inolvidable.

¡Bienvenidos a esta aventura educativa!

Capítulo 1
¿Qué es STEM?

Este capítulo tiene por objeto conocer los orígenes de STEM y de sus comienzos, como también dar una definición que permita comprender la importancia de esta innovación en educación y comprender lo que STEM persigue. Adicionalmente, se establecen claramente las diferencias con otras iniciativas similares.

Historia de STEM

Entendamos para comenzar que STEM hace referencia al acrónimo de *Science-Technology-Engineering-Mathematics*, ciencias, tecnología, ingeniería y matemáticas. El acrónimo tiene diferentes formas según los idiomas. En español se acostumbra verlo como CTIM de **C**iencias-**T**ecnología-**I**ngeniería-**M**atemáticas. En el presente libro hablaremos más de STEM que de CTIM.

Para el caso de STEM no podemos partir de una simple definición. No es adecuado pensar en el término STEM relacionándolo únicamente con una reforma educativa a nivel mundial. Vamos a pensar en STEM como un cambio en la forma en que vemos nuestra realidad actual, cuyos avances tecnológicos son de tal magnitud que no alcanzamos a asimilar fácilmente sus implicaciones e impacto en la sociedad. Se hace necesario un cambio de cómo percibimos nuestra realidad actual porque en las próximas décadas vamos a ver un nivel de transformación muy grande y debemos prepararnos para ello, y no solamente para las actuales nuevas generaciones, sino para todas las que van a vivir el futuro inmediato.

Partamos del motivo que mueve a la sociedad de los Estados Unidos a buscar una solución para un problema importante en su desarrollo socio-económico, ya que este país ha sido líder en muchos campos, en especial en la innovación y el desarrollo tecnológico. Una sociedad productiva requiere profesionales y técnicos que son protagonistas de los sucesos que transforman la manera en que vemos y entendemos el mundo, y cómo actuamos en él.

Los actuales científicos, ingenieros, y técnicos y otros profesionales que intervienen a diario en nuestras sociedades, aportando con sus conocimientos y su experiencia, fueron preparados y educados con la forma de ver el mundo de hace treinta o cuarenta años. El contraste entre esa formación y la realidad actual es muy grande, y esto no permite que se tomen las decisiones adecuadas para mantener el liderazgo mundial de los Estados Unidos.

Un simple inventario de los avances en tecnología es útil para darse cuenta de cómo cambió el mundo de hace solo unas pocas décadas hacia acá: Tenemos el computador, internet, la microelectrónica, los dispositivos móviles, los desarrollos en comunicaciones, las tiendas de aplicaciones, los vehículos autónomos, la inteligencia artificial, todo esto al alcance de la mano y con costos razonables para el promedio de la población.

Estos avances configuran una nueva situación, que incluye, entre otras cosas, la posibilidad de trabajar en forma remota en lugar de presencial. Las empresas se ven enfrentadas a la necesidad de tener equipos de trabajo interconectados remotamente, ya sea porque sus empleados trabajan desde casa o porque sus sedes se encuentran en diferentes ciudades. Esta nueva condición demanda una nueva forma de enfrentar su realidad y exige el desarrollo o fortalecimiento de ciertas habilidades.

A principios de los años noventa la *National Science Fundation - NSF*, (Fundación Nacional para las Ciencias) lanzó la idea de hacer referencia a un acrónimo que representara las asignaturas STEM. Se propusieron muchos acrónimos, hasta llegar al actual. Existen algunas coincidencias en los acrónimos pero la que más se destaca es la de las células STEM, que por coincidencia utiliza las mismas letras pero hace parte de otra área de estudio, puesto que hace referencia a tipos de células madre. Para mantenernos todo el tiempo en nuestro enfoque hablaremos siempre de "Educación STEM".

Se le atribuye a la Dra. Judith A. Ramaley, exdirectora de la División de Educación y Recursos Humanos en la National Science Fundation - NSF la acuñación del término de STEM. Antes de que ella formara parte de esta división en el año 2001, se conocía el término como SMET por requerimiento de varios miembros de la NSF. Por esos años se presentaba un cambio de políticas dentro de la NSF y la doctora Ramaley no se sentía cómoda con el término, a consecuencia de lo cual se le reemplazó por la sigla STEM. (Purzer, Strobel, Cardella, 2014).

Con el paso de los años se fue ahondando en el concepto y su importancia, pero no fue sino recientemente que, luego de los resultados de los indicadores más relevantes de los Estados Unidos y en especial de los resultados de las pruebas internacionales en el campo de la educación, se comenzaron a analizar las causas para tomar decisiones y enfrentar esta situación. Estos indicadores fueron principalmente las pruebas PISA *Programme for International Student Assessment,* (Programa internacional para la evaluación de los estudiantes), dirigido por la OCDE, Organización para la Cooperación y el Desarrollo Económicos. En el año 2009, los Estados Unidos produjo resultados muy desalentadores en relación con otros países, por debajo del promedio mundial. (PISA, 2009)

No podía ser posible que un país inventor del internet y con empresas de talla mundial en tecnología estuviera dando tales resultados. "Los Estados Unidos están en el promedio y el promedio no es el liderazgo que necesitamos." (Bybee 2013)

Cuando se habla de las razones que movieron al Gobierno de Estados Unidos a comenzar con el programa de STEM podemos hablar de un *"Sputnik Moment"* con lo que se quiere decir que se trata una circunstancia sin precedentes.

El origen de la expresión se remonta a cuando John F. Kennedy solicitó los fondos al congreso para desarrollar la carrera espacial, pues la antigua Unión Soviética había lanzado su satélite Sputnik al espacio.

Decía John F. Kennedy dirigiéndose al Congreso:

> "Los dramáticos logros en el espacio que ocurrieron en las semanas anteriores nos han debido hacer claridad a todos, como lo hizo Sputnik en 1957, sobre el impacto de esta invención en la mente de todos los hombres en todas partes. Estamos tratando de llegar a la determinación de qué camino debemos tomar…
>
> …Es por eso que le solicito al Congreso que para el incremento de las actividades espaciales, provea los fondos para lograr las metas nacionales. Primero: Yo creo que esta nación debe comprometerse a llevar al hombre a la luna y retornarlo sano y salvo a la Tierra antes de finalizar la década."
> (Kennedy 1961)

Más adelante, en su gobierno el Presidente Obama se refirió a lo expuesto por Kennedy, y en el conocido *State Of The Union,* que es la presentación de los resultados de gobierno al Congreso de los Estados Unidos, en Enero de 2011, el Presidente Obama indicaba:

> "Hace medio siglo, cuando los soviéticos nos superaron en el espacio con el lanzamiento de una sonda espacial conocida como Sputnik, no teníamos idea de cómo ir a la luna, la ciencia ni siquiera había llegado allí, la NASA no existía, pero después de invertir en investigación y educación, no solo sobrepasamos a los soviéticos, sino que desatamos una ola de innovación y la creación de nuevas industrias y millones de nuevos puestos de trabajo. Este es el Momento Sputnik de nuestra generación.
>
> Dos años atrás dije que necesitábamos alcanzar un nivel de investigación y desarrollo que no habíamos visto desde los tiempos de la Carrera Espacial, y en unas pocas semanas vamos a enviar al Congreso un presupuesto para que nos ayude a alcanzar esa meta. Vamos a invertir en investigación biomédica, tecnología de la información y especialmente en tecnología de energía limpia…
>
> …Y en los próximos diez años, con tantos Baby Boomers retirándose de nuestros salones de clase, vamos a preparar a cien mil profesores en los campos de ciencias, tecnología, ingeniería y matemáticas.
>
> De hecho, sugiero a todas las personas jóvenes que están escuchando esta noche y están buscando su elección de carrera, si quieren hacer una diferencia en la vida de nuestra nación, si quieren hacer una diferencia en la vida de un niño, que se conviertan en profesores, su país los necesita." (Obama, 2011)

En este momento se comienza a hablar a ese nivel de gobierno sobre la educación STEM.

STEM como política gubernamental en Estados Unidos

Con el objetivo de acelerar la meta de llevar STEM a los colegios de los Estados Unidos de una manera más rápida y eficiente, el Gobierno Federal envió al Congreso su "Plan federal estratégico de cinco años para la educación STEM". Esta estrategia se basó fundamentalmente en hacer de STEM una prioridad nacional, para reforzar los planes del Departamento de Educación y desarrollar formas de mejorar la difusión y la puesta en marcha del proyecto. A través de metas ambiciosas pero alcanzables, se reforzó el objetivo de entrenar a cien mil profesores en las áreas de STEM. Para responder a este llamado aparece una coalición llamada 100Kin10, sobre lo cual se comentará más adelante.

El Presidente Obama logró canalizar su interés en estos temas con la creación por primera vez de la "Feria de la Ciencia de la Casa Blanca". La primera se llevó a cabo en 2010, con el firme propósito de seguir desarrollándola anualmente. El Plan Federal Estratégico de Cinco Años cuenta con la participación activa del Departamento de Educación, la National Science Fundation - NSF y el Instituto Smithsoniano. (Committee on STEM Education, National Science and Technology Council 2013)

Paralelamente el National Research Council desarrolló un documento muy importante que promueve un cambio fundamental en la forma de enseñar las ciencias en los Estados Unidos. Este es el *Framework for K-12 Science Education,* que en español significa "Marco de Referencia de educación preescolar a grado 12 para la Enseñanza de las Ciencias". El documento, publicado en el año 2012, es un compendio de suma importancia sobre cómo se ve, desde la perspectiva de los profesores de ciencias de ese país la entrada en el siglo XXI y cómo lograr un acercamiento diferente a los estudiantes y darle mayor sentido a lo que aprenden. (National Research Council of the National Academies, 2012)

Como resultado de este documento, se publicaron los ***N**ext **G**eneration **S**cience **S**tandards NGSS,* (Estándares de Ciencias para la Próxima Generación). Estos nuevos estándares marcan un hito en la historia de la educación en los Estados Unidos porque transforman de una manera radical los antiguos estándares, acoplándolos a la educación del siglo XXI.

En diciembre 10 de 2015 se firma por parte del Presidente Obama una nueva ley de educación llamada The ***E**very **S**tudent **S**ucceeds **A**ct ESSA* (Ley para el éxito de cada estudiante) dejando atrás el ya renombrado *No Child Left Behind Act* (Ley para no dejar a ningún niño rezagado). Con esto el Gobierno de los Estados Unidos le garantiza al sistema educativo los fondos suficientes para el proceso de formación de profesores en las áreas STEM, entre otros objetivos. Es de origen bipartidista y esto asegura que los recursos previstos para la difusión de STEM no se van a poner en riesgo, por ejemplo por un cambio de gobierno.

Los puntos más relevantes de ESSA hacia STEM son:

- Expandir cursos STEM de alta calidad.
- Aumentar el acceso a STEM para poblaciones en riesgo o subatendidas.
- Apoyar la participación de estudiantes en competencias STEM sin ánimo de lucro.
- Proveer oportunidades de aprendizaje del tipo "manos a la obra".
- Integrar otras asignaturas, incluyendo las artes, en programas STEM.
- Crear o ampliar colegios especializados en STEM.
- Integrar la instrucción STEM del salón de clase con las actividades fuera del salón o extracurriculares.

(NSTA Web Seminars 2016)

Otro aspecto sumamente importante de la nueva ley es apoyar fuertemente la iniciativa 100Kin10. Esta iniciativa viene del compromiso establecido por el gobierno del presidente Obama para el entrenamiento de cien mil profesores en una década. La meta es para el año 2021, y gracias al enfoque de la ley ESSA en STEM se garantizan los fondos y los esfuerzos para lograr las metas. La iniciativa 100Kin10 está apoyada también por la empresa privada, con empresas muy reconocidas a nivel mundial. (100Kin10 2015)

Con esto vemos claramente cómo el Gobierno de los Estados Unidos está comprometido con la educación STEM y considera que es la clave para el desarrollo económico del país.

Grandes transformaciones originadas

La idea de la educación STEM con todas las posibilidades que ofrece ha generado transformaciones gigantescas a nivel mundial. A continuación vamos a mencionar algunos ejemplos para ver la importancia de esta nueva innovación educativa.

Volvemos a tomar los NGSS o Nuevos Estándares de Ciencias para la Próxima Generación. Estos dan un vuelco total a la forma de enseñar las ciencias. El primer cambio es el enfoque, que ahora es en el desempeño del estudiante. Los nuevos estándares están compuestos por tres dimensiones: a) Las prácticas de ingeniería, b) la relación de los conocimientos fundamentales y c) la relación de este conocimiento con las otras áreas de las ciencias. También involucra otras asignaturas del currículo, como lo veremos en un capítulo posterior.

También encontramos los estándares de tecnología. Aunque estos fueron creados desde la década de los años noventa y publicados a principios de los años dos mil, lo más importante es que se acoplan a la educación STEM de una forma absoluta. Estos estándares se conocen como STL, *Standards for Technological Literacy*, que en español sería Estándares para una Instrucción en Tecnología. Fueron desarrollados por la ITEA ahora ITEEA *International Technology and Engineering Educators Association*, (Asociación Internacional de Educadores en Tecnología e Ingeniería). Traen una visión renovada de la manera en que estudiantes y los ciudadanos deben ser instruidos en tecnología. También ampliaremos esto en un capítulo más adelante.

Los *Common Core State Standards* (Estándares estatales básicos comunes) de los Estados Unidos, fueron desarrollados en el año 2009 y adoptados por gran parte de los estados bajo la *Common Core State Standards Initiative* (Iniciativa de los estándares estatales básicos comunes) liderada por la *National Governors Association NGA* (Asociación nacional de gobernadores). Estos estándares están compuestos por los de matemáticas, ciencias sociales, inglés y artes, incluyeron dentro de los estándares de matemáticas "las prácticas de matemáticas". Con respecto a estas prácticas, encontramos a la Exdirectora del *National Council of Teachers of Mathematics NCTM* (Concilio Nacional de Profesores de Matemáticas) Linda M. Gojak, quién en su presentación del año 2014 durante una conferencia de STEM dijo:

> "A menudo se considera a las matemáticas como la letra olvidada de STEM…Y quiero hablar de la importancia de las matemáticas y cómo apoyan a la educación STEM…Y quiero decir que las matemáticas son tan importantes y aportan de igual manera a la educación STEM…Una de las partes más innovadoras de los estándares comunes de matemáticas son las prácticas de matemáticas…Van de la mano con las prácticas de ciencia e ingeniería (se refiere a los estándares de ciencias NGSS) y describen una variedad de habilidades que queremos crear en los niños y en los estudiantes de todas las edades…Con las prácticas de matemáticas queremos que los estudiantes puedan darle sentido a los problemas y perseveren en solucionarlos…" (International STEM Conference, 2014)

Con estas afirmaciones se evidencia el aporte que han hecho los profesores de matemáticas a la educación STEM y que implica también una transformación importante en la forma de enseñar matemáticas en los Estados Unidos. (Council of Chief State School Officers (CCSSO) and the National Governors Association

Center for Best Practices (NGA Center), Common Core State Standards Initiative, 2017)

Encontramos países como Australia que le han dado una gran importancia al desarrollo de la educación STEM. Este país publicó un documento impactante: *STEM Country Comparisons,* es decir, STEM comparaciones entre países. Este documento se publicó en el año 2013 y su objetivo fue darle un vistazo al avance de STEM en el mundo, los resultados que STEM pudiera proveer a la educación en Australia y la escogencia de modelos que pudieran ser usados de forma intensiva en éste país. (ACOLA, 2013)

STEM en el mundo

STEM es un modelo relativamente nuevo a nivel mundial. Sin embargo, si echamos una mirada a los países con mejor desempeño en los resultados de las pruebas PISA podremos ver su relación con la educación STEM.

El desarrollo de los planes en educación en cada país está sujeto a sus necesidades, su propia visión del futuro, su cultura y los procesos sociopolíticos. Realizar un estudio tan detallado de estos temas es un proyecto muy ambicioso, y es esto precisamente lo que desarrolló el Gobierno de Australia con su "STEM: Country Comparisons, International Comparisons of Science, Technology, Engineering and Mathematics (STEM) Education".

Este estudio se realizó debido a la disminución de ingenieros y científicos en Australia en los últimos años y por la relevancia que la educación STEM ha tomado dentro de la comunidad internacional. El objetivo primordial de esta investigación era analizar las experiencias de otros países con respecto a la situación de las áreas STEM y los procesos y proyectos que los diferentes países han acometido en los últimos tiempos.

Cuatro importantes academias de Australia desarrollaron esta investigación. Estas son:

- Australian Academy of the Humanities
- Australian Academy of Science
- Academy of the Social Sciences in Australia
- Australian Academy of Technological Sciences and Engineering.

Estas cuatro instituciones tienen como entidad agrupadora a ACOLA, Australian Council of Learned Academies.

Presentamos algunos resultados de la investigación y de la situación de los países con mejores resultados en las pruebas internacionales.

China

En primer lugar hay que decir que en China la instrucción en ciencia ha sido primordial y esencial en la educación. Consiste en dos partes fundamentales: a) Cultivar los talentos en ciencias con educación especializada y b) fomentar la educación en ciencias para todos los estudiantes, inclusive para aquellos que no se interesan en esta especialidad.

Desde la fundación de la República Popular China en 1949, fue prioridad gubernamental el desarrollo en ciencias y tecnología. Desde finales de los años setenta ya existía en China una opinión bien formada de que "La Ciencia y la Tecnología crean una fuerza productiva". En este momento China se aleja de los modelos poco productivos de la antigua Unión Soviética, y para 1995 se establece la estrategia nacional "Rejuvenecer a China por la tecnología y la educación".

Bajo un fuerte enfoque en que el docente es el centro, la teoría prima, los exámenes nacionales son fundamentales, y complementando con tareas en casa, se ha logrado mantener a la nación en un nivel muy alto en los resultados. Ya se han presentado reformas en el sistema educativo chino, aunque todavía prima el enfoque sobre el aprendizaje teórico.

La posición de China como uno de los más importantes países productores ha del mundo ha logrado que la industria y las universidades trabajen en conjunto para desarrollar a los futuros científicos del país. (ACOLA REPORT ON CHINA, 2013)

Aunque ya se le está dando mayor enfoque a la educación basada en la investigación, hay todavía mucho trabajo por hacer en STEM en ese país para el desarrollo de las habilidades del siglo XXI.

Taiwán

En las tres últimas décadas del siglo XX Taiwán ha migrado de una producción agrícola dominante a una basada en el silicio. Esto ha asegurado el interés del gobierno por el estudio de las ciencias y en general de las asignaturas STEM en el sistema educativo.

A diferencia de China, Taiwán tiene la una educación en ciencias más integrada. Según el Ministerio de Educación de Taiwán, se cuenta con una asignatura llamada "Asignatura de la Naturaleza y la Vida", con un enfoque en ciencias y tecnología.

Taiwán también sufre de problemas de deserción estudiantil y por esto ha desarrollado múltiples reformas educativas. Una de las más importantes ha sido transformar los colegios técnicos en universidades técnicas para ofrecer así una educación más basada en experiencias. El apoyo de la industria a las universidades también ha sido uno de los factores que potencializan allí la enseñanza de asignaturas STEM. (ACOLA REPORT OF TAIWAN, 2013)

Japón

Este país tiene un enfoque muy especial en el sistema educativo, porque persigue una meta nacional primordial: "Japón como líder tecnológico". En esta forma la educación científica y técnica no es únicamente en ciencias y en tecnología, porque se dedica mayor tiempo a lo que ellos denominan "monozukuri" que hace referencia a "...hacer las cosas con la intención más profunda de los artesanos expertos, derramando el corazón y el alma en su trabajo".

En la primaria se dicta una asignatura llamada "Tecnología y economías domésticas", que tiene por objeto que los estudiantes entiendan la relación de la tecnología con el medio ambiente, obtengan conocimientos básicos y desarrollen habilidades relacionadas con procesamiento de materiales, conversión de energía y procesamiento de información, a través de actividades prácticas.

En la educación secundaria se cuenta con *"Super Science High Schools"* (Colegios de Súper Ciencia). Este programa hace parte de las iniciativas para la ampliación de la instrucción en ciencias que comenzó en el año 2002. La orientación es más hacia ciencias y matemáticas, pero poco hacia ingeniería y tecnología. Por esta razón todavía no es tan popular en Japón la Educación STEM. (Kadota, 2015)

Singapur

Ha sido uno de los países de más alto resultado en las pruebas PISA en los últimos años. Haciendo un estudio de las situaciones que permiten estos resultados, encontramos aspectos interesantes de analizar. El gobierno considera los temas relacionados con las asignaturas STEM como una prioridad para el país y ha sido mencionado en el Comité Estrategias Económicas en 2010. La estrategia se enfoca a la innovación y la productividad, basadas en el crecimiento económico.

En Singapur se ha prestado especial atención a la formación en matemáticas. Desde los primeros grados de primaria se hace énfasis en esta asignatura. Así, el estudiante va transitando por los diferentes niveles del colegio, apoyado en gran medida por sus padres, especialmente en matemáticas, lo que ha sido primordial.

Singapur encabeza la lista de países que lideran la educación STEM. Hay programas universitarios en ciencias, ingeniería y tecnología, en los que el gobierno ha invertido millones de dólares en ciencia médica y se ha convertido en un centro fundamental de talentos. Las universidades internacionales, de mayor prestigio, entre ellas el MIT, han colaborado con Singapur en el establecimiento de muchas de las configuraciones académicas. (ACOLA COUNTRY REPORT SINGAPUR, 2013)

Corea del Sur

En los resultados de las pruebas PISA y de las pruebas, *Trends in International Mathematics and Science Study - TIMSS* (Tendencias Internacionales en Matemáticas y Estudios de Ciencia), se evidencia un avance sustancial en ciencias, matemáticas y lectura de los estudiantes. Sin embargo se muestran niveles bajos en interés, motivación y satisfacción en las áreas de ciencias y matemáticas. En el área de tecnología también se ven resultados muy satisfactorios acordes con el desarrollo económico del país.

No obstante, en los últimos años se ha visto una disminución del interés por las ciencias y la ingeniería, por lo que el Gobierno surcoreano ha desarrollado dos planes estratégicos:

El primero se basa en el desarrollo de colegios especiales llamados "Meister High Schools", bajo el "Primer Plan Maestro para la Educación y el Apoyo del Recurso Humano en Ciencias y Tecnología", previsto para los años 2011-2015. Esto ha generado una mejora en los puestos de trabajo de tipo técnico y ha dado la oportunidad a miles de personas de mejorar su estatus profesional.

La segunda estrategia importante de destacar es el modelo de STEAM (STEM + Artes, que trataremos más adelante). Este es el Segundo Plan Maestro para la Educación y el Apoyo del Recurso Humano en Ciencias y Tecnología", y es una iniciativa importante a nivel mundial, dado que el Gobierno de Corea cree en los aportes fundamentales de STEM para el proceso de hacer al país más exitoso en ciencias, tecnología e ingeniería. (ACOLA STEM REPORT REPUBLIC OF KOREA, 2013)

Canadá

Este país presentó muy buenos resultados en las pruebas PISA en el año 2012, muy por encima del promedio de la OCDE, y al analizar algunas iniciativas en su sistema educativo nos encontramos con el marco de referencia llamado *Common Framework Science Learning Outcomes; Pan-Canadian Protocol for Collaborations on School Curriculum*, abreviado como, The Framework. Este documento se enfoca especialmente en mejorar el entendimiento de las ciencias por los estudiantes más jóvenes, así como la actitud de estos frente a las ciencias y la tecnología. Los retos de esta iniciativa son:

- Animar a los estudiantes de todos los grados a desarrollar un sentido de curiosidad y de asombro en los temas científicos y tecnológicos.

- Capacitar a los estudiantes para utilizar la ciencia y la tecnología para adquirir nuevos conocimientos y resolver problemas, de tal manera que puedan mejorar la calidad de sus propias vidas y las de otros.

- Preparar a los estudiantes para que puedan analizar críticamente temas de orden científico, social, económico, ético y medioambiental.

- Dar a los estudiantes las bases en ciencias para encontrar oportunidades para sí mismos, perseguir niveles más altos de estudio, prepararlos para ocuparse en campos relacionados con las ciencias y conectarlos con aficiones apropiadas para sus intereses y habilidades.

Este marco de referencia se puso en marcha hacia finales del siglo XX, y al hacer ciertas mediciones en 2010 se encuentra que hay evidencias de los beneficios de la iniciativa, pero no contundentes.

Se destacan otros programas académicos importantes y entre ellos podemos mencionar *Natural Sciences and Engineering Research Council – NSERC,* (Consejo para la investigación de ciencias naturales e ingeniería), fundado hacia 1978 por el Parlamento y que reporta directamente al Ministerio de Industria.

Dada la naturaleza de su estructura política federal se ve que el Gobierno otorga a los Estados autonomía y responsabilidad a nivel de políticas e iniciativas en educación. El enfoque hacia las asignaturas STEM es fuerte y sus resultados son positivos. Como en tantos países de estructura federal se hace difícil mantener una armonía nacional pero las experiencias de algunos son adoptadas por otros y esto hace que el progreso del país pueda verse con mejoras medibles y verificables. (ACOLA, 2013)

Canadá muestra claramente que las ciencias y la tecnología son fundamentales para el desarrollo. (ACOLA COUNTRY COMPARISONS, CANADA, 2013)

Alemania

Los resultados provistos por Eurostat del año 2007 muestran a Alemania con cifras muy por encima del EU27 (Referencia a los 27 países pertenecientes a la Unión Europea en ese año), y por lo tanto demuestra claramente su interés en generar una fuerza laboral muy enfocada en las ciencias, la ingeniería y la tecnología. Alemania es conocida de vieja data como la "locomotora europea" por sus desarrollos industriales y avances tecnológicos.

También se le reconoce a Alemania un conjunto importante de iniciativas para la inclusión de la mujer en los campos tecnológicos, en especial en las asignaturas STEM. En alemán la sigla es MINT por Mathematik, Informatik, Naturwissenschaften, Technik.

A nivel de gobierno, Alemania desarrolla un plan estratégico general. Como parte del plan, hay una empresa sin ánimo de lucro conocida como "MINT Future". Esta tiene por objetivo ser proactiva y coordinar a la industria y los negocios regionales en la búsqueda de promover STEM bajo el eslogan de *Creating a MINT Future,* (crear un futuro STEM). Sus objetivos fundamentales son:

- Promover el interés de los estudiantes en STEM.
- Aumentar el número de estudiantes en diplomas STEM en universidades alemanas y en particular aumentar la proporción de mujeres en este ámbito.
- Incrementar el número de estudiantes en cursos STEM y reducir la rata de deserción en estos cursos.
- Garantizar y mejorar la calidad de los graduados en áreas STEM.

A primera vista se aprecia una iniciativa normal como en otros países del globo pero al mirar las razones fundamentales de la creación de este plan estratégico, nos encontramos con una afirmación que preocupa especialmente en un país tan pujante y sólido como Alemania. Veamos la cita:

> "...La filosofía detrás de la asociación es que el negocio alemán está amenazado por la falta de nueva sangre en habilidades STEM y que el cuello de botella en profesionales expertos en ciencias y tecnología es un problema estructural que ya ha afectado la economía alemana..." (ACOLA, 2013)

Esta situación es un común denominador a nivel mundial y es similar a la que Estados Unidos enfrenta actualmente.

ALLEA, la federación de All European Academies, que une a 52 academias de más de 40 países, busca promover la aceptación de STEM en Alemania, dado el sorpresivo bajo desempeño de colegios alemanes en ejercicios comparativos a nivel internacional. (ACOLA, 2013)

Otro aporte fundamental en Alemania que está tomando mucha fuerza es la reunión de más de 30 iniciativas en todo el país, de orígenes privados y provenientes de áreas de la sociedad, y que persiguen mayor inversión por la formación en ciencias y tecnología. Se conoce como *Nationales MINT Forum* (Foro nacional STEM), que a través de su portavoz la Dra. Nathalie Von Siemens, nos comenta cómo este foro pretende unir muchas voces del país para perfeccionar la cadena de formación estudiantes de la nación. También busca influenciar de forma importante la política pública sobre decisiones nacionales y garantizar un desarrollo sostenido en las áreas de investigación y desarrollo técnico y científico. (Nationales Mint Forum, 2018)

En resumen, Alemania enfrenta una situación preocupante con respecto a su fuerza laboral en relación con las ciencias y la tecnología. Sin embargo, existe un potente empeño en desarrollar las asignaturas STEM a nivel nacional. En especial el aprendizaje de las ciencias basado en la investigación, la agrupación con otras instituciones europeas y la meta ya determinada de incluir más profesionales femeninos en las áreas STEM son fundamentos de esta estrategia. (ACOLA COUNTRY COMPARISONS EUROPA, 2013)

Finlandia

¿Qué hace diferente a Finlandia y el resto de Europa y del mundo en su sistema educativo? La respuesta no es sencilla. Son muchos aspectos que contribuyen a la excelencia de enseñanza en ese país. Los principales aspectos que hacen la educación finlandesa tan especial se pueden mencionar así:

- Un orden social de siglos de tradición que inculca a los más pequeños el respeto por las normas, las jerarquías sociales y profesionales y la importancia del núcleo familiar.
- Un consenso claro dentro de la sociedad, incluyendo padres de familia, políticos, gobierno, universidades, sobre qué tipo de ciudadano se quiere tener, y todas estas fuerzas trabajan en pro de este objetivo.

- Un sistema de selección de candidatos a profesores muy estricto, que contribuye como un filtro efectivo a la escogencia de las personas con perfil para la enseñanza.

- Un nivel de exigencia a los profesionales de profesorado muy alto, que obliga a estos a elaborar programas de alta calidad para llevarlos al aula de clase.

- El profesorado finlandés cuenta con un nivel profesional tan alto que se ha ganado el respeto de la sociedad finlandesa. Ser profesor en este país es algo que da gran prestigio y satisfacción.

- Los estudiantes hacen parte de grupos pequeños, en colegios pequeños, donde los docentes se conocen muy bien entre ellos, y un profesor puede estar varios años con un mismo grupo de estudiantes.

- Se acostumbra traer al salón de clase experiencias de la vida real y el conocimiento integrado de ciencias y artes, para dar un ejemplo.

- Las tareas en casa son pocas y el horario de asistencia a clase es un poco más reducido que en otros países. (Compton, 2012)

En realidad son muchos aspectos distintivos que tiene el país, y más que el sistema de educación, la misma sociedad finlandesa. Querer replicar el modelo no es algo que pueda hacerse, pues son tantos los factores que confluyen allí, que otra sociedad solo podría tomar ideas aisladas para aplicarlas.

Con respecto al tema específico de STEM y la mira del Gobierno finlandés hacia las asignaturas relacionadas, podemos decir que lo que los impulsa a buscar la excelencia en las áreas de ciencias y tecnología es la competencia con los otros países de Europa y la oportunidad que se brinda a los estudiantes finlandeses de ser contratados por empresas extranjeras. Pero no es solamente el aparato económico lo que inspira a Finlandia a perseguir mejoras en la participación en las áreas STEM, es su propia naturaleza y su historia la que los hacen perseguir valores adecuados para el siglo XXI. Una de las características más importantes es el aprendizaje de idiomas, que es algo en lo ponen énfasis los colegios finlandeses. (ACOLA COUNTRY REPORT FINLAND, 2013)

Francia

El tema de STEM ha sido un enfoque importante en este país, dada la disminución del interés por parte de los estudiantes con respecto a la elección de carreras técnicas y a la participación general en las áreas o asignaturas STEM. Aunque a Francia le ha ido relativamente bien en los resultados internacionales, dentro del promedio de las pruebas PISA 2015, se ha visto con preocupación las dificultades que puede enfrentar en el futuro próximo a nivel económico y su aporte a los procesos de innovación mundiales. También interesa el aumento de la participación de la mujer en los campos científico, de ingeniería y tecnológico.

El plan conocido como *J'aime les Sciences programme* (me gustan los programas de ciencias) se enfoca en la participación y el desempeño individual de los niños de primaria y parte de secundaria, así como en un acercamientos para aumentar la confianza y la motivación de los estudiantes en las áreas STEM. También busca mejorar las habilidades cognitivas y no cognitivas, así como aumentar la participación de la mujer y lograr en su elección de estudios universitarios relacionados con asignaturas STEM.

Francia está experimentando, como el resto de Europa, la misma tendencia de disminución del interés por parte de los estudiantes hacia las asignaturas STEM. Se han estudiado muchas estrategias, entre ellas la de aumentar la intensidad de enseñanza en las áreas de ciencias y matemáticas, así como la revisión general del currículo. También se han incluido nuevas pruebas de ciencias en los grados 2 y 4 con miras a revelar las dificultades y a desarrollar nuevas estrategias de enseñanza. (ACOLA, STEM EDUCATION IN FRANCE, 2013)

Reino Unido

El Reino Unido ha obtenido recientemente excelentes resultados en las pruebas internacionales y ha sido considerado como el sexto en el mundo. Independientemente de esta situación, para el Gobierno Británico el tema de las áreas STEM es fundamental en el desarrollo económico, científico y tecnológico del país. Es claro para los partidos políticos del país que la agenda de educación no puede dejar de mantenerse a la cabeza y de desarrollar todas las iniciativas necesarias con miras a mantenerse como líder mundial.

Uno de los documentos fundamentales que responden a esta premisa es el conocido como *The Treasury Ten-year review: Science and Innovation Investment Framework 2004-2014* (Revisión de diez años del tesoro; Marco de Referencia 2004-2014 para la Inversión en Ciencias e Innovación), que sienta las bases de la política pública del Gobierno Británico en este sentido. Veamos un detalle del documento que destaca la visión del Reino Unido con respecto a la educación STEM:

> "Las naciones que puedan prosperar en una economía competitiva global serán aquellas que puedan competir en alta tecnología y fortaleza intelectual, atrayendo a las personas y las compañías de más alta calificación que tengan

el potencial de innovar y para convertir la innovación en una oportunidad económica. Estas son las fuentes de la nueva prosperidad.

Esta es la oportunidad. Este marco de referencia indica cómo Gran Bretaña lo asume y cómo vamos a continuar haciendo que esta inversión insuficiente en nuestra base científica sea algo del pasado, como fundamento de nuestro futuro económico. Más que eso, muestra no solo cómo intentamos invertir en este activo británico, en nuestros científicos, ingenieros y tecnólogos de clase mundial, sino cómo lo vamos a convertir en una gran ventaja económica, construyendo sobre el cambio cultural en nuestras universidades, promoviendo el compromiso y la colaboración más profundos y amplios, entre las empresas y la base científica con el fomento de la innovación directamente en las compañías."

Con lo anterior queda muy clara la posición del Gobierno Británico con respecto al desarrollo del país basado en la ciencia, la ingeniería y la tecnología. Aun así, los resultados de las pruebas PISA en los últimos años muestran una baja en los resultados de los estudiantes británicos. Cobra, entonces más fuerza encontrar transformaciones en el sistema educativo, para poder moverse a mejores posiciones en el ámbito internacional. Las iniciativas informales pululan en el entorno educativo, pero hacen falta decisiones de gobierno para encontrar soluciones de más larga duración. (ACOLA, STEM A STUDY OF SCIENCE, TECHNOLOGY, ENGINEERING AND MATHEMATICS IN THE UNITED KINGDOM, 2013)

Brasil

Como ocurre en la mayoría de los países latinoamericanos, en Brasil la prioridad fundamental es el acceso a la educación para toda la población. Siendo la nación con mayor población y mayor nivel industrial de América del Sur, sigue teniendo muchas dificultades en el acceso a la educación básica de sus habitantes.

Sin embargo, no solo se están desarrollando estrategias de cobertura, sino también mejoras de la calidad, con mayor enfoque en los campos STEM. Uno de los problemas fundamentales es el muy bajo nivel de entrenamiento y preparación de muchos profesores y el alto índice de deserción estudiantil.

Una de las políticas más importantes es la denominada "Ciencia sin fronteras", que quiere entregar cien mil becas a estudiantes graduados y no graduados para exponerlos a competir en el ámbito internacional. Los objetivos se centran en investigación, calidad de enseñanza y emprendimiento. El Gobierno de Brasil tiene claro que las asignaturas STEM son de gran importancia pero hay problemas de orden social que tienen más urgencia en su desarrollo.

Es un común denominador en nuestros países latinoamericanos que los colegios privados tienen mejor infraestructura que los estatales, aunque no en todos esta regla es fácil de aplicar, ya que hay iniciativas que se han tomado desde hace algunos años, pero Brasil no es la excepción. El país tiene que intentar mejorar el cubrimiento y la calidad como prioridades principales.

Se han ejecutado pruebas piloto en diferentes sitios del país, y una de ellas es "STEM Brazil", que está fundamentado en matemáticas y ciencias contextualizadas, así como del aprendizaje basado en proyectos, con el objetivo de desarrollar habilidades académicas y prácticas. Este proyecto también incluye entrenar apropiadamente a los profesores en las áreas STEM, haciendo hincapié en el pensamiento crítico y creativo.

También en Brasil se han disparado las alarmas con respecto a la posible disminución de personas interesados en carreras de las áreas STEM, y a la necesidad de la industria de profesionales preparados en estas áreas. Será para los próximos años una tarea que se deba acometer con mayor intensidad por parte del Gobierno. (ACOLA, EDUCATING IN BRAZIL: ACCESS, QUALITY AND STEM, 2013)

Australia

Fue Australia la que lideró todo este estudio, ¿y al final del reporte de Acola, qué pasó? Podríamos ver reflejado el resultado de la recolección de información, el análisis y las recomendaciones en el discurso del Honorable Senador Simon Birningham en la Conferencia del Concilio Australiano para la Investigación en Educación el 8 de Agosto de 2016. De los puntos más relevantes del discurso destacamos:

- Se establece STEM como una necesidad para el país.
- Se requiere que a través de la investigación en educación se obtenga una reforma educativa que asegure la prosperidad de los australianos.
- El gobierno está comprometido en trabajar de manera cooperativa con todos los entes gubernamentales y privados. (DEPARTMENT OF EDUCATION AND TRAINING, 2016)

Es clara la posición de Australia frente a la importancia del desarrollo y la mejora de la educación STEM. La toma de decisiones con respecto a la política pública no es un asunto sencillo y debemos seguir pendientes de cómo avanzan las transformaciones en educación en ese país.

Conclusiones

Este puede ser el estatus actual alrededor del mundo, sin embargo hay nuevas iniciativas que se están dando continuamente y este panorama está cambiando constantemente. Podemos concluir que a nivel mundial se presentan situaciones y retos que son, de cierta manera, un común denominador:

- Los países a nivel mundial consideran que la ciencia y la tecnología son los pilares de una economía próspera.
- Se presenta una tendencia a la disminución del número de profesionales en las áreas de ciencias, tecnología e ingeniería.
- La educación con énfasis en las áreas STEM será la vía más sólida para garantizar un futuro próspero para todos los países.
- La participación de la mujer es fundamental en todas las áreas del desarrollo de un país, pero se enfatiza en que se debe aumentar en las áreas STEM, porque la proporción de participación en los puestos de trabajo es muy baja, por lo que los países deben generar políticas e iniciativas más incluyentes para el género femenino. STEM desde los primeros grados debe atraer mayor interés por parte de los estudiantes, pero en especial de las niñas.

El escenario actual con respecto a la educación en ciencias es preocupante, y para exponerlo traemos un aparte del informe de ACOLA, que nos brinda una radiografía de la situación en países de gran importancia de Europa.

> "Puede decirse que la política y la práctica de la educación escolar en la ciencia viven en su propio mundo. A pesar de la existencia de la investigación europea sobre la enseñanza y el aprendizaje de la ciencia, la educación en la ciencia sigue teniendo una base empírica. A menudo los estudiantes perciben la ciencia como demasiado abstracta, porque se pretende enseñarles ideas fundamentales sin el suficiente respaldo experimental, observacional e interpretativo, sin mostrarles adecuadamente sus implicaciones y sin darles la oportunidad de un desarrollo acumulativo de su comprensión e importancia. Los programas de ciencia son a menudo excesivamente fácticos, en parte debido al vertiginoso aumento del conocimiento científico y a la continua adición de temas a una ya extensa gama de ellos. Y lo que es más importante, el modelo de los contenidos y de la transmisión de la enseñanza, tradicionalmente establecidos, que es lo que sostiene realmente la orientación de los programas, tiende a distorsionar la comprensión del estudiante sobre la naturaleza de la ciencia y del conocimiento, al ignorar los aspectos metodológicos,

de razonamiento y culturales de la ciencia." (ACOLA, COUNTRY COMPARISONS – EUROPE…A CRITICAL EXAMINATION OF EXISTING SOLUTIONS TO THE STEM SKILLS SHORTAGE IN COMPARABLE COUNTRIES, 2013)

Hay una necesidad importante en el campo de la educación, y es la de una mejora sustancial en la forma de llevar el conocimiento a los estudiantes. La educación STEM ofrece una solución importante en el ámbito mundial.

¿Por qué tanto énfasis en STEM?

Según hemos visto anteriormente, la educación STEM merece atención. Se ha convertido en política gubernamental en los Estados Unidos, y los países del mundo que lideran el desarrollo en tecnología e innovación creen que el camino es la buena enseñanza en ciencias y tecnología. La exsecretaria de Educación de los Estados Unidos Arne Duncan cuenta una anécdota que subraya las razones imperativas por las que STEM se ha vuelto tan importante:

> "Frecuentemente, cuando hablo con profesores, ellos me preguntan, ¿por qué el Departamento de Educación está tan orientado hacia STEM? Yo les digo que el mundo cambió y el conocimiento y habilidades científicas son esenciales en la economía del conocimiento." (Bybee, 2013)

Ese es el punto, el mundo cambió y hoy se presenta una demanda urgente en todo el planeta en temas que apremia atender. Hay retos a nivel global que debemos considerar como verdaderamente importantes y que ya deben dejar de ser parte del "ruido" que a veces percibimos de los medios de comunicación. Por lo tanto nuestra percepción sobre ellos debe cambiar ahora.

La palabra "globalización" está ya desgastada de tanto mencionarse en todos los ámbitos, pero hay que reconocer la importancia que tiene. La globalización se considera en la mayoría de los casos como una mejora de las maneras de comunicarnos y de movernos en el mundo, y que por esto hablamos de "Aldea Global". Pertenecemos al mundo, somos ciudadanos del mundo y todo lo que hacemos, estemos donde estemos, afecta de alguna manera a este ser vivo y complejo que se llama Planeta Tierra. El gran cambio en la percepción está en entender que toda amenaza al equilibrio del planeta nos afecta directamente.

Esto es lo que cambió. No estamos aislados y los problemas del planeta ya no están limitados a las fronteras de un país o de una región. Decidir sobre lo que se hace con un relleno sanitario o con desarrollar estrategias para el desecho de basuras o el buen cuidado de los recursos naturales, y muchos más temas de esta índole, ya no es exclusivo de otros. Todo, absolutamente todo, nos afecta y estos nuevos retos demandan de un nuevo ciudadano.

¿Y quién es este nuevo ciudadano? Nosotros, y lo más importante es el legado que están recibiendo, nuestros hijos y los hijos de nuestros hijos.

Ante esta nueva dimensión de retos y problemas, este nuevo ciudadano debe estar preparado no solo para su actuación en la actividad profesional principal de su vida, sino para su buen desempeño como miembro de un país, una región o una ciudad. Por esta razón, los habitantes deben estar instruidos adecuadamente en ciencias, tecnología, ingeniería y matemáticas, y así no vayan a desempeñarse en estos campos, la comunidad demanda de ellos una participación activa y con conocimiento.

No solamente el medio ambiente es parte de los retos y problemas del siglo XXI, tenemos temas de salud que alertan a las autoridades y a todos. Enfermedades nuevas que aparecen y afectan a miles, otras ya supuestamente controladas a través de avances científicos, pero que en los últimos años han vuelto a aparecer, así como retos médicos para la cura de dolencias que diezman a poblaciones enteras. Estos nuevos retos son parte de un futuro en el que queremos participar para dar mayores oportunidades de vida a las nuevas generaciones.

Otro aspecto que un nuevo ciudadano debe saber afrontar es la tecnología. Los avances son muchos, y a medida que pasan los años la aceleración en la aparición en nuevas tecnologías es mayor. Para la década de 2020 vamos a presenciar transformaciones nunca vistas en la humanidad. El diario vivir y la forma de trabajar se van a transformar en forma drástica. Unos pocos ejemplos de lo que viene pueden ser: Los vehículos eléctricos autónomos, el teletrabajo o trabajo remoto, los viajes al espacio, la inteligencia artificial, la realidad virtual y aumentada, y muchos, pero muchos, nuevos desarrollos.

Este nuevo ciudadano debe saber apreciar estos avances, pero entendiendo la esencia de estos. Por eso la tecnología y la ingeniería deben hacer parte del aula escolar y los estudiantes deberán ser instruidos en estas áreas del conocimiento.

Los propósitos de la educación STEM

Hay tres grandes propósitos que tiene la educación STEM para contribuir a una mejor educación de un país. Estos son:

- Desarrollar una sociedad instruida en STEM.
- Desarrollar una sociedad eminentemente tecnológica para el siglo XXI.
- Desarrollar una fuerza laboral enfocada hacia la innovación y el emprendimiento.

Estos son los fundamentos que debe desarrollar esta nueva forma de enseñar y aprender.

Al buscar la mejor forma en que los estudiantes adquieren el conocimiento nos encontramos con tres niveles destacables de aprendizaje y la educación STEM busca llegar al nivel más profundo de aprendizaje posible. La referencia de "profundidad" hace referencia a un nivel máximo de comprensión y desempeño así como un aprendizaje de larga duración.

- *Nivel "¿Qué?"*. Este es el nivel más simple de aprendizaje que es la memorización, cuando los estudiantes retienen información y presentan pruebas que confirman los datos recibidos. En otros casos los estudiantes siguen una lista de procedimientos o pasos de un laboratorio previamente elaborado. Normalmente en este nivel de aprendizaje la duración es corta y a menudo se presentan dificultados para la presentación de nuevos contenidos que se apoyarán en estos conocimientos. La forma tradicional de enseñanza en nuestros países es esta y evidentemente ocasiona muchas dificultades en la enseñanza y el aprendizaje en las instituciones educativas.

- *Nivel "¿Cómo - por qué?"*. Este nivel es indudablemente más profundo y se presenta cuando el estudiante no solo asimila los datos del contenido presentado sino que se compromete consigo mismo a encontrarle una explicación del por qué y el cómo ocurre algún fenómeno o principio. En este nivel se va más allá de seguir pasos o procedimientos y se logra hacer una conexión con la forma de pensar de los científicos, matemáticos y demás profesionales. Se suman los nuevos datos del contenido académico a un entendimiento de conceptos y principios.

- *Nivel "¿Qué pasa si?"*. Un tercer nivel de profundidad y quizás el más importante, es cuando el estudiante no solo asimila datos, los comprende adecuadamente y despierta su curiosidad. Ahora la pregunta abre un horizonte de nuevas posibilidades para el aprendizaje del estudiante.

La educación STEM tiene por objetivo lograr el nivel más profundo posible dándoles la oportunidad a todos los estudiantes.

Una sociedad instruida en STEM

Para empezar, es necesario anotar que en este tema se usa en inglés la palabra "literacy". Después de mucho analizar en la documentación hemos decidido no referirnos a este término como alfabetización porque mundialmente, y en especial en español, es un término que hace referencia a la capacidad de una persona de saber leer y escribir. El término ha obtenido un mayor significado en los últimos años y hace referencia a lo que una persona es capaz de hacer con lo que sabe. Por esta razón utilizaremos la palabra "instrucción", que nos parece más apropiada.

¿A qué hace referencia el término de instrucción en STEM? La meta fundamental no es tener un mayor número de científicos, técnicos, ingenieros o matemáticos, que claro que sería bueno tenerlo, y esta será la consecuencia de una buena instrucción en STEM. La meta que sí es importante se refiere a que todos los estudiantes puedan actuar y progresar en un mundo altamente tecnológico. (Vásquez, Sneider, Comer, 2013).

Veamos la definición según el Dr. Rodger Bybee, quien desde su trabajo de asesor con la OCDE, y en especial de las pruebas internacionales PISA, ha influido fuertemente en la concepción de lo que consideramos que es un individuo instruido en STEM.

Es aquel individuo que:

- Tiene el conocimiento, la actitud y las habilidades para hacer preguntas e identificar problemas en diversas situaciones de la vida, para explicar el mundo natural y el diseñado, y brindar conclusiones basadas en el conocimiento y especialmente en la evidencia, sobre asuntos relacionados con STEM.
- Entiende los aspectos que caracterizan las disciplinas STEM como formas del conocimiento humano, la investigación y el diseño.
- Es consciente de cómo las disciplinas STEM dan forma a nuestro medio material, intelectual y cultural.
- Está dispuesto a involucrarse en asuntos relacionados con STEM y con las ideas de las ciencias, la tecnología, la ingeniería y las matemáticas, como un ciudadano constructivo, preocupado y reflexivo. (Bybee, 2013, p 65)

Una persona que sea instruida en STEM deberá estar, por ende, instruida en cada una de las disciplinas del acrónimo. Por lo tanto, cuando hablamos de un ciudadano instruido en STEM, se entiende que este debe tener unas habilidades desarrolladas en cada una de las disciplinas. Veamos de forma breve cómo serían esas características de instrucción.

- *Instrucción en Ciencias:* Basados en la definición de los Next Generation Science Standards, NGSS, podemos decir que la persona instruida en ciencias debería tener: (a) el conocimiento, los conceptos, principios, leyes y teorías en las disciplinas de las ciencias; (b) la habilidad para hacer conexiones, tanto entre las ciencias, cómo entre otras disciplinas; (c) la experiencia obtenida por medio de prácticas que permitan la resolución de problemas de la vida real a través del uso de conceptos de ingeniería. (Vásquez, Sneider, Comer, 2013).

  También incluye la capacidad de razonamiento para apoyar las afirmaciones que se basan en la evidencia y poder discutir con otros sobre asuntos de la ciencia. (Purzer, Strobel, Cardella, 2014).

- *Instrucción en Tecnología:* Una persona instruida en tecnología tendrá: (a) conceptos claros sobre qué tecnologías existen en el mundo, cuáles tecnologías están en desarrollo y qué tecnologías nuevas promoverán el desarrollo de otras nuevas; (b) apreciará las bondades de una tecnología y tendrá claridad sobre las desventajas o riesgos que esta puede generar; (c) tendrá conocimientos sobre la infraestructura que permiten su fabricación, operación y mantenimiento. (Vásquez, Sneider, Comer, 2013).

- *Instrucción en Ingeniería:* Una persona instruida en ingeniería tendrá la habilidad para resolver problemas y lograr cumplir objetivos, aplicando el proceso de diseño. Esta capacidad de resolución de problemas vendrá también de la habilidad que tiene para identificar un problema y descomponerlo en partes, de tal manera que le permita aplicar estrategias efectivas y eficientes. La instrucción en ingeniería también comprende el reconocimiento de la relación entre las ciencias, las artes y la ingeniería; de cómo los ingenieros responden a las necesidades de la sociedad y de cómo las consecuencias de una solución la afectan. (Vásquez, Sneider, Comer, 2013).

  Las personas que estén en capacidad de aplicar el proceso de diseño podrán definir un problema soluble, generar y probar soluciones, modificar el diseño, y a través de múltiples consideraciones, obtener una solución óptima (Purzer, Strobel, Cardella, 2014).

- *Instrucción en Matemáticas:* Una persona instruida en matemáticas podrá hacer uso de una "calle de doble vía", que significa poder explicar ideas matemáticas y, en algunos casos, expresar matemáticamente problemas de la vida diaria. También tendrá claridad sobre el rol que juegan las matemáticas en el mundo y podrá hacer juicios fundados en las matemáticas, inclusive en la vida cotidiana, como un ciudadano constructivo, preocupado y reflexivo. (Vásquez, Sneider, Comer, 2013).

La instrucción en STEM no se limita a la instrucción de cada disciplina. La educación STEM se diferencia de otras formas ya conocidas en la comunidad educativa en una característica fundamental, porque une no solo a las asignaturas STEM entre ellas, sino a estas con el resto de las áreas del conocimiento, y en especial con aquellas del currículo escolar. Tiene el carácter de "holística", que hace referencia a la concepción integral de las disciplinas científicas. Es decir, que el funcionamiento de la educación STEM, incluyendo a todas las asignaturas en conjunto, aporta mucho más que cada una de ellas separadamente y luego sumadas. La integración de las asignaturas es un punto clave en el aporte de la educación STEM. Esto lo veremos en un capítulo más adelante.

Hemos dicho ya que un nuevo ciudadano del mundo deberá estar instruido para afrontar los problemas de hoy y de su entorno. A su vez un ciudadano instruido en STEM deberá ser capaz de distinguir claramente entre las necesidades individuales y las necesidades de una comunidad para resolver los problemas del mundo del siglo XXI. Esto requiere personas con la sensibilidad, actitud y compromiso para enfrentar estas dificultades.

Una sociedad eminentemente tecnológica para el siglo XXI

Las diferencias entre este siglo y el pasado son cada vez más notables. Gracias al desarrollo de múltiples tecnologías, en las últimas décadas las características del siglo XXI en materia de comunicación, acceso a la información, formas de trabajar, de desarrollar ideas, etc., exigen de todas las personas una nueva actitud en sus actuaciones de la vida diaria. Una sociedad altamente tecnológica es lo que estamos viviendo ahora y lo será cada vez más en las próximas décadas.

Esto exige nuevas habilidades al nuevo ciudadano, y estas deben ser desarrolladas durante su formación académica. Es una experiencia muy satisfactoria encontrarse en algunos grupos de trabajo con personas que cuentan con habilidades que están acordes con las necesidades de las instituciones y empresas de alto desempeño. Nos encontramos con equipos de trabajo dinámicos, donde sus miembros aportan positiva y constructivamente al trabajo común con sus experiencias, analizan datos, toman decisiones basadas en estos análisis y presentan resultados de una forma clara y concisa. ¿Pero por qué hemos de encontrar esas personas con esas habilidades solo cuando ya tienen décadas de experiencia laboral? ¿Cuándo ya han viajado por el mundo y han tenido a su cargo personas y proyectos importantes? Esas habilidades que reconocemos en unos pocos profesionales deben ser habilidades de todos y desarrollarse desde los primeros años de colegio.

Mucho se ha hablado sobre las habilidades que el siglo XXI requiere y para poder concretar realmente cuáles son éstas, la *National Academy of Science,* (Academia Nacional de Ciencias de los Estados Unidos), desarrolló una actividad académica para encontrar el conjunto de habilidades que son requeridas para una fuerza laboral eminentemente tecnológica. Arthur Eisenkraft, de la Universidad de Massachusetts, Boston, fue el que lideró el grupo de expertos de ciencias de la educación para determinar este conjunto de habilidades.

Estas son las habilidades para una sociedad eminentemente tecnológica:

1. *Adaptabilidad:* La capacidad y la voluntad de hacer frente a las inciertas, nuevas y rápidamente cambiantes condiciones de trabajo, incluyendo una respuesta eficaz a las emergencias o situaciones de crisis, y el aprendizaje de nuevas tareas, tecnologías y procedimientos. La adaptabilidad también incluye poder manejar el estrés laboral, la adaptación a personalidades diferentes, estilos de comunicación y culturas, como también la capacidad de adaptación física a diversos entornos de trabajo. (Houston 2007; Pulakos, Arad, Donnovan, and Plamondon 2000).

2. *Comunicaciones complejas y habilidades sociales:* Habilidades en el procesamiento e interpretación de información, tanto verbal como no verbal, para responder apropiadamente a las circunstancias. Un comunicador experto debe ser capaz de seleccionar piezas clave de una idea compleja y expresarse con palabras, sonidos e imágenes para compartir sus ideas o sus conceptos (Levy y Muran 2004). Los comunicadores calificados deberán dar resultados positivos a sus clientes, subordinados y superiores a través de la persuasión, la negociación, la instrucción y la orientación del servicio (Peterson et al. 1999).

3. *Resolución de problemas no rutinarios:* Un solucionador de problemas experto utiliza su formación y pensamiento profesionales para examinar un amplio espectro de información, reconocer patrones y delimitar la información para llegar a un diagnóstico del problema. Moverse más allá del diagnóstico hacia una solución requiere el conocimiento de cómo se vincula conceptualmente la información, y exige aplicar relaciones entre los conceptos. Además, debe tener la capacidad de reflexionar sobre si una estrategia de resolución de problemas no está funcionando para cambiar a otra que sí lo hace (Levy y Muran 2004). Esta capacidad incluye la creatividad para generar soluciones nuevas e innovadoras, integrar la información aparentemente sin relación, y acoger posibilidades que otros omiten (Houston 2007).

4. *Autogestión y autodesarrollo:* las habilidades de autogestión incluyen la capacidad de trabajar de forma remota en equipos virtuales, de trabajar en forma autónoma y de actuar en forma auto motivada y auto controlada. Otro aspecto de la autogestión es la voluntad y la capacidad para adquirir nueva información y habilidades relacionadas con el trabajo (Houston 2007).

5. *Pensamiento sistémico:* El pensamiento sistémico es la capacidad de comprender cómo funciona la totalidad de un sistema y cómo una acción, un cambio o el mal funcionamiento de una parte afecta al resto del sistema, es decir, la adopción de una visión general o gran perspectiva en el trabajo (Houston 2007). El pensamiento sistémico incluye el juicio, la toma de decisiones y la evaluación de sistemas, así como el razonamiento abstracto acerca de cómo interactúan los diversos elementos en un proceso de trabajo (Peterson et al. 1999).

Vale la pena reflexionar sobre cada una de estas habilidades porque constituyen uno de los aportes fundamentales de la educación STEM. El trabajo desarrollado por los autores citados es importante porque traza un rumbo definitivo a seguir en la formación de las nuevas generaciones.

Para hacer más sencillo y compacto el compendio de las habilidades que persigue la educación STEM, se usa más comúnmente la siguiente lista de habilidades:

- Pensamiento crítico
- Solución de problemas
- Investigación
- Creatividad
- Comunicación
- Colaboración

En la figura 1.1 vemos cómo se relacionan las dos listas de habilidades; se hizo un esfuerzo por darle relación y coherencia a la ubicación de los dos grupos.

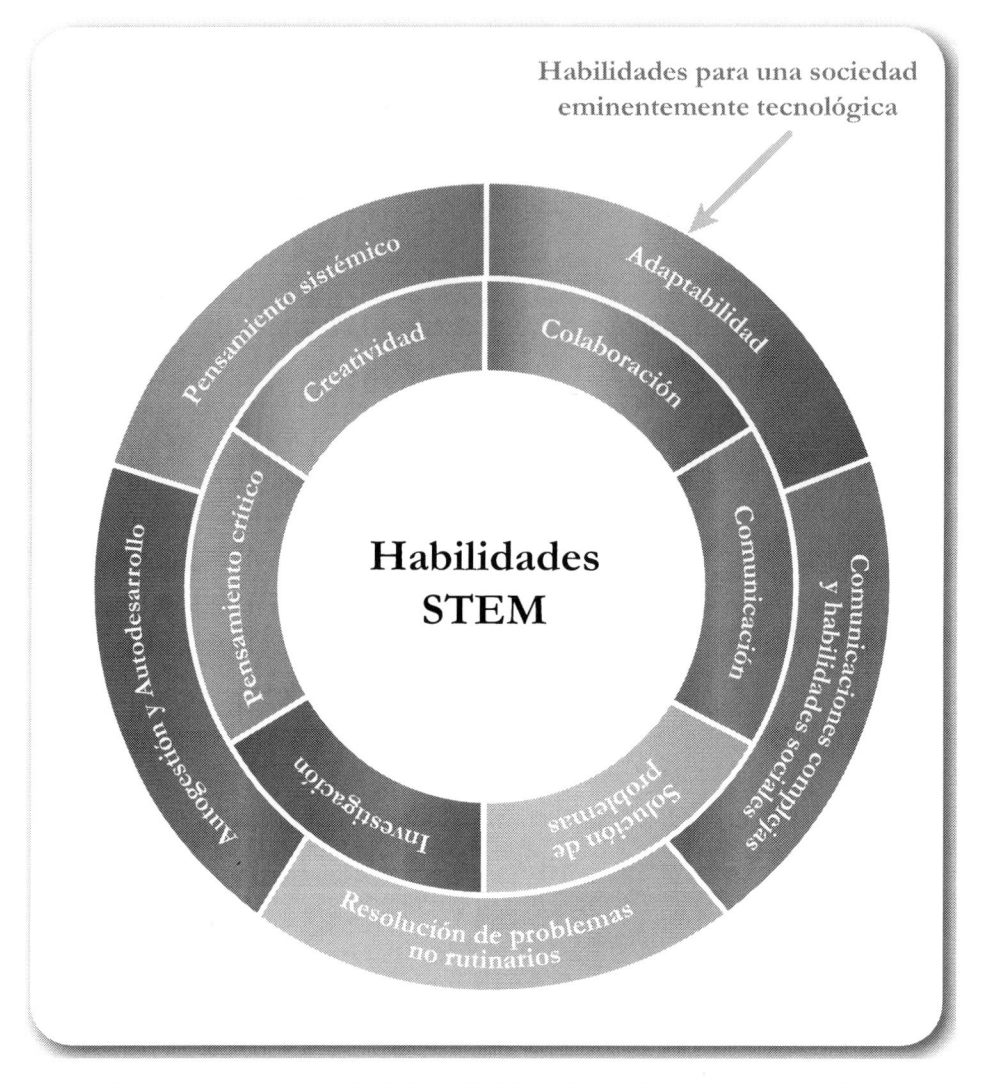

Figura 1.1 Relación de las habilidades STEM con las habilidades para una sociedad eminentemente tecnológica

Al desarrollar actividades STEM en un plan curricular, siempre debemos tener en cuenta la importancia de desarrollar estas habilidades.

Otra visión sobre las habilidades del siglo XXI la encontramos en el documento *Skills for a Social Progress* (Habilidades para el progreso social), documento de la OCDE bajo el ámbito del estudio de las habilidades y las competencias, y distribuye las habilidades en dos grupos:

1. *Cognitivas:* Son aquellas relativas a la capacidad de adquirir conocimiento, al pensamiento y a las experiencias. Adicionalmente permiten interpretar, reflexionar y extrapolar ideas basadas en el conocimiento adquirido. Se encuentran competencias como el reconocimiento de patrones, velocidad de procesamiento y la memoria.

2. *Socioemocionales:* Hacen referencia a aquellas competencias de las capacidades individuales que son manifestadas en patrones consistentes de pensamiento, sentimientos y comportamientos y que arrojan resultados socioeconómicos en el transcurso de la vida del individuo. Se encuentran habilidades como la perseverancia, el autocontrol, la pasión por cumplir las metas, la socialización, el respeto, el cuidado, la autoestima, el optimismo y la confianza. (OECD, 2015)

Al analizar esta clasificación podemos ver que las habilidades para una sociedad eminentemente tecnológica son de ambos tipos, es decir cognitivas y socioemocionales. En cognitivas tenemos el pensamiento crítico, la solución de problemas, la investigación y del tipo socioemocional encontramos la colaboración, la comunicación y la creatividad.

Una fuerza laboral basada en la innovación y el emprendimiento

El tercer aspecto que persigue la eduación STEM es la innovación y el aporte de la mayor cantidad de fuerza laboral posible para los campos de la ciencias, la ingeniería y la tecnología. (Bybee, 2013)

Sin embargo, la educación STEM no es solo para aquellos estudiantes que se destacan por sus habilidades científicas o matemáticas o que tengan habilidades especiales para los temas de una u otra asignatura STEM.

No se trata de discriminar a los estudiantes, hay que ser incluyente y darle la oportunidad a todos. ¿Por qué STEM es incluyente? Porque su enfoque fundamental es la transformación de una sociedad. Es necesario incluir a todos y darle mayor cabida a las minorías. En Latinoamerica hay minorías que requieren ser incorporadas dentro de un sistema educativo para la transformación de la sociedad del siglo XXI.

Es por ejemplo el caso de la participación de la mujer en carreras técnicas. Aunque ha aumentado considerablemente en las últimas décadas, todavía es muy reducida. Este es uno de los problemas fundamentales que se presenta en la educación primaria, pues hay fuerzas sociales y culturales que tratan de desviar a los estudiantes, tanto hombres como mujeres del propósito de emprender una carrera técnica o en las asignaturas STEM.

A este tema se refería el astrofísico Neil deGrasse Tyson, cuando en el pánel *Secular Society and its Enemies,* (Sociedad secular y sus enemigos), el reconocido economista de la Universidad de Harvard Lawrence Summers preguntó: "¿Y qué pasa con las chicas en las ciencias?" El moderador pidió: "¿Cuál de los expertos del pánel puede indicarnos algo sobre las diferencias genéticas y la educación?". En respuesta, Neil deGrasse dijo:

> "No he sido mujer nunca en mi vida. Lo que sí he sido es negro toda mi vida. Supe que quería ser astrofísico desde los nueve años, después de mi primera visita al planetario ... Quise ver cómo reaccionaba el mundo que me rodeaba a la expresión de estas ambiciones ... Por encima de todas las fuerzas sociales que se oponían, cada vez que mostraba este interés los profesores me decían: ¿no quieres ser más bien atleta? Yo quería ser algo que estaba por fuera de las expectativas que las personas tenían, las personas del poder. Afortunadamente mi interés en el universo era tan profundo y tan lleno de combustible que a pesar de todas esas barreras que se presentaban y las montañas que tenía que escalar, pude encontrar el combustible y seguir adelante.
>
> ... Aquí estoy, pienso yo, uno de los físicos más visibles en la comunidad del país y me pregunto: ¿dónde están los otros que debían estar aquí? ¡Y no están ahí! ¿Qué pasó en el camino en el que yo sobreviví y los otros no? Simplemente las fuerzas de la sociedad lo impidieron de todas las formas ...
>
> ... Sé que cuando no encuentro gente de raza negra en la ciencia, cuando no encuentro mujeres en las ciencias, esas fuerzas son reales, y tuve que superarlas para estar aquí hoy. Por eso, antes de hablar de diferencias genéticas debemos encontrar un sistema en el que las oportunidades sean las mismas, luego podremos tener esa conversación." (CFI CENTER OF INQUIRY, 2009)

Como lo muestra la anécdota anterior, más allá de su carácter divertido, podemos ver que hay que derribar las barreras que hacen que los estudiantes distraigan su atención de actividades para los cuales podrían ser quizás geniales. En el caso de la mujer, y más en nuestro medio, se les hace ver que pueden desmpeñarse mejor en una profesión que tradicionalmente ha sido más "femenina". Ya basta con eso, el ciudadano del siglo XXI debe estar preparado para las asignaturas STEM y su integración con el resto de las áreas del conocimiento.

Desde los primeros grados de la formación del colegio se debe brindar a todos los niños la oportunidad de poner a prueba sus capacidades. Es necesario que puedan tener experiencias en todas las áreas del currículo para lograr encontrar una actividad futura que les dé más satisfacciones y oportunidades. Si un niño encuentra interesante el arte y el diseño o bien la geografía o la historia o alguna de las áreas de la ciencia, esto debe ser desde temprana edad, desde los primeros años escolares.

Muchas veces los niños encuentran dificultades con algunas asignaturas como las ciencias naturares o las matemáticas, y encuentran a veces un rechazo que va a estar presente toda su vida. Por eso les oimos decir: ¡Odio las matemáticas!, ¡odio las ciencias!, ¡eso no es para mi! Es ahí donde tenemos problemas, porque buscamos profesionales que tengan el conocimiento necesario para desenvolverse en todo tipo de situaciones en su vida profesional y personal.

Ahora bien, la educación STEM ha sido impulsada por los gobiernos del mundo, pensando especialmente en que podrá aumentar la participación y la prosperidad económica de sus países. Esto es cierto, y probablemente la educación STEM logre contribuir de manera principal al incremento del número de profesionales en las áreas STEM. Hablamos de las ingenierías, las ciencias, las nuevas carreras relacionadas con la tecnología, etc. Estas carreras serán las principales para los países que tengan en su mira la innovación.

La historia nos muestra que los avances científicos y tencnológicos se aceleran cuando se fomenta investigación y el desarrollo. Es por ello que la innovación debe ser una prioridad para los gobiernos del mundo y en especial de Latinoamérica. El enfoque debe ser en el desarrollo del potencial intelectual de un país. En el Campus Party ™ del año 2014, que se llevó a cabo en Colombia en la ciudad de Cali, tuvimos la presentación, entre otros, del físico Michio Kaku. En su intervención comentó la importancia de la inversión en el conocimiento que debe hacer un país, más que en la explotación de sus recursos naturales. Decía que si bien la explotación de recursos naturales es necesaria, paralelamente el desarrollo intelectual de un país debe ser su prioridad. El capital intelectual, el poder de la mente se vuelve cada vez más costoso.

Textualmente dice Kaku:

> "Colombia está en una encrucijada. Colombia puede dar un salto al futuro solo si entiende la relación entre el capital para fabricar productos (commodities) y el capital intelectual. Entonces para Colombia, ¿cuál es la lección? Lo primero para Colombia debe ser la educación. El mundo va a ser más científico, no menos científico… Segundo: Debemos permitir el florecimiento de emprendedores, innovadores, científicos, ingenieros, hombres de negocios, para crear nuevas industrias, nuevos

-Silicon Valleys-. Innovadores y emprendedores para crear industrias que contraten más trabajadores. Tercero: El Gobierno debe hacerse a un lado. La respuesta de los políticos es impuestos, impuestos, reglamentar, reglamentar, reglamentar. Esa no es la manera de generar riqueza... Cuarto: La naturaleza de los trabajos va a cambiar y por eso debemos concentrarnos en el capital de la mente." (Campus Party ™ 2014)

Los comentarios del Dr. Kaku son válidos no solo para Colombia sino para todos los países de Latinoamérica que tienen situaciones sociopolíticas similares. Es claro que la innovación y el emprendimiento son, entonces, el otro aspecto más importante que persigue la educación STEM. La contextualización de las asignaturas STEM es asunto primordial para que el aprendizaje logre encontrar soluciones a la realidad de cada nación. El mundo pide una respuesta urgente y la respuesta debe ser dada ahora, con soluciones inteligentes que brinden alternativas de progreso.

Qué es y qué no es la educación STEM

¿Qué se considera educación STEM? Establezcamos una definición.

Con el objetivo de partir con pie firme en el conocimiento de la educación STEM, hemos decidido poner el énfasis en una definición, dado que consideramos importante lo anteriormente expuesto para entender el trasfondo de una descripción compacta del tema.

El libro, "STEM Lesson Essentials", (Elementos esenciales para las lecciones en STEM), de los autores: Dra. Jo Anne Vásquez, Dr. Cary Sneider y el Dr. Michael Comer, publicado en el año 2013, es uno de los más importantes dentro de la literatura sobre la educación STEM. Los autores lograron formular una definición que consideramos la más apropiada porque resume todo lo explicado en el presente capítulo.

"La educación STEM es un acercamiento interdisciplinario al aprendizaje que remueve las barreras tradicionales de las cuatro disciplinas (Ciencias-Tecnología-Ingeniería-Matemáticas) y las integra al mundo real con experiencias rigurosas y relevantes para los estudiantes." (Vásquez, Sneider, Comer, 2013).

Veamos en detalle los apartes de la definición:

Acercamiento interdisciplinario al aprendizaje. Integra las asignaturas de manera interdisciplinaria, pero aporta el aspecto holístico de esta unión. La integración es un cambio profundo en el acercamiento al estudiante porque brinda las conexiones necesarias que le hacen falta para comprender los fundamentos teóricos de cada asignatura. Incluye la introducción de la ingeniería, especialmente en la enseñanza de las ciencias, que es uno de los aportes fundamentales de los nuevos estándares de ciencias NGSS.

Remueve las barreras de las cuatro asignaturas. Por mucho tiempo la educación se ha realizado en forma separada, como en silos. Esto ha hecho que los estudiantes aprendan los conceptos de manera aislada, sin conexión con la realidad que les rodea. Por eso ocurre en muchas ocasiones que el aprendizaje es de corta duración, porque el estudiante aprende solo para cumplir con las evaluaciones. El nuevo ciudadano del siglo XXI debe poder responder a las necesidades actuales y para eso debe comprender la interrelación sistemática de los conocimientos que ha obtenido durante su vida.

Las integra al mundo real. Este es uno de los aspectos maravillosos de la educación STEM. Las conexiones entre conceptos de las diferentes asignaturas brindan al estudiante conceptos nuevos, vibrantes, emocionantes, que dan respuesta a los problemas de la vida en el mundo.

Con experiencias rigurosas y relevantes para los estudiantes. Aquí llama la atención la palabra "rigurosas", porque se debe retar al estudiante. Las experiencias deben producir el conocimiento y desarrollar el mejor potencial de los estudiantes, y son relevantes para los estudiantes porque constituyen la conexión del mundo teórico con los intereses de las personas. Debemos dar respuesta a una pregunta recurrente de los estudiantes: ¿Por qué debo aprender esto? ¿De qué me sirve para mi futuro? Una respuesta podría ser: Las cosas que se ven a diario en la casa, en el colegio, en el cine, en la calle, en la feria de ciencias, tienen que ver con esto que estamos estudiando. Es necesario comprometer al estudiante con la calidad de su estudio y promover su esfuerzo por comprender los conceptos y fenómenos, debemos hacer siempre una conexión con el mundo real. (Vásquez, Sneider, Comer, 2013).

Esto describe de forma compacta lo que es educación STEM, y siempre nos servirá como un norte para no perder de vista su esencia a medida que avancemos y profundicemos en los temas de STEM.

¿Qué no se debe considerar educación STEM?

Es de primordial importancia indicar que aunque en muchas instituciones educativas se están llevando iniciativas de reconocido valor y aporte a la educación, no a todo se le puede denominar educación STEM.

Ya decía el Dr. Rodger Bybee, que uno de los riesgos que tiene la educación STEM, es que se subvalore o se la utilice de manera errónea. Se puede oír a algunas instituciones educativas y proveedores de materiales curriculares, expresiones como: "Nosotros ya somos un colegio STEM", "ya instalamos equipos de cómputo STEM", "todos nuestros docentes se han capacitado en STEM", "todo nuestro material educativo y curricular es STEM". No dudamos de los muy buenos aportes que estas iniciativas estén haciendo, pero en muchos casos, no en todos, está muy alejado de la realidad de lo que concebimos como esquema de educación STEM. (BYBEE, 2013)

Veamos cómo aparecen las asignaturas STEM en las instituciones educativas. Encontrar en Latinoamérica colegios que tengan las cuatro asignaturas y que a su vez estén integradas es algo poco común. Normalmente encontraremos que las ciencias y las matemáticas aparecen bastante fortalecidas, pero se enseñan de manera separada.

La tecnología, por su parte, es concebida en muchos colegios como el salón de informática y la clase de robótica. Es claro que enseñar a los niños los programas de computación básicos es muy importante, así como tener iniciativas de robótica o desarrollo de aplicaciones web. Todo esto es extraordinario. ¿Pero, eso hace a la tecnología ser parte del conjunto general de las asignaturas del currículo? Sobre el tema de tecnología profundizaremos más tarde su significado dentro de la educación STEM.

No se debe considerar como educación STEM a lo siguiente:

- La tecnología e ingeniería como cursos adicionales al plan de estudios.
- Pensar que tecnología significa tener computadores adicionales para los estudiantes.
- Considerar la tecnología como un sistema de "procesamiento de palabras", o como programas básicos de oficina.
- Que "Manos a la obra" significa aprendizaje activo pero paso a paso.
- Pensar en STEM omitiendo los laboratorios y el método científico.

- Creer que todos los estudiantes instruidos en STEM serán forzados a escoger campos técnicos porque esta educación no les brinda fundamentos en las artes u otras asignaturas.

- Considerar las matemáticas aparte de la educación de las ciencias.

- Pensar que STEM hace referencia solo a la fuerza laboral o al empleo.

- Pensar que impartir una educación en tecnología e ingeniería no hace parte del plan de estudios e incluirlos genera problemas.

- Considerar que los docentes de tecnología no pueden enseñar ciencias o matemáticas.

- Considera que los ingenieros no pueden enseñar ciencias ni matemáticas.

(MORRISON, 2006)

A medida que vayamos avanzando en el contenido de este libro, veremos cómo es que las afirmaciones anteriores no hacen parte de una educación STEM.

Muy a menudo se encuentran colegios en los que ya se han puesto en marcha procesos interesantes que innovan en la educación, pero es necesario entender el por qué estas iniciativas no corresponden a una educación STEM. Puede ser el caso de la integración de las asignaturas. La integración es muy buena porque le da contexto a lo que aprenden los estudiantes, pero para llegar al nivel de STEM hacen falta muchos elementos, como es la inclusión de la ingeniería en la enseñanza de las ciencias, el entendimiento de los problemas del mundo que nos rodea y el desarrollo de las habilidades del siglo XXI.

También vemos a menudo el uso del "aprendizaje basado en proyectos". Esta es una modalidad espectacular, que pretende desarrollar muchos aspectos del estudiante, y la educación STEM utiliza esta modalidad para apalancar sus objetivos, pero el modelo por sí solo no es una forma de educación STEM. A veces se enfatiza en el modelo de proyectos y se descuida la formación fundamental en los conceptos de las asignaturas.

En otros casos, hemos visto iniciativas que buscan dar la oportunidad a los estudiantes de abrir su imaginación y creatividad a través de métodos llamados "maker spaces" (espacios creativos). Creemos que es una muy buena oportunidad para los niños tener estos espacios y contar con herramientas tecnológicas como actividades adicionales para ellos, pero hacen falta muchos elementos de la educación STEM para poder cumplir con los objetivos de esta.

Quizás es un período de transición, y finalmente todas estas actividades aportan a cambiar la forma de pensar de la comunidad entre padres, estudiantes, profesores, académicos, etc.

Otras acepciones de STEM

Seguramente los lectores han oído hablar del término STEAM, que se ha popularizado mucho. Este término hace referencia a un concepto creado por la Dra. Georgette Yakman, licenciada en ciencias y tecnología en la educación, con maestría en Educación STEM y con experiencia en diseño arquitectónico. El aporte de la doctora Yakman a la educación STEM es muy importante, dado que ha hecho la transición más fácil para muchas instituciones educativas a nivel mundial. Pero miremos un poco más en detalle la relación de STEAM con STEM. La "A" en el acrónimo hace referencia a las artes, pero no solo a las artes plásticas, sino a lo que se conoce en inglés como "liberal arts". La doctora Yakman indica que su modelo acopla gran parte de las asignaturas del currículo:

- Estudios sociales
- Ciencias
- Matemáticas
- Lenguas
- Tecnología
- Ingeniería
- Música
- Bellas artes
- Educación física

El modelo STEAM le da un trasfondo significativo a cada una de estas áreas del conocimiento. No vemos con malos ojos que el modelo STEAM sea incluido en un cambio educativo, sin embargo al analizarlo vemos claramente que todo hace parte del nivel de integración de STEM. Los grados de integración serán un tema que se tratará en un capítulo más adelante.

Se conocen también:

- STEM+B
- STREAMS

- STEM+
- …y muchas más

Cuando se logra el mayor nivel de integración, STEM involucra la mayor cantidad de asignaturas, por eso no consideramos necesario pensar en modelos alternativos.

¿En qué se diferencia STEM de otras transformaciones en educación?

La educación STEM incluye muchos aspectos que la hacen diferente de lo que se ha visto antes en la comunidad educativa.

De manera general podemos numerar lo más representativo:

- Trae problemas globales que el ciudadano debe entender.
- Cambia la percepción de los problemas medioambientales y de los problemas asociados.
- Reconoce las habilidades para actuar en una sociedad eminentemente tecnológica.
- Incluye la ingeniería en la enseñanza de las ciencias.
- Se enseña las ciencias y las matemáticas a través del diseño.
- Se da un significado nuevo a la instrucción en las áreas STEM.
- Trae el concepto de integración como un todo.
- Le da sentido a lo que los estudiantes aprenden.
- Los estudiantes se familiarizan con un contenido específico de manera más profunda.

Y de manera particular podemos mencionar:

- La instrucción en STEM es una prioridad para todos los estudiantes, inclusive, con diferentes formas de aprendizaje.
- La instrucción en STEM es importante tanto para los estudiantes como para los profesores.
- Incluye con la ingeniería el proceso de diseño.

- Trae una cultura de estudiantes que se cuestionan las cosas, que innova, y esto permea a todo el colegio.
- Hace a los estudiantes competentes para las pruebas, de tal manera que es una consecuencia y no una meta a donde queremos llegar.
- Se evalúa al estudiante no por cuánto sabe, sino por cómo se desempeña.

En el salón de clase.

- La dinámica es ahora centrada en el estudiante.
- Se está preparado para preguntas espontáneas, así como para investigaciones planeadas.
- Se centra en la invención y la innovación.
- Tenemos un salón de clase adaptado para actividades STEM, con muebles de fácil configuración, con electricidad de acceso en el techo y en el piso.

Hemos analizado en el presente capítulo los orígenes de STEM, como comenzó, la importancia y el estado actual en el mundo, los aportes de la educación STEM, hemos entregado una definición que nos indica siempre el "norte" que debemos tener de referencia y las diferencias con otras iniciativas similares. La educación STEM es una buena oportunidad para concebir una nueva realidad en el mundo y poder enfrentar los nuevos retos que se presentan a nuestras sociedades.

Referencias

100Kin10, (2016), Página Web, www.100kin10.org

ACOLA, Australia Council of Learned Academies, (2013), *STEM Country Comparisons, International comparisons of Science, Technology, Engineering and Mathematics (STEM) Education. Final Report.*

ACOLA, Australia Council of Learned Academies, (2013), *Consultant Report Securing Australia's Future STEM: Country Comparisons, Report on China's STEM System,*

ACOLA, Australia Council of Learned Academies, (2013), *Consultant Report Securing Australia's Future STEM: Country Comparisons, Report of Taiwan: STEM (Science, Technology, Engineering and Mathematics)*

ACOLA, Australia Council of Learned Academies, (2013), *Consultant Report, Securing Australia's Future. STEM: Country Comparisons. Country Report Singapore.*

ACOLA, Australia Council of Learned Academies, (2013), *Consultant Report Securing Australia's Future STEM: Country Comparisons, STEM Report, Republic of Korea.*

ACOLA, Australia Council of Learned Academies, (2013), *Consultant Report Securing Australia's Future STEM: Country Comparisons, Canada's Approach to Science, Technology, Engineering and Mathematics, (STEM): Context, Policy, Strategy, and Program*

ACOLA, Australia Council of Learned Academies, (2013), *Consultant Report Securing Australia's Future STEM: Country Comparisons Literature Review STEM Education in France.*

ACOLA, Australia Council of Learned Academies, (2013), *Consultant Report Securing Australia's Future STEM: Country Comparisons, STEM: Country Comparisons – Europe …a critical examination of existing solutions to the STEM skills shortage in comparable countries.*

ACOLA, Australia Council of Learned Academies, (2013), *Consultant Report Securing Australia's Future STEM: Country Comparisons, A study of Science, Technology, Engineering and Mathematics education in the United Kingdom.*

ACOLA, Australia Council of Learned Academies, (2013), *Consultant Report Securing Australia's Future STEM: Country Comparisons, Education in Brazil: Access, quality and STEM.*

Bybee R. W., (2013), The Case For STEM *Education Challenges and Opportunities,* p 29, NSTA Press.

Campus Party ™ (2014), *CPC07 - Principal - Michio Kaku,* Conference, https://youtu.be/gaXE06wFKIs

CFI, Center of Inquiry, (2009), *Secular Society and its enemies,* https://youtu.be/KEeBPSvcNZQ

Committee on STEM Education, National Science and Technology Council, *Federal Science, Technology, Engineering, and Mathematics (STEM Education) 5-Year Strategic Plan* (2013), Executive Office of the President of the United States.

Compton R. A., (2012), *The Finland phenomenon, Inside the world's most surprising school system,* In association with New Schools Films.

Council of Chief State School Officers (CCSSO) and the National Governors Association Center for Best Practices (NGA Center), *Common Core State Standards Initiative,* (2017)

Department of Education and Training, (2016), *Speech at the Australian Council for Educational Research Conference of the Senator the Hon Simon Birmingham*, Media Center, https://ministers.education.gov.au/birmingham/speech-australian-council-educational-research-conference

Houston, J. (2007). *Future skill demands, from a corporate consultant perspective.* Presentation at the Workshop on Research Evidence Related to Future Skill Demands, National Research Council. Disponible: https://www.nap.edu/catalog/12066/research-on-future-skill-demands-a-workshop-summary

International STEM Conference, 2014, *Presentación de la Dra. Linda Gojak hablando de las matemáticas y la educación STEM,* STEMCon. https://youtu.be/oAhZpfB7Zas

Kadota, K, (2015), STEM *Education in Japanese Technical High School: Through Curriculum Development of the Robot Education*

Kennedy, J. F., (1961), *Special message by the president on urgent national needs before a joint session of Congress,* May 25

Levy, F., and Murnane, R.J. (2004). *The new division of labor: How computers are creating the next job market.* Princeton, NJ: Princeton University Press.

Morrison, J.S., (2006), *"Ties STEM Education Monograph Series, Attributes of STEM Education.* Teaching Institute of Essential Science.

National Research Council of the National Academies, (2012), *A Framework for K-12 Science Education, Practices, Crosscutting Concepts, and Core Ideas,* 2012, National Academies Press.

Nationales MINT Forum, (2018), Página web http://www.nationalesmintforum.de/

NSTA, (2016), *STEM Education Opportunities and the Every Student Succeeds Act,* NSTA Web Seminars.

OECD, PISA (2009) Results: Executive Summary, https://www.oecd.org/pisa/pisaproducts/48852548.pdf.

OECD (2015), *Skills for Social Progress: The Power of Social and Emotional Skills, OECD Skills Studies,* OECD Publishing. http://dx.doi.org/10.1787/9789264226159-en

Obama B, (2011) *State Of The Union 2011,* PBS. https://youtu.be/-RSjbtJHi_Q

Peterson, N., Mumford, M., Borman, W., Jeanneret, P., and Fleishman, E. (1999). *An occupational information system for the 21st century: The development of O*NET*. Washington, DC: American Psychological Association.

Purzer Ş., Strobel J., Cardella M.C., (2014) *Engineering in Pre-College Settings: Synthesizing Research, Policy, and Practices,* Purdue University Press.

Pulakos, E.D., Arad, S., Donovan, M.A., and Plamondon, K.E. (2000). *Adaptability in the workplace: Development of a taxonomy of adaptive performance.* Journal of Applied Psychology, 85, 612-624.

Vasquez J. A., Sneider C., Comer M., (2013), STEM *Lesson Essentials, Grades 3-8 Integrating Science, Technology, Engineering and Mathematics,* Heinemann.

Capítulo 2
Los nuevos estándares de ciencias - NGSS

La gran transformación en la forma de enseñar ciencias en los colegios de los Estados Unidos se ve reflejada en los nuevos estándares curriculares desde la educación preescolar hasta el grado 12 (K-12). Este capítulo trata los orígenes, estructura y fundamentos de dicha transformación. A través de su lectura, será posible entender cuán importante es este salto y por qué STEM constituye uno de los pilares para la enseñanza de la educación.

El Marco de referencia

Generalidades

Hemos expuesto en el capítulo anterior las razones, los objetivos y el significado de lo que representa el concepto de educación STEM. Con estas ideas en mente podemos entrar a analizar el gran paso dado por la comunidad educativa de los Estados Unidos al crear el *"A Framework for K-12 Science Education - Practices, Crosscutting Concepts, and Core Ideas"* (Marco de referencia para la Enseñanza de las Ciencias desde la educación preescolar hasta el Grado 12. Prácticas, conceptos transversales e ideas fundamentales), que de aquí en adelante llamaremos *El marco de referencia*.

Este documento fue la antesala al compendio de estándares de ciencias, conocidos como **N**ext **G**eneration **S**cience **S**tandards - *NGSS* (Estándares de Ciencias para la Próxima Generación). Los fundamentos de estos estándares están consignados en el marco de referencia e incluye la visión, las consideraciones y las recomendaciones para entender y desarrollar estos nuevos estándares.

El *marco de referencia* fue concebido no como un tema aislado de los esfuerzos de las organizaciones educativas en este país, sino después de una cadena de reformas que varias organizaciones presentaron entre los años 1989 y 2012. Muchas de estas reformas planteaban la idea de lograr una estandarización para obtener homogeneidad en la educación en todos los estados federales. Pasando por matemáticas, la tecnología, las ciencias y los primeros pasos en ingeniería, estos documentos constituyeron una base sólida para la concepción del *marco de referencia*. (Purzer, Strobel, Cardella, 2014).

Estos aportes, así como un fortalecimiento de la enseñanza de las ciencias, fueron el motor de las nuevas ideas para la concepción de una nueva visión de la enseñanza en los colegios. Algunas organizaciones de orden académico, filantrópico y no gubernamental fueron la clave de este desarrollo. Se pueden mencionar la *Canergie Corporation of New York, Achieve Inc., The American Association for the Advancement of Science* (Asociación Americana para el Avance de las Ciencias) y la **National Science Teacher Association** - *NSTA* (Asociación Nacional de Profesores de Ciencias).

La aprobación del documento fue dada por el **National Research Council** - NRC (Concilio Nacional de Investigación), como brazo operativo de la *National Academies of Sciences, Engineering, and Medicine* (Academia Nacional de Ciencias, Ingeniería y Medicina), constituida por el más prestigioso grupo de científicos del mundo.

El trabajo de desarrollo de este documento se dividió en cuatro grupos, liderados por expertos del sector de educación, que son estos:

- *Grupo de ciencias físicas,* con el Dr. Joseph Krajcik a la cabeza, profesor de ciencias de la Universidad de Michigan.
- *Grupo de ciencias de la vida,* dirigido por el Dr. Rodger Bybee, cuyas áreas más importantes de estudio son la instrucción en ciencias, la investigación científica, el diseño y el desarrollo de planes de estudio en ciencias, así como su rol en la política pública para la educación de ciencias y su trabajo como asesor internacional, especialmente en las pruebas PISA con la OCDE.
- *Grupo de ciencias de la Tierra y el espacio,* liderado por el Dr. Michael Wysession, profesor de ciencias de la Tierra y ciencias planetarias de la Universidad de San Luis.
- *Grupo de ingeniería, tecnología y aplicaciones en ciencias,* con el Dr. Cary Sneider, profesor asociado de la Universidad Estatal de Portland y soporte académico de este libro.

El primer borrador del marco de referencia se presentó en el año 2010, pero oficialmente se publicó en el año 2012.

El objetivo general del documento es procurar que los estudiantes al finalizar el grado 12 puedan:

- Tener el suficiente conocimiento de ciencias e ingeniería para poder hacer parte de las discusiones en temas afines.
- Ser consumidores cuidadosos de información científica y tecnológica relacionada con la vida diaria.
- Aprender sobre ciencias en ambientes externos al colegio.
- Tener las habilidades para cursar carreras de su elección, en especial aquellas de ciencias, tecnología e ingeniería.

La forma en que hoy se está desarrollando la ciencia es diferente de cómo se hacía en décadas anteriores, pues los estudiantes no estaban siendo partícipes de estos cambios. Los estándares de ciencias anteriores abarcaban muchos temas, pero poco se profundiza en ellos, y fue necesario desarrollar el *marco de referencia,* para obtener unos nuevos estándares que concentraran el aprendizaje en los temas que requieren mayor atención para responder a las necesidades actuales de la sociedad.

El *marco de referencia* consideró un nuevo concepto de educación desde la óptica de tres dimensiones. Estas son:

- Prácticas de ciencias e ingeniería.
- Conceptos transversales.
- Ideas disciplinares fundamentales

Para hacer más fácil el camino que un estudiante de ciencias recorre, se requiere que los nuevos estándares consideren las tres dimensiones conjuntamente. Así, cuando ellos exploren un área de estudio de ciencias partirán de una idea fundamental, participarán luego en las prácticas de ciencia e ingeniería y se les ayudará a hacer las conexiones transversales entre las áreas de las ciencias. Esto lo detallaremos más adelante.

Esta nueva visión de la enseñanza de las ciencias incluye la tecnología y la ingeniería, y se evidencian en los estándares, el currículo, la instrucción y la forma de evaluación. A partir de esta transformación, STEM hace parte de la enseñanza en los colegios y abarca los temas de ciencias en los siguientes grandes grupos:

- Ciencias físicas.

- Ciencias de la vida.
- Ciencias de la Tierra y el espacio.

Con esto, las habilidades que STEM busca desarrollar se encuentran bien caracterizadas, reflejan la importancia y el entendimiento del mundo construido por el hombre y reconocen la integración de la enseñanza de las ciencias con la de tecnología e ingeniería.

En la figura 2.1 se detalla cada una de las dimensiones del *marco de referencia*.

1. PRÁCTICAS DE CIENCIA E INGENIERÍA

a. Hacer preguntas (ciencias) y definir problemas (ingeniería).
b. Desarrollar y utilizar modelos.
c. Planear y hacer investigaciones.
d. Analizar e interpretar datos.
e. Utilizar matemáticas y pensamiento computacional.
f. Construir explicaciones (ciencias) y diseñar soluciones (ingeniería).
g. Participar en discusiones basadas en la evidencia.
h. Obtener, evaluar y comunicar información.

2. CONCEPTOS TRANSVERSALES

a. Patrones
b. Causa y efecto. Mecanismos y explicación.
c. Escala, proporciones y cantidades.
d. Sistemas y modelos de sistemas.
e. Energía y materia (flujos, ciclos y conservación).
f. Estructura y función.
g. Estabilidad y cambio.

3. IDEAS DISCIPLINARES FUNDAMENTALES

Ciencias Físicas

PS1: Materia y sus interacciones.
PS2: Movimiento y estabilidad: Fuerzas e interacciones.
PS3: Energía.
PS4: Ondas y sus aplicaciones en tecnologías para la transferencia de información.

Ciencias de la Vida

LS1: Desde las moléculas hasta los organismos. Estructuras y procesos.
LS2: Ecosistemas, interacciones, energía y dinámica.
LS3: Herencia: Herencia y variación de características.
LS4: Evolución biológica: Unidad y diversidad.

Ciencias de la Tierra y el Espacio

ESS1: Ubicación de la Tierra en el Universo.
ESS2: Sistemas de la Tierra.
ESS3: La Tierra y la actividad humana.

Ingeniería, Tecnología y aplicaciones de ciencias

ETS1: Diseño en ingeniería.
ETS2: Relación entre ingeniería, tecnología, ciencia y sociedad

Figura 2.1 Dimensiones del marco de referencia

La Visión

El *marco de referencia* nos invita a formarnos nuevas ideas de cómo enseñar y aprender ciencias. A lo largo del documento se insiste en la interacción de la ciencia con la tecnología y la ingeniería y la vital importancia que estos campos del conocimiento tienen en la vida del siglo XXI.

Es evidente cómo esta visión que presenta el documento está totalmente alineada con la educación STEM porque busca responder los tres principios que mencionamos en un capítulo anterior:

- Instruir en STEM, entiéndase en las asignaturas de ciencias, tecnología, ingeniería y matemáticas.
- Desarrollar las habilidades STEM.
- Enfocarse en la innovación.

Citamos a continuación uno de los aportes más importantes de la visión del *marco de referencia:*

> "Al finalizar el grado 12 los estudiantes deben haber obtenido suficientes conocimientos de las prácticas, los conceptos transversales y las ideas fundamentales de ciencias e ingeniería, para ser consumidores críticos de información científica relacionada con la vida diaria y para continuar aprendiendo sobre ciencias durante su vida. Deberán entender y valorar que la ciencias y la concepción científica actual del mundo son el resultado de cientos de años de esfuerzo creativo de la humanidad". (National Research Council of the National Academies, 2012)

Una de las razones fundamentales de la transformación de la enseñanza de las ciencias en los Estados Unidos es la idea que se tiene, en general, de que los estándares anteriores estaban compuestos por una lista de datos aislados los unos de los otros. Por esta razón se concibió la nueva forma de enseñar y aprender ciencias, con el objetivo de lograr coherencia entre las áreas de estudio.

Las prácticas de ingeniería permiten que los estudiantes aprendan los conceptos de ciencias y descubran los grandes logros de la ciencia y sus aportes a la sociedad. Esta coherencia se apoya en cuatro principios:

- *Progreso durante el desarrollo.* La forma en que se estableció este nuevo concepto permite que los estudiantes puedan construir de una manera sólida su conocimiento y desarrollar sus habilidades partiendo de la curiosidad ante lo que los rodea y de cómo funciona el mundo. Haciendo un paralelo con lo dicho sobre la educación STEM, se ve cómo se da relevancia a lo que los estudiantes aprenden.

- *Progresividad.* También hace parte del progreso un plan claramente estructurado que tienen los nuevos NGSS, que consiste en que los conceptos van siendo desarrollados desde los primeros años y van llegando a un grado de mayor sofisticación a medida que van avanzando en los grados del colegio.

- *Cubrimiento de ideas fundamentales.* La selección de ideas fundamentales se hizo con el objetivo de darle la oportunidad, tanto a docentes como a estudiantes, de tener suficiente tiempo para explorar los conceptos de una manera más profunda. Es decir, que en vez de abarcar demasiados temas de ciencias y tocarlos solamente por obligación, se limitó el contenido con el objetivo de guiar su conocimiento hacia una visión más científica y coherente.

- *Integración de la investigación científica y el diseño en ingeniería.* El *marco de referencia* promueve el aprendizaje de ciencias e ingeniería mediante la integración de estos dos importantes componentes y es este quizás uno de los aportes más significativos en donde vemos cómo se unen la ingeniería y la enseñanza de las ciencias.

Los cambios que provee el *marco de referencia* son evidentes y de gran magnitud. El rol de la ingeniería y la tecnología no solo es nuevo sino esencial, y se incluyen en la enseñanza de las ciencias por muchas razones. El uso práctico de las ciencias es una razón importante, dado que en muchos casos el enfoque hacia los puros conceptos científicos le quita importancia a la aplicación de la ciencia. Normalmente las prácticas de ciencias se descuidan en la vida escolar y en muchos casos solo se hacen con ayuda de laboratorios prediseñados con respuesta única. La ingeniería y la tecnología dan el contexto en el cual los estudiantes pueden medir su nivel de conocimiento y aplicarlo a los problemas prácticos. (National Research Council of the National Academies, 2012)

En algunas instituciones educativas se presentan proyectos en los que ya la tecnología y la ingeniería hacen parte del plan de estudios. Sobre ese punto el *marco de referencia* no hace ninguna objeción. Lo importante es que la enseñanza de las ciencias tenga como parte viva las prácticas de ingeniería y su activa integración con la tecnología. Esto no se limita a que los estudiantes, especialmente los de los últimos grados, puedan tener cursos avanzados en estas asignaturas.

La nueva visión de enseñar ciencias no es limitante de ninguna manera, por el contrario, aporta activamente al proceso de enseñanza y aprendizaje e incluye a la totalidad de los estudiantes.

Las tres dimensiones

Ya se expusieron antes las tres dimensiones que definen los nuevos estándares de ciencias, y estas son:

- Prácticas de ciencia e ingeniería.
- Ideas disciplinares fundamentales
- Conceptos Transversales.

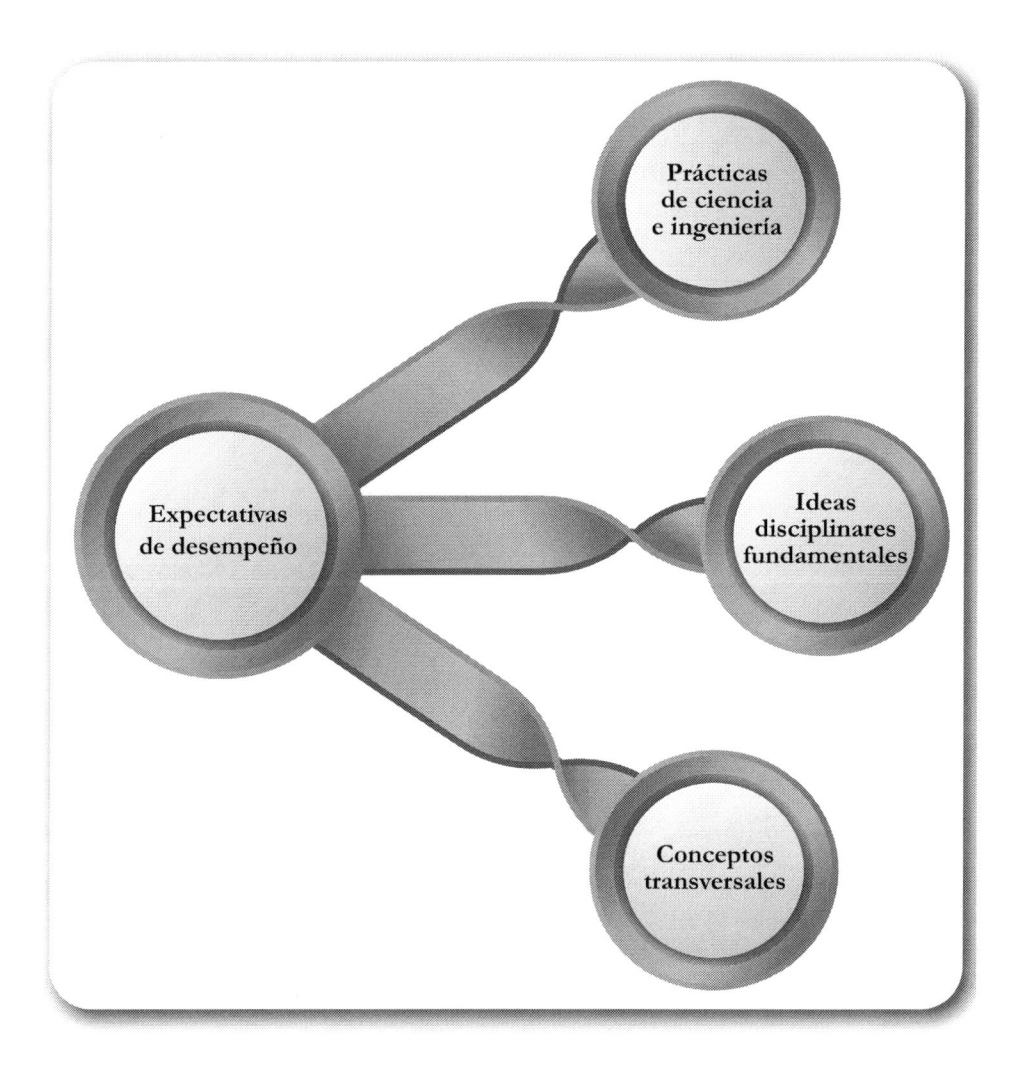

Figura 2.2 Estructura de los estándares NGSS

Una diferencia notable de los nuevos estándares con los anteriores es que estos indicaban lo que los estudiantes debían saber o entender. Esta concepción debió ser transformada para que ahora los nuevos estándares cubran las tres dimensiones que los definen. Para ello se crearon las "expectativas de desempeño". Los estudiantes pueden estar seguros de que han recibido conocimientos, conceptos y datos que han sido comprendidos a través de las prácticas de ciencia e ingeniería y de que han complementado esta información al relacionarla con las otras áreas de la ciencia. En la figura 2.2 vemos la estructura de los nuevos estándares de ciencias y cómo están relacionados sus componentes.

Los nuevos estándares de ciencias tienen desde su definición una identificación completa con los aspectos que la educación STEM persigue. Derrumba las barreras de las cuatro asignaturas, las integra, las hace relevantes para los estudiantes y las conecta con prácticas de la vida real. (National Research Council of the National Academies, 2012)

Prácticas de ciencias e ingeniería

Comúnmente se ve en las instituciones educativas que el estudiante es obligado a la memorización de datos en la mayoría de las asignaturas. Para superar esta situación, los nuevos estándares de ciencias NGSS modifican la forma del aprendizaje de ciencias. En esta forma se presenta una nueva visión del desarrollo del conocimiento científico, y a través de las prácticas de ciencia e ingeniería el estudiante aprende a apreciar la gran variedad de formas de hacer investigación, así como a modelar y explicar el mundo.

También se reconocen los vínculos que existen entre ciencias e ingeniería y adicionalmente se logra hacer las conexiones entre los conceptos fundamentales de cada tema de estudio, el mundo real y las áreas de acción de otras ciencias. Estas prácticas también permiten que el estudiante advierta cómo es que la ciencia y la ingeniería aportan de forma importante a la resolución de problemas actuales, como son la generación suficiente de energía, la prevención de enfermedades, la solución de problemas medioambientales, etc.

Algo que consideramos trascendental es el hecho de que los nuevos estándares de ciencias hubieran incluido la ingeniería como una idea fundamental y como parte de su estructura. (Purzer, Strobel, Cardella, 2014). En la aplicación de los nuevos estándares, el currículo destacará el diseño desde la perspectiva de la definición de las necesidades y de los límites de un problema (Annetta, L. A., Minogue, J., 2016).

Adicionalmente, las prácticas de ciencia e ingeniería establecen la forma en la cual trabajan en la realidad los científicos y minimiza la tendencia de asociar las prácticas con una sola lista de pasos preestablecidos.

Las prácticas de ciencia e ingeniería están distribuidas tal como lo vemos a continuación:

- Hacer preguntas (en ciencias) y definir problemas (en ingeniería).
- Planear y hacer investigaciones.
- Analizar e interpretar datos.
- Utilizar las matemáticas y el pensamiento computacional.
- Construir explicaciones (en ciencias) y diseñar soluciones (en ingeniería)
- Participar en discusiones basadas en la evidencia.
- Desarrollar y utilizar modelos.
- Obtener, evaluar y comunicar información.

El orden de la lista anterior no es relevante, es decir que no hay una secuencia entre ellas. A continuación vamos a describir en detalle cada una de ellas.

Hacer Preguntas. El *marco de referencia* hace una especial diferencia en esta práctica. En ciencias se establece una pregunta y en ingeniería se define un problema. Lo esencial es inculcar al estudiante el hábito de hacer preguntas. Este es uno de los caminos en el conocimiento científico para conocer un tema nuevo, ahondar en su discernimiento y ampliar los horizontes de la investigación. Estas preguntas se pueden originar para: a) responder a la curiosidad sobre las cosas del mundo, b) profundizar o refinar una teoría existente, o c) conseguir una mejor solución a un problema.

Hay una diferencia clara entre las preguntas que se generan en una práctica científica y una práctica de ingeniería.

En ciencias: Se comienza con preguntas sobre un fenómeno particular, como: ¿por qué el cielo es azul?, ¿por qué un objeto flota en el agua? Estas preguntas nos llevan a buscar explicaciones y generar teorías.

En ingeniería: Se comienza con un problema que debe ser resuelto. Por ejemplo, una situación urgente, o la gestión de los desechos de una localidad, para lo cual se debe encontrar soluciones para evitar enfermedades en la zona. Una de las habilidades a desarrollar en el estudiante es convertirlo en solucionador de problemas, aumentar su capacidad de entender los problemas con sus restricciones y lograr criterios para llegar a soluciones efectivas.

La meta es lograr que en el grado 12 los estudiantes tengan la capacidad de:

- Hacer preguntas sobre el mundo natural y el mundo construido por el hombre.
- Distinguir entre las preguntas de tipo científico y aquellas que no los son.
- Formular preguntas que puedan ser contestadas de manera empírica o que nos lleven a investigaciones que logren soluciones prácticas.
- Establecer preguntas que nos lleven a un análisis más detallado e identifiquen las premisas de una argumentación que exija cierta explicación adicional. Por ejemplo: ¿Por qué se sabe esto? ¿De dónde se evidencia aquello?
- Denotar características, patrones o contradicciones resultado de una observación.
- Formular preguntas que conduzcan a la búsqueda de especificaciones o de restricciones.

(National Research Council of the National Academies, 2012)

Planear y hacer investigaciones. La investigación es el fundamento del proceso científico y es esencial para la ingeniería. En la búsqueda de explicar el mundo natural y soportar el mundo construido por el hombre, se requiere la observación sistemática y cuidadosa para la identificación de aquellas características y variables relevantes que permitan obtener la información suficiente para un análisis profundo. Para lograr investigaciones efectivas es necesario la planeación y el diseño.

Al planear y hacer investigaciones también tenemos dos aspectos diferentes entre ciencia e ingeniería.

En la ciencia se hace observación de la naturaleza, y para lograr controlar las variables que se presenten en un caso de estudio, se hace necesario llevarlo al laboratorio y hacer un control ordenado de las condiciones de la observación.

En ingeniería también se acostumbra hacer observaciones del mundo natural, pero un estudio riguroso obliga a identificar las variables relevantes para ser medidas y lograr demostrar cómo un modelo o solución se comporta de manera estable bajo diferentes condiciones.

El *marco de referencia* tiene como objetivo que en el grado 12 los estudiantes tengan la capacidad de:

- Formular preguntas que puedan ser investigadas dentro del salón, el laboratorio escolar o en el sitio propio de la observación, dentro o fuera del colegio. Estas preguntas deben perseguir la explicación de un fenómeno o la verificación de una teoría.

- Decidir qué datos deben ser recogidos y con qué herramientas deben ser registrados. Este es uno de los logros más importantes que persiguen los nuevos estándares de ciencia.

- Decidir con qué cantidad de datos se logra una muestra confiable o qué limitaciones se tienen con muestras de datos restringidas.

- Planear investigaciones en un campo, que puedan identificar variables independientes y dependientes, y cuando sea necesario saber cómo controlar esta toma de datos.

- Lograr diseñar las investigaciones para obtener datos que puedan ser resultado de efectos o variables que podrían generar confusión.

(National Research Council of the National Academies, 2012)

Analizar e interpretar datos: Esta es una práctica que pertenece tanto al pensamiento computacional como al pensamiento matemático. Es parte del desarrollo de un pensamiento crítico, puesto que permite tomar decisiones basadas en la evidencia y no en conjeturas sin fundamento en la observación. Es uno de los aspectos que persigue STEM en el desarrollo de las habilidades de una sociedad eminentemente tecnológica.

Luego de hacer la toma de datos con un criterio científico o de ingeniería, se debe hacer un análisis de la información recolectada. Para ello se requiere la tabulación y el ordenamiento que permitan detectar tendencias, patrones y relaciones entre los datos. Las hojas de cálculo hacen parte de esa actividad y los estudiantes deben poder no solo conocer estas herramientas de software sino dominarlas para hacer el mejor uso y administración de la información recolectada.

También esta práctica tiene ciertas diferencias entre ciencias e ingeniería.

En la ciencia se busca que una muestra de datos dé sentido a lo que persiguen las preguntas iniciales o hipótesis.

En ingeniería una muestra de datos corrobora la viabilidad de un diseño o el cumplimiento de los criterios del diseño. La información extraída del análisis de datos permite verificar la solución de un problema con las restricciones dadas.

Por lo anterior el *marco de referencia* pretende que al final del grado 12 los estudiantes:

- Analicen datos sistemáticamente en la búsqueda de patrones y valoren la consistencia de estos para cumplir los objetivos de la investigación.

- Reconozcan cuándo los datos no brindan la información esperada y qué cambios se deben hacer a las premisas o modelos iniciales del estudio.

- Utilicen las herramientas para este análisis, como son las hojas de cálculo, las gráficas, las bases de datos, la estadística, las matemáticas, etc, para explorar la relación entre las variables.

- Evaluar las conclusiones a las que se llegue luego del análisis de un grupo de datos, a través del uso de herramientas matemáticas y estadísticas.

- Reconocer patrones en el grupo de datos que ameriten profundizar en la investigación. Diferenciar si las relaciones entre los datos pueden ser casuales o tienen una relación directa, y tomar las decisiones correspondientes.

- Recolectar datos de modelos físicos y analizar el desempeño del diseño bajo un rango de condiciones.

(National Research Council of the National Academies, 2012)

Utilizar las matemáticas y el pensamiento computacional: Esta práctica muestra la forma en que los nuevos estándares de ciencias aportan en gran medida al desarrollo de STEM en los Estados Unidos. Como dice el eslogan de la **National Science Teacher Association - NSTA** (Asociación Nacional de Profesores de Ciencias): "STEM comienza aquí". Vemos claramente la interdisciplinaridad al involucrar las matemáticas de una forma contextualizada, y es aquí donde los estudiantes pueden encontrar sentido al uso de las matemáticas en su vida.

Esta práctica tiene objetivos fundamentales en la enseñanza y el aprendizaje de los estudiantes: a) muestra las matemáticas como lenguaje universal de las ciencias que permite modelar los fenómenos, por ejemplo las leyes de Maxwell para describir los fenómenos electromagnéticos y b) permite hacer análisis estadístico y probabilístico de un fenómeno en cuestión.

La forma en que vemos el aporte de las ciencias, de la ingeniería, del uso de las matemáticas y del pensamiento computacional se puede expresar así:

En ciencias son fundamentales en la representación de variables, en construir simulaciones y predicciones de un sistema físico, y permite hacer las pruebas correspondientes para soportar o refutar las hipótesis correspondientes.

En ingeniería estas son esenciales en un diseño. Cuando se hace un diseño se deben hacer previamente las simulaciones que corroboren el cumplimiento de una serie de especificaciones, y en consecuencia permitan la verificación de las pruebas sobre un modelo físico para verificar su funcionamiento y desarrollar las mejoras respectivas.

Al introducir esta práctica en la enseñanza de ciencias se espera que en grado 12 los estudiantes puedan:

- Expresar relaciones y cantidades en algoritmos, y expresiones matemáticas en investigaciones y en el modelamiento científico.

- Reconocer que las simulaciones por computador han sido construidas sobre modelos matemáticos y que involucran suposiciones sobre un tema de estudio.

- Hacer pruebas sencillas de expresiones matemáticas o programas por computador y evidenciar que los resultados son coherentes con el mundo real.

- Utilizar un grado apropiado de entendimiento del análisis de datos mediante matemáticas y estadística.

(National Research Council of the National Academies, 2012)

Construir explicaciones y diseñar soluciones. Para entender el concepto de lo que es una explicación, comencemos por considerar lo que es una hipótesis y una teoría. Una hipótesis es una explicación posible apoyada en conocimientos previos, verificados y aceptados por la comunidad científica, pero que no cuenta todavía con datos suficientes que permitan su verificación. No debe confundirse con una suposición porque esta carece de un trasfondo de conocimiento suficiente. Por otra parte, una teoría es una explicación que se apoya en un conjunto de conocimientos y evidencias que corroboran un fenómeno particular, existiendo otros que las han replicado de manera estructurada y controlada, que responden de igual manera en todos los casos.

En ciencias, esta práctica está orientada a que los estudiantes logren articular los conocimientos previos con los datos y evidencias recolectadas para construir explicaciones basadas en la evidencia. El cambio que vemos en los nuevos estándares de ciencias es que los estudiantes construyen su propia comprensión de los fenómenos y que aprecian mejor el poder de las teorías científicas.

En el caso de la ingeniería, no se persigue una explicación sino la solución de un problema mediante el diseño. El diseño se logra de manera iterativa, y es diferente porque se tienen restricciones y limitantes, tales como costos, eficiencia y especificaciones propias en cada caso.

Por lo tanto, se pretende que al finalizar el grado 12 los estudiantes estén en capacidad de:

- Construir sus propias explicaciones de los fenómenos mediante su conocimiento de teorías científicas, para vincularlas con un modelo o con evidencias obtenidas por ellos.
- Usar la evidencia primaria y secundaria para la explicación de un fenómeno.
- Ofrecer explicaciones causales apropiadas a su nivel de conocimiento.
- Tener la oportunidad de resolver sus problemas de diseño, y en el caso de ingeniería, mediante el uso de su conocimiento científico.
- Acometer proyectos de diseño con la ejecución de todos los pasos del ciclo de diseño y en especial hacer planes que cumplan con un criterio de diseño específico.
- Construir un aparato o poner en marcha una solución de diseño.
- Evaluar y criticar soluciones mediante diseños que compiten con otros y que tienen un criterio de diseño previamente acordado.

(National Research Council of the National Academies, 2012)

Participar en discusiones basadas en la evidencia. El conocimiento en las ciencias depende del proceso que un científico lleva a cabo para hacer una afirmación sobre el mundo natural. Luego de pasar por todo tipo de experimentos, debe analizar los resultados y sacar conclusiones. Otros científicos intentarán con todo el rigor reproducir los datos obtenidos, poniendo a prueba las condiciones en que los experimentos iniciales se llevaron a cabo y buscarán todo tipo de debilidades y limitaciones.

Por esta razón, las ideas científicas que superan el examen crítico de la comunidad científica obtienen aceptación, y gracias a esto el proceso de discurso y argumento, permite que la ciencia mantenga su objetividad y progreso. (Longino, H. (1990)

En ingeniería, la argumentación y la discusión son base fundamental para encontrar la mejor solución a un problema. Se parte primeramente de la competencia de diferentes ideas para lograr un diseño inicial. Luego, a través de la iteración, en una etapa más avanzada del proceso de diseño, se logra recopilar datos que permiten medir las variables del diseño. Con los resultados obtenidos se abordan discusiones que pretenden exponer las debilidades y ventajas de este, para así lograr mejoras que se apoyan en la evidencia recopilada. Con esto se llega a un resultado o prototipo, que cuenta con un buen número de mejoras para la mejor solución del problema.

El uso de esta práctica tiene por objetivo que los estudiantes en grado 12 tengan la capacidad de:

- Construir argumentaciones científicas para mostrar cómo apoyan los datos una afirmación.
- Identificar posibles debilidades de una argumentación científica, relativa al nivel de conocimiento de los estudiantes, y discutirlo mediante el uso del razonamiento y la evidencia.
- Identificar las fallas de sus propios argumentos y modificarlos y mejorarlos en respuesta a la crítica.
- Reconocer y exponer con ejemplos cómo las características más importantes de la argumentación científica son la reivindicación, los datos y los razonamientos.
- Explicar la razón de una controversia en el desarrollo de una idea científica, poder describir el debate que rodeó su inicio e indicar por qué una teoría específica tuvo éxito.
- Explicar cómo son juzgadas las ideas de un conocimiento por la comunidad científica, y calificar los méritos y las limitaciones de la revisión por parte de los colegas, así como la necesidad de que se lleven a cabo réplicas independientes de investigaciones críticas.
- Leer reportes de medios de divulgación sobre ciencia y tecnología con visión crítica para identificar sus fortalezas y debilidades.

(National Research Council of the National Academies, 2012)

Desarrollar y utilizar modelos. Comencemos por indicar lo que el marco de referencia entiende por "modelo". Un modelo es una representación explícita utilizada en ciencias e ingeniería para comprender mejor un fenómeno o para crear una mejor solución para un problema de diseño. Un modelo podrá verse reflejado en: Diagramas, representaciones físicas (en dos o tres dimensiones), representaciones matemáticas, analogías y simulaciones por computador. Todo modelo tiene limitaciones intrínsecas y esto debe ser una de las consideraciones al construirlo.

En la ciencia se utilizan modelos para facilitar la comprensión de un sistema y formular preguntas y explicaciones sobre su naturaleza y funcionamiento. Muchos de estos modelos son matemáticos, dado que la representación física es muy limitada, y cuando el modelo matemático es complejo se usan simulaciones por computador.

En ingeniería: Se usan modelos para analizar sistemas existentes. Este análisis permite ver bajo qué condiciones o variaciones un sistema falla, o para probar las condiciones de un nuevo problema relativo al sistema. También en ingeniería, en donde la modelación matemática hace viable la visualización, y por ende, los sistemas complejos son replicados mediante simulaciones por computador.

Los estudiantes en grado 12 deberán ser capaces de:

- Construir dibujos o diagramas como representación de eventos o sistemas.

- Representar o explicar fenómenos con múltiples tipos de modelos, por ejemplo modelos 3D. Tener la capacidad de moverse en la selección del tipo de modelo que se preste mejor para una representación.

- Discutir las limitaciones y la precisión de un modelo como representación de un sistema, proceso o diseño, y sugerir formas para mejorar este modelo.

- Utilizar simulaciones por computador, ya sean desarrolladas previamente o un desarrollo propio, como instrumento de entendimiento e investigación sobre un sistema.

- Elaborar y utilizar un modelo para probar un diseño o aspectos de este y comparar la efectividad de diferentes soluciones de diseño.

(National Research Council of the National Academies, 2012)

Obtener, evaluar y comunicar información. Esta práctica de ciencias e ingeniería está compuesta por varios aspectos que son parte de las actividades propias de los científicos e ingenieros. Un aspecto es el consumo de material científico, con criterio para evaluar su origen como una fuente confiable de divulgación. El futuro ciudadano deberá ser capaz de reconocer diferentes orígenes en las fallas u omisiones en una publicación y podrá notar cuándo se expresan resultados basados en la evidencia y cuándo no.

Otro aspecto es la jerga científica. El estudiante desarrollará nuevas habilidades de lectura que le permitan conocer los términos científicos de una manera sólida. (Martin, J.R., and Veel R. 1998). No solo la escritura es parte de la forma de comunicación científica, y por eso el estudiante deberá aprender diversas formas de expresar esta información. Al desarrollar una investigación encontrará diferentes fuentes de información, tales como artículos en revistas científicas, presentaciones en vivo o en video de grandes científicos, libros científicos, dibujos, modelos, etc.

El estudiante también deberá aprender a expresar de una manera similar sus hallazgos, análisis y conclusiones de una investigación para poder compartir con otros esta información. Los cursos de lenguaje y ciencias sociales serán parte del perfeccionamiento de la forma en que el estudiante deberá comunicar sus resultados.

Como meta, los NGSS esperan contar con estudiantes de grado 12 que sean capaces de:

- Utilizar palabras, tablas, diagramas y gráficas, ya sea en medio físico o en medio digital, así como expresiones matemáticas, para demostrar su comprensión o para hacer preguntas sobre un aspecto de estudio.

- Leer textos de ingeniería y ciencias, incluyendo tablas, diagramas y gráficas y poder expresar las ideas principales.

- Reconocer los principales aspectos de la ciencia y la ingeniería oralmente o por escrito, y ser capaces de expresar sus ideas y logros en las mismas formas.

- Participar en la lectura crítica de literatura científica (adaptada para el salón de clase) o de los medios de comunicación de las ciencias, y discutir la validez y fiabilidad de los datos, hipótesis y conclusiones.

(National Research Council of the National Academies, 2012)

Ideas disciplinares fundamentales

Uno de los puntos más delicados y sensibles para la creación de un nuevo conjunto de estándares era escoger el contenido que se debería incluir en la instrucción. Luego de un análisis profundo, se decidió que el *marco de referencia* debía incluir un conjunto de conocimientos que fueran suficientes para la base del conocimiento de los estudiantes. Veamos una cita que explica muy bien este aspecto:

> "El marco de referencia ha sido motivado, en parte, por el creciente consenso nacional alrededor de la gran coherencia (como un sentido de unidad), en la educación en ciencias de educación preescolar a grado 12. Muchas veces los estándares son largas listas de datos desconectados entre sí, que refuerzan la crítica de que el currículo de ciencias en los Estados Unidos tiende a ser de una milla de ancho y una pulgada de profundidad".
> Schmidt, W.H., McKnight, C.C., and Raizen, S. (1997)

Por esta razón se decidió hacer una selección de temas que dieran la posibilidad al estudiante de profundizar en cada aspecto y complementarlo con las prácticas de ingeniería, de tal manera que el aprendizaje fuera más coherente. Esta limitación en los temas, dentro de cada grado, ayudaría a determinar a qué vale la pena invertirle más tiempo por parte de profesores y estudiantes.

Las Ideas disciplinares fundamentales se dividen en los siguientes grupos:

- Ciencias físicas.
- Ciencias de la vida.
- Ciencias de la Tierra y el espacio.
- Ingeniería, tecnología y aplicaciones en ciencias.

Veamos en detalle cada uno de estos grupos. Es importante destacar que el *marco de referencia* trae con cada tema y subtema una pregunta general asociada. Pensamos que estas preguntan nos muestran el nuevo enfoque que tiene los NGSS para el entendimiento de los estudiantes. Vamos a presentar un par de ejemplos de cada idea disciplinar para resaltar cómo cambia la visión de la enseñanza de las ciencias. El listado completo en español de las ideas disciplinares fundamentales se puede encontrar en el Apéndice A.

Ciencias físicas. Una de las transformaciones más notorias en este grupo es que dentro de las ciencias físicas se incluyeron la Física y la Química. Esta decisión se tomó con el objetivo de entregar un nuevo concepto a los estudiantes: que hay mecanismos de causa y efecto que pueden ser entendidos a través de un conjunto de principios de orden físico y químico. (National Research Council of the National Academies, 2012)

Al ver cómo se han planteado los contenidos y las preguntas asociadas se hace evidente el contenido STEM dentro del *marco de referencia*. Veamos unos ejemplos:

PS1.B Reacciones químicas

¿Cómo cambian o se combinan las sustancias (reaccionan) para crear una nueva sustancia? ¿Cómo se caracterizan y explican esas reacciones y se hacen predicciones sobre ellas?

El entendimiento de las reacciones químicas y las propiedades de los elementos son esenciales, no solo para las ciencias físicas, sino que es conocimiento fundamental para las ciencias de la vida, y de la Tierra y del espacio. El ciclo de la materia asociado a la transferencia de energía en los sistemas en cualquier escala depende de procesos físicos y químicos. Para entender la química de la vida se hace necesario entender muy bien cómo se relaciona el ciclo del carbono con la transferencia de carbono de la atmósfera (en forma de dióxido de carbono) a la materia viva o a la materia que alguna vez fue viva, como los combustibles fósiles.

En este ejemplo se ve claramente que los NGSS están diseñados bajo las premisas de la educación STEM. Los conocimientos de una asignatura apoyan los conocimientos de las otras. Un ciudadano que entienda completamente estos fundamentos del ciclo del carbono podrá aportar en conversaciones futuras sobre temas medioambientales, que son actualmente un tema de mucha importancia en nuestra sociedad. (National Research Council of the National Academies, 2012)

> **PS4.C Tecnologías de la información e instrumentación.**
>
> ¿Cómo se usan los instrumentos que transmiten y detectan ondas para extender los sentidos del ser humano?

Este es otro ejemplo de cómo el conocimiento de ciencias puede ampliar el entendimiento de otros campos. Las ondas y su interacción con la materia se utilizan en diferentes tecnologías que permiten acercarse mejor a los fenómenos que estudia la ciencia. El avance de la ciencia y la tecnología alrededor del estudio de las ondas ha permitido el desarrollo de tecnologías muy importantes, ya que los sentidos del ser humano no le permiten detectar algunos fenómenos. Se puede considerar como ejemplo: Teléfonos celulares, redes de datos alámbricas o inalámbricas, telescopios, microscopios, equipos médicos para la toma de imágenes (equipos de rayos x, ultrasonido), hornos microondas, sensores de movimiento, sistemas de detección de objetos como el sonar, etc. (National Research Council of the National Academies, 2012) No olvidemos que gran parte de las tecnologías de vehículos autónomos que están en desarrollo se basan en la ciencia de las ondas como son el sistema lídar, sonar y las cámaras de video.

Ciencias de la vida. Pasando por los virus y bacterias hasta las plantas, los hongos y los animales, la vida nos muestra su asombrosa diversidad. Entender el mundo natural es importante para solucionar los problemas de nuestro planeta e inclusive para conocer otros. El Comité redactó el *marco de referencia* de tal manera que las cuatro ideas fundamentales reflejaran principios unificados.

Como hemos visto, el entendimiento de los problemas del mundo es uno de los aspectos más importantes de la educación STEM. Los nuevos estándares de ciencias (NGSS) pretenden que el estudiante, a través de las cuatro ideas fundamentales pertenecientes a las ciencias de la vida, pueda encontrarle sentido a los resultados de nuevas investigaciones. Por esa razón se retiraron del contenido de los estándares otros tópicos, para tener así la oportunidad de profundizar en estos, considerados como fundamentales en el proceso de formación del futuro ciudadano. (National Research Council of the National Academies, 2012)

Tomamos un par de ejemplos para poder apreciar los cambios de enfoque en los temas de los nuevos estándares.

> **LS1.D Procesamiento de información.**
>
> ¿Cómo detectan, procesan y utilizan los organismos la información del medio ambiente?

El nuevo acercamiento para la enseñanza de las ciencias se ve reflejado en esta idea fundamental. Ya no es importante únicamente entender la estructura de la vida, sino que se le presenta al estudiante un aspecto más interesante: que todos los organismos tienen receptores que les permiten obtener la información del medio ambiente y actúan de acuerdo a la información recibida. Este conocimiento se hace extensivo a organismos más complejos hasta llegar al ser humano.

Se estudia esta complejidad de sistemas en los organismos para poder entender cómo al obtener información, esta se puede usar adecuadamente para un objetivo específico y al aplicarlo en las prácticas de ingeniería se podrá desarrollar habilidades de solución de problemas, creatividad e innovación. Por ejemplo cuando se hace el diseño de un robot o un carro autónomo, este también debe poder tomar información del exterior para poder programarlo para que reaccione de acuerdo a las restricciones de espacio, distancias, tiempos, etc. y que al final cumpla el objetivo para el cual fue construido.

> **LS2.D Interacciones sociales y comportamientos grupales**
>
> ¿Cómo interactúan los organismos en grupos para beneficiar a los individuos?

Los NGSS presentan esta idea desde los primeros grados, donde se hace énfasis en que los seres vivos se reúnen en grupos como una condición vital para su supervivencia. Más adelante se presentan los temas de comportamiento de los grupos para protegerse de las amenazas y de los peligros.

Una característica de la educación STEM es presentar la interrelación de los grupos para el beneficio de los individuos. Las habilidades de colaboración y de comunicación son parte primordial de los propósitos de la educación STEM. (National Research Council of the National Academies, 2012)

Ciencias de la Tierra y del espacio. En este caso, el conjunto de ideas fundamentales adquiere en los NGSS una nueva visión. En la ciencia actual ya no nos referimos a los temas de las ciencias de la vida únicamente con relación a los de la Tierra, sino a muchos otros que superan la frontera de nuestro planeta. Los avances en astronomía y astrofísica nos llevan a relacionarlos con otros planetas, estrellas, galaxias y un sinnúmero de nuevos fenómenos del espacio. En estos temas se aprecia más claramente la razón de la integración de las asignaturas en STEM. La geología, la biología, la química, la física, todas aportan nuevos conocimientos, y los hacen más relevantes para los estudiantes.

Los medios de comunicación llevan ahora al público en general mayor cantidad de información sobre los avances tecnológicos y los desarrollos en las ciencias. Vemos noticias sobre los viajes al espacio, ya no solo por parte de la agencia federal NASA, sino por parte de la empresa privada en los Estados Unidos. La influencia de las redes sociales en la vida cotidiana ha logrado llevar a las generaciones jóvenes temas de ciencias y tecnología, han atraído la atención de los estudiantes y despertado su interés por estos fenómenos. Por esta razón los nuevos estándares le dan importancia plena a estos conocimientos. (National Research Council of the National Academies, 2012)

Los temas de la Tierra y el espacio son parte del día a día de las personas. Ya no son exclusivos de algunas profesiones. Es importante conocer las ideas fundamentales y para ello tomamos un par de ejemplos que muestran cómo se relacionan con la educación STEM.

ESS2.A Materiales y sistemas de la Tierra

¿Cómo interactúan los principales sistemas de la Tierra?

El conocimiento del planeta Tierra es fundamental para la formación del futuro ciudadano. La forma como estamos afectando el medio ambiente ha desarrollado cambios climáticos y ocasiona procesos atmosféricos más intensos, y por esto las decisiones que se tomen al respecto deberán estar apoyadas en conclusiones basadas en las evidencias de la ciencia. Esta realidad debe ser enfrentada por todos y por ello hacen parte dentro de las ideas disciplinares de los NGSS.

Los sistemas de la Tierra son dinámicos e interactúan entre ellos. Los estudiantes deben entender cómo funciona un sistema y cómo se afectan los otros sistemas cuando uno de estos cambia. Esto hace parte de una de las habilidades más importantes que la educación STEM busca desarrollar y esta es el pensamiento sistémico.

> **ESS3.D Cambio climático global.**
>
> ¿Cómo se modelan y predicen los efectos de las actividades humanas en el clima de la Tierra?

Esta es una realidad que ha sido investigada y verificada por científicos de todo el mundo. Los estudiantes serán quiénes se verán afectados en el futuro por esta situación, y por ello deberán ser conscientes de cómo se ve afectado nuestro planeta por las actividades humanas.

Los fenómenos climáticos son causados por un complejo conjunto de variables, y es importante enseñarles a los estudiantes qué variables hacen parte del sistema. La toma de datos con todo tipo de equipos y su respectivo análisis hacen parte de la vida de los científicos ambientales. El análisis profundo de los datos recogidos, con la ayuda de modelos computacionales hace posibles las predicciones que permitan a las personas actuar coherentemente en las actividades de la vida. La agroindustria, por ejemplo, depende en forma especial de las predicciones meteorológicas, y la conciencia del cambio climático ayudará a una producción de alimentos mejor diseñada y planeada.

Este es otra de los temas que se quiere que el estudiante afronte, y la buena instrucción en las asignaturas STEM permitirá tener futuros ciudadanos preparados para la toma de decisiones en los ámbitos en los que se desempeñen.

Tecnología y aplicaciones de las ciencias. El marco de referencia deja claro que los conceptos y habilidades en ingeniería ya venían siendo tratados en los estándares anteriores de ciencias y tecnología, y considera que debe continuarse con esta práctica. Adicionalmente, reafirma el valor de la enseñanza de ideas de ingeniería, y especialmente el proceso de diseño en ingeniería.

La educación STEM encuentra con esto una puerta abierta al aula escolar, puesto que se hace evidente la integración de las asignaturas y aporta consistentemente al desarrollo de las habilidades necesarias para una sociedad eminentemente tecnológica.

Esta idea fundamental tiene como misión dos aspectos: a) Los estudiantes deben aprender cómo se obtiene el conocimiento científico y cómo son desarrolladas las explicaciones científicas, y b) cómo usar la ciencia, y apreciar las diferencias y relaciones entre la ingeniería, la tecnología y las aplicaciones de las ciencias. (National Research Council of the National Academies, 2012)

Veamos unos ejemplos de cómo se involucran la ingeniería y la tecnología en los nuevos estándares de ciencias NGSS.

> **ETS1.A Definición y delimitación de un problema de ingeniería.**
>
> ¿Para qué sirve el diseño? ¿Cuáles son los criterios y las restricciones de una solución exitosa?

La llegada de la ingeniería a los salones de clase no es solo un asunto de sofisticación de la enseñanza en los colegios, es eminentemente una forma de preparar a los estudiantes en su forma de pensar. La definición de un problema y su descomposición en partes tratables es quizás una de las habilidades más importantes que persigue desarrollar la educación STEM. Luego de descubrir el problema y entender sus restricciones es posible diseñar una solución viable, antes no, dado que se llegará a presentar soluciones que cumplan solo parcialmente con los requerimientos. Es aquí donde se desarrollan con mayor fuerza la habilidad del pensamiento crítico, la colaboración y la creatividad.

> **ETS2.B Influencia de la ingeniería, la tecnología y las ciencias en la sociedad y el mundo natural.**
>
> ¿Cómo puede afectar el resultado de las ciencias, la ingeniería y la tecnología, la forma en que vive la gente? ¿Cómo puede afectar el mundo natural?

Esta idea disciplinar es un ejemplo de la forma integral de cómo la educación STEM hace parte de los estándares NGSS. La ciencia y la ingeniería afectan la agricultura, la medicina, el transporte, la generación y uso de la energía, la producción, la disponibilidad del agua, etc. Las decisiones sobre el uso de cualquier tipo de tecnología pueden afectar el balance, los costos, beneficios y riesgos, e influir profundamente en una sociedad. Los modelos matemáticos pueden ayudar a dar una percepción sobre cómo serán las consecuencias de una acción sobre un sistema específico.

La ciencia y la ingeniería afectan a la sociedad, pero las decisiones sociales y políticas afectan el trabajo de científicos e ingenieros y pueden retrasar o impulsar desarrollos en tecnología. Por lo tanto, una instrucción apropiada en estas asignaturas será la base del conocimiento de las personas para que tengan los criterios para participar en los debates sobre problemas urgentes para nuestro entorno.

Conceptos transversales

Esta dimensión de los nuevos estándares de ciencias tiene por objetivo hacer que el entendimiento del mundo por parte de los estudiantes sea coherente y más profundo. Se considera un concepto transversal aquel que es aplicable a todas las disciplinas de las ciencias y que indica la manera en la que los ingenieros y los científicos piensan. El entendimiento y apropiación de estos conceptos ayudará al ciudadano futuro, sea o no parte de las áreas STEM. (McGraw-Hill Education PreK-12, 2013)

El *marco de referencia* ha identificado los siguientes conceptos transversales:

- *Patrones.* Se considera un patrón aquella serie de eventos u objetos que se presentan de forma recurrente y que permiten una predicción sobre estos. Es importante que los estudiantes desarrollen desde los primeros años la habilidad de reconocimiento de patrones a través de la simple observación y con el uso de herramientas más elaboradas, como el análisis y la manipulación de conjuntos de datos.

- *Causa y efecto. Mecanismo y predicción:* En la observación de la naturaleza es fácil ver cómo una acción se convierte en un resultado o en un comportamiento específico. Por ejemplo, la vibración de materiales produce sonido, o un bate que golpea una pelota la hará moverse en una dirección determinada. A veces es cuestión de simple observación, pero en ocasiones es parte de situaciones más complejas. El desarrollo del reconocimiento de estas relaciones por los estudiantes será de ayuda no solo en su aprendizaje de las ciencias, sino en todos los aspectos de la vida.

- *Escalas, proporciones y cantidades.* El aprendizaje, el entendimiento y la práctica de estos conceptos es fundamental para los científicos e ingenieros. En la práctica de la ciencia y la ingeniería se debe escoger adecuadamente la forma de medir, comparar y contabilizar los eventos y los objetos. Es un instrumento que se aplicará en todos los ámbitos del estudio y de la vida diaria. Para los estudiantes será necesario seleccionar las unidades de medida adecuadas, o poder decidir si un fenómeno se expresa mejor en proporción con otro, y qué unidades de medida usan de acuerdo con el fenómeno que se estudia, lo que constituye una herramienta fundamental.

- *Sistemas y modelos de sistemas.* El National Research Council define un sistema como un grupo organizado por objetos o componentes relacionados que forman un todo (National Research Council, 1996). Es necesario que los estudiantes desarrollen la habilidad de reconocer sistemas y las fronteras que los delimitan. Por ejemplo, que cuando una persona se pincha un dedo aparece un mensaje eléctrico en el organismo y este comunica al cerebro esta situación, y que luego, el cerebro envía una señal a los músculos del brazo para alejarlo del peligro. Otro ejemplo es el conjunto de partes que le permiten detenerse a un vehículo, o sea el sistema de frenos. Los estudiantes deben poder reconocer las partes, las fronteras y los componentes de un sistema, y adicionalmente construirán modelos de los sistemas que sean identificados. Sin duda esto será una forma directa de experimentar y profundizar en su forma de entender del mundo.

- *Energía y materia. Flujos, ciclos y conservación.* Estos conceptos son importantes para ingenieros y científicos, porque se refieren a la conservación de la materia y la energía en los sistemas. Este tema incluye también los ciclos naturales y artificiales, como el ciclo del agua o un ciclo de enfriamiento en una planta de producción, por dar algunos ejemplos. Al considerar un sistema se deben reconocer las entradas, las salidas y los flujos que se presentan en el mismo. Estos conceptos refuerzan una gran cantidad de temas de aprendizaje de diversas asignaturas en la vida escolar.

- *Estructura y función.* El National Research Council define que la forma y la función de los objetos son aspectos complementarios, esto es, que la estructura o forma de una parte de un sistema está destinada a cumplir una función, y a la inversa, que la función solo se puede dar por la forma de los elementos (National Research Council, 1996). Como ejemplo podemos ver el caso de una bicicleta, su marco, sus ruedas, su tamaño y forma, la rigidez de los materiales, etc, permiten entender la función de cada elemento y su participación dentro del conjunto. Entender cómo participa cada elemento y la función que cumple en el sistema le permite al estudiante imaginar cómo alguna mejora o modificación del sistema podría llegar a ser importante para mejorar el conjunto.

- *Estabilidad y cambio.* Este es uno de los conceptos más complejos, tanto para los científicos como para los estudiantes. Por ejemplo, la observación de una planta o una flor durante un intervalo de tiempo específico puede determinar que no se presenta cambio alguno de forma y función. Sin embargo, al ampliar el intervalo de tiempo podemos ver que la planta nace, se alimenta, crece, cambia sus colores y formas y luego muere. Este entendimiento de la naturaleza es fundamental para que los estudiantes reconozcan que la estabilidad es dependiente de los parámetros o especificaciones del estudio. Otro ejemplo es el comportamiento de la Luna al rededor de la tierra. La Luna se mueve con el transcurso de los días, pero su comportamiento muestra un patrón claro de cumplimiento de un ciclo, y esto le ha dado a los científicos la oportunidad de ver que la Luna no solo se mueve, sino que tiene una órbita estable alrededor de la tierra.

Los conceptos transversales tienen una relación directa con las ideas fundamentales que los estudiantes aprenden. Durante la instrucción y desarrollo de las actividades se presentarán todo el tiempo estos conceptos transversales. Los NGSS han sido diseñados para que cada expectativa de desempeño provea una nueva idea o concepto fundamental, y a la vez sea reforzada por un concepto transversal. (National Research Council of the National Academies, 2012)

Estructura de los estándares de ciencias NGSS

Cómo están compuestos los estándares NGSS

Como lo comentamos anteriormente, los estándares de ciencias NGSS están compuestos por dos partes mayores:

- Expectativas de desempeño
- Las tres dimensiones.

Los estándares anteriores se listaban por lo que los estudiantes debían saber o entender. Ahora este objetivo primordial se ha cambiado por las expectativas de desempeño que básicamente describen lo que el estudiante es capaz de hacer. Adicionalmente se componen por las tres dimensiones que hemos estado comentando en detalle en el presente capítulo:

- Prácticas de ciencias e ingeniería.
- Ideas disciplinares fundamentales.
- Conceptos transversales.

Organización

Para abarcar los grados de preescolar a grado 12, los estándares se organizaron de la siguiente manera:

Organización por niveles	Organización por franjas
Educación Preescolar	Grados 6-8
Grado 1	
Grado 2	
Grado 3	Grados 9-12
Grado 4	
Grado 5	

Forma de establecer las expectativas de desempeño

Para entender en detalle la forma en que las expectativas de desempeño fueron concebidas, recordemos las áreas o dominios en que se dividen los estándares y que componen las ideas fundamentales disciplinares:

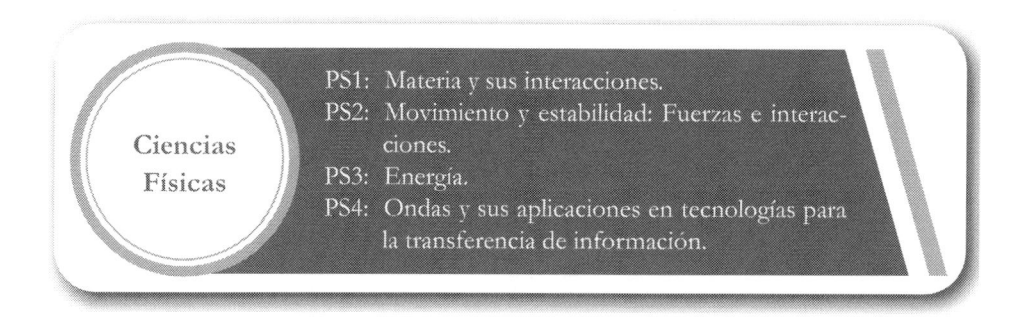

Ciencias Físicas
- PS1: Materia y sus interacciones.
- PS2: Movimiento y estabilidad: Fuerzas e interacciones.
- PS3: Energía.
- PS4: Ondas y sus aplicaciones en tecnologías para la transferencia de información.

Ciencias de la Vida

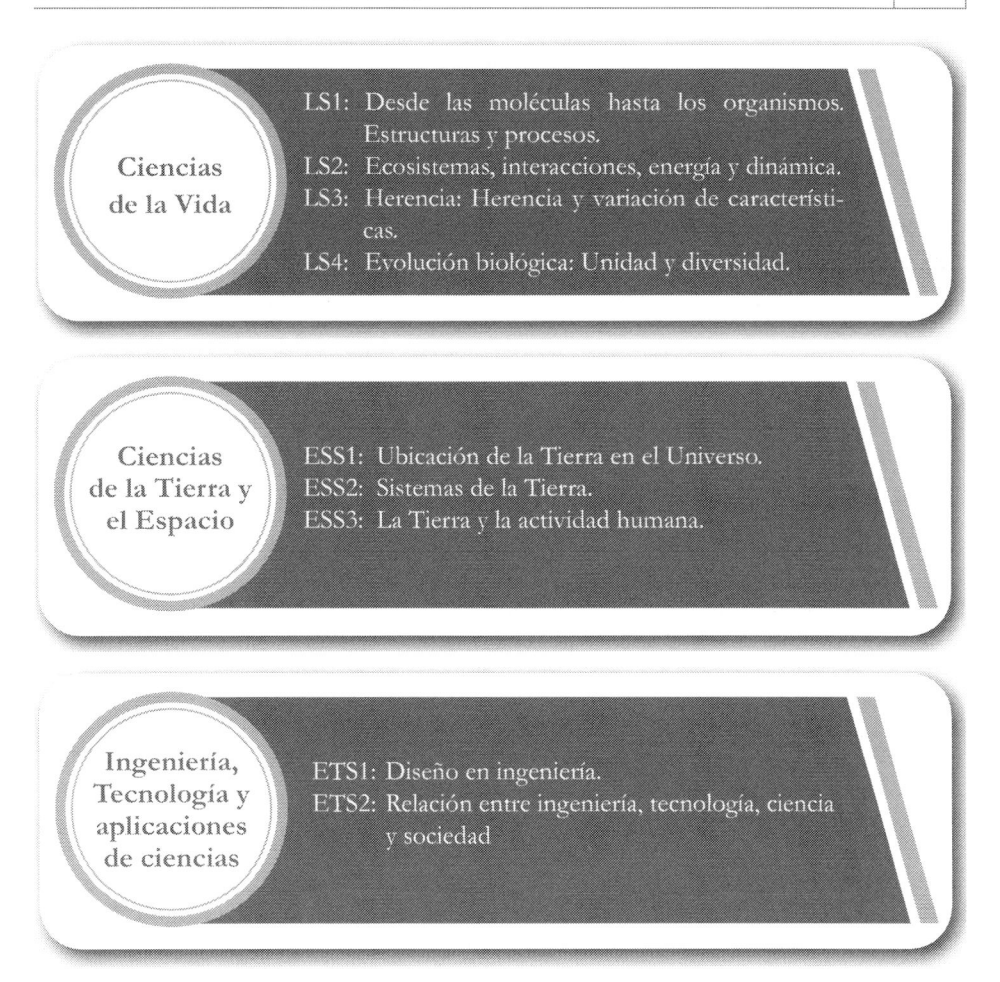

- LS1: Desde las moléculas hasta los organismos. Estructuras y procesos.
- LS2: Ecosistemas, interacciones, energía y dinámica.
- LS3: Herencia: Herencia y variación de características.
- LS4: Evolución biológica: Unidad y diversidad.

Ciencias de la Tierra y el Espacio

- ESS1: Ubicación de la Tierra en el Universo.
- ESS2: Sistemas de la Tierra.
- ESS3: La Tierra y la actividad humana.

Ingeniería, Tecnología y aplicaciones de ciencias

- ETS1: Diseño en ingeniería.
- ETS2: Relación entre ingeniería, tecnología, ciencia y sociedad

Vamos a ver ahora un ejemplo de cómo se construye una expectativa de desempeño. En la figura 2.3 veremos cómo funciona la codificación.

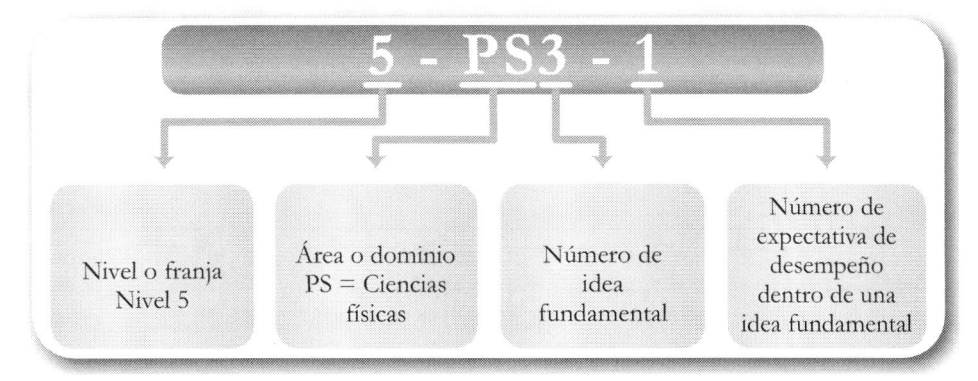

5 - PS3 - 1

- Nivel o franja Nivel 5
- Área o dominio PS = Ciencias físicas
- Número de idea fundamental
- Número de expectativa de desempeño dentro de una idea fundamental

Figura 2.3 Estructura de codificación de las expectativas de desempeño

Ahora analicemos cómo se construye esa expectativa de desempeño. La construcción de las expectativas de desempeño fue elaborada teniendo en cuenta los fundamentos de las tres dimensiones de los estándares NGSS. En la figura 2.4 vemos cómo una expectativa de desempeño se construye. Tenemos la siguiente lectura: 5-PS3-1 quiere decir, grado 5, ciencias físicas, tercera idea fundamental y la primera expectativa de desempeño de esa idea fundamental. (National Research Council of the National Academies, 2012)

Expectativa de Desempeño

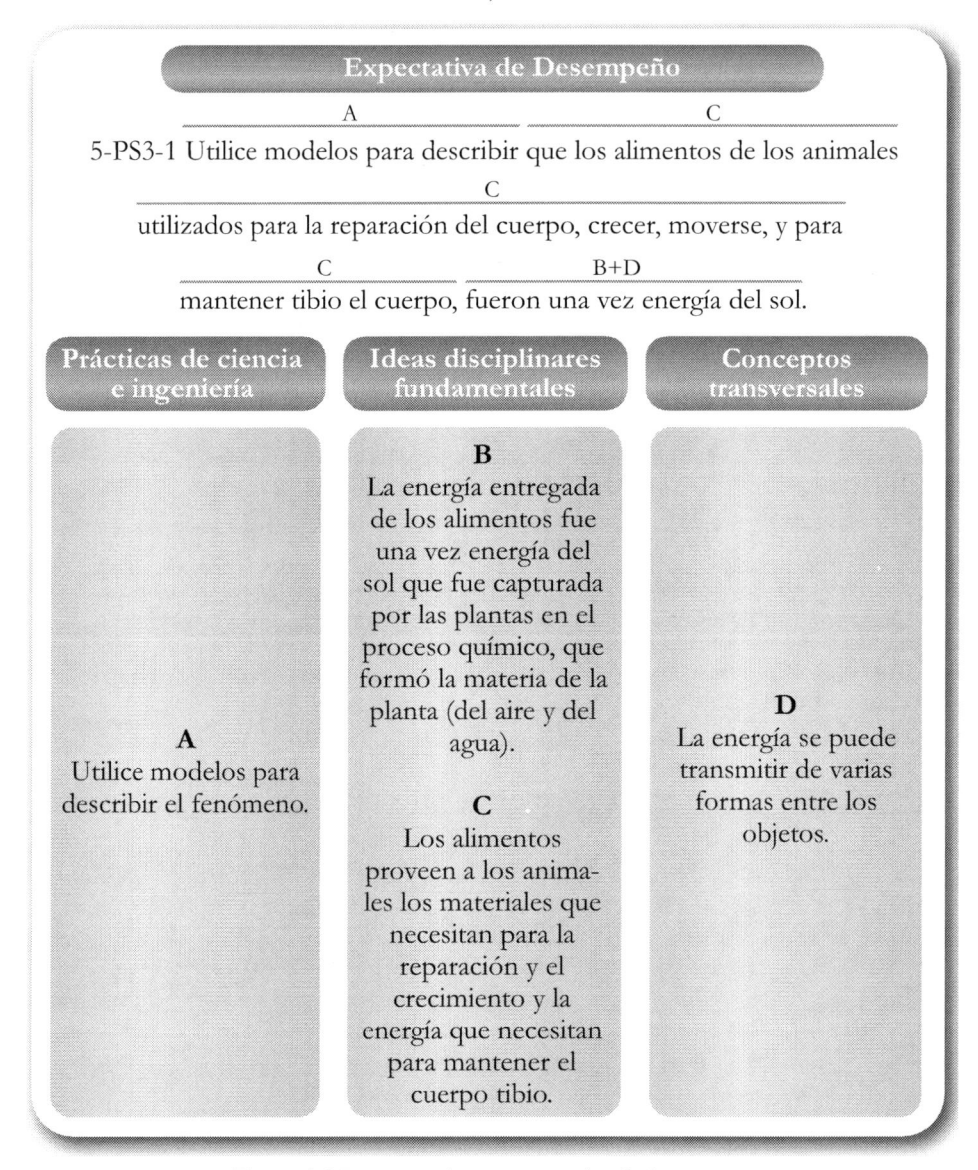

A — C

5-PS3-1 Utilice modelos para describir que los alimentos de los animales

C

utilizados para la reparación del cuerpo, crecer, moverse, y para

C — B+D

mantener tibio el cuerpo, fueron una vez energía del sol.

Prácticas de ciencia e ingeniería	Ideas disciplinares fundamentales	Conceptos transversales
A Utilice modelos para describir el fenómeno.	**B** La energía entregada de los alimentos fue una vez energía del sol que fue capturada por las plantas en el proceso químico, que formó la materia de la planta (del aire y del agua). **C** Los alimentos proveen a los animales los materiales que necesitan para la reparación y el crecimiento y la energía que necesitan para mantener el cuerpo tibio.	**D** La energía se puede transmitir de varias formas entre los objetos.

Figura 2.4 Estructura de una expectativa de desempeño

Para ver los detalles de los nuevos estándares de ciencias se puede visitar la página oficial https://www.nextgenscience.org/ y también se puede consultar el centro de información de la NSTA en http://ngss.nsta.org/.

Puesta en marcha

La adopción y la aceptación en los sistemas educativos

Los estándares NGSS plantean grandes retos. Hoy ya se ha logrado que los estándares sean adoptados por una buena proporción de los estados en Estados Unidos. La estructura política de este país permite que cada estado tome las decisiones que considere convenientes en asuntos de educación. No olvidemos que la elaboración de los nuevos estándares fue hecha por profesores de toda la nación y que cuenta con una aceptación mayoritaria.

Por ejemplo, el estado de California ha previsto los siguientes hitos para el desarrollo de la implementación de los nuevos estándares:

- 2013-2016 Conciencia, introducción y planeación.

- 2015-2018 Transición, recursos y necesidades de evaluación.

- 2016-2019 Implementación, entrenamiento de docentes y alineación.

El proceso es largo y complejo, dado que la forma en que se concibe la enseñanza y el aprendizaje cambia de manera importante. Esto implica un cambio en la forma en que los mismos profesores entienden su actividad diaria, desde la elaboración de actividades, en el desarrollo de sus clases y en la evaluación de los estudiantes.

La puesta en marcha de esta revolución educativa depende de los estados, y para lograr ver sus frutos, se involucrarán muchos participantes. Los directivos al adoptar la visión, los profesores al prepararse para el cambio, las empresas de materiales curriculares al adaptar sus productos y servicios para adaptarlos a la visión de los NGSS, y por su puesto los estudiantes y sus familiares al ver los frutos que esta transformación brinda. National Research Council of the National Academies, (2015)

Principios para la implementación

Coherencia. Este es un reto muy importante que tienen los estados al poner en marcha la transformación hacia los NGSS. Se requiere que tanto la instrucción, el aprendizaje profesional, el currículo y la evaluación sean desarrollados de la misma forma en todos los entes académicos como los estados federales y las instituciones educativas.

Las diferencias de la instrucción de ciencias. Es definitivo que cuando se tome la decisión de poner en marcha los nuevos estándares de ciencias se tenga en cuenta que la instrucción en ciencias tiene diferencias con la instrucción en otras asignaturas. La selección del personal idóneo, así como las instalaciones que exige tener en los colegios son algunos de los aspectos que más diferencia muestran. Se recomienda tener en mente estrategias que permitan que se formen vínculos con las asignaturas de lenguaje y matemáticas, para hacer al estudiante más productivo al desenvolverse en ciencias.

Proveer apoyo suficiente y continuo. El liderazgo es esencial en el desarrollo de los nuevos estándares, y es definitivo lograrlo en todos los niveles, los distritos, las directivas de los colegios y los profesores. La envergadura del proyecto es importante, y eso implica que se tengan la responsabilidad, los recursos, la autoridad y el tiempo para desarrollar todas las actividades. El apoyo a estos líderes debe ser incondicional y permanente para que los planes y programas se lleven a cabo.

Construir y apalancar las redes de colaboración. Para poder apreciar lo que se ha logrado en una institución educativa es necesario comparar lo que otros han conseguido. Esto permite ver objetivamente los avances y hacer las correcciones que sean necesarias. Es muy importante, además, desarrollar redes de colaboración entre estados y colegios para tener una visión más completa de la transición.

Tomarse el tiempo suficiente para hacer una buena implementación. Es de esperar que los cambios se vean luego de tres o cuatro años desde que se ha comenzado la transformación. Las implicaciones para los docentes y para los estudiantes son muchas y muy grandes. Enseñar en esta nueva forma implica que los profesores aprendan cómo manejar sus actividades con los estudiantes, y con la experiencia desarrollarán las mejores formas para elaborar y poner en práctica estas actividades.

La equidad debe ser una prioridad. Este es un principio fundamental de la educación STEM, y por ende de los NGSS. Esta nueva forma de enseñar es absolutamente incluyente porque permite a todos los estudiantes involucrarse en el proceso de aprendizaje. Aunque las actividades se hacen en equipo y se desarrollan las habilidades de comunicación y colaboración, cada individuo aporta sus propias ideas y comunica al profesor el estatus de su nivel de comprensión. Esta forma de enseñar de alta calidad incluye no solo a los estudiantes con mayor afinidad para las ciencias, sino a aquellos que antes no mostraban interés o facilidad, e incluye a ambos géneros y a personas de diferente origen racial, religioso o económico.

Garantizar la comunicación de la implementación: Ya que el grupo de personas que se ven involucradas en esta transición es grande, es necesario hacer un plan de comunicación cuidadoso, y debe llevarse a cabo de manera constante. Los padres de familia son un grupo importante de personas que se ven envueltas en el cambio. Se deben crear canales efectivos de comunicación como páginas web, conferencias, reuniones de realimentación, etc. (National Research Council of the National Academies, 2015)

Aspectos que se deben evitar

En la transición es muy fácil caer en costumbres o procesos que se alejan de la visión del *marco de referencia*. A continuación enumeraremos algunos que nos parecen importantes.

- *No dar apoyo suficiente a los estudiantes.* La nueva forma de enseñar las ciencias bajo los parámetros de los NGSS hace de la labor de instrucción una actividad más compleja. Los estudiantes deben aprender a tomar datos, analizarlos, expresar ideas basadas en la evidencia, y esto demanda más tiempo. Se necesita un cambio en la cultura de la clase para que el aprendizaje sea más efectivo. Hay que apoyar a los estudiantes para que logren los objetivos de aprender ciencia, de lo contrario no se estará haciendo un cambio de fondo sino solo cosmético, y probablemente haya estudiantes que tengan conceptos equivocados o poco fundamentados.

- *Enfocarse exclusivamente en las respuestas correctas.* La nueva forma de conducir una actividad con los NGSS puede hacer un poco ardua la forma en que se desenvuelve la clase, tanto para profesores como para estudiantes. Sin embargo hay que dar espacio para que cada estudiante exponga sus ideas y demuestre con sus exposiciones que estas han quedado completamente entendidas y que no se presentan interpretaciones equivocadas. Es claro que hay que llegar a conclusiones correctas, pero estas se dan en conjunto con la clase y con la guía del docente. La actitud que se requiere del estudiante hacia las ciencias se basará en su experiencia científica y en las conclusiones que aborda (Lemke, 1990). Al comienzo es usual que el estudiante busque al profesor para que avale cada idea y diga si está en lo correcto, pero el enfoque de los NGSS abandona este estilo y el profesor más bien hace una función de guía, que garantiza, más que la respuesta correcta, una comprensión profunda del fenómeno estudiado.

- *Actividades poco productivas durante el proceso de aprendizaje.* Estamos acostumbrados a que el proceso de una clase de ciencias se reduce a aprender vocabulario científico y ver dibujos con sus títulos en los libros de texto. A los estudiantes se les pide que aprendan las partes de la célula y que puedan dibujar en el tablero el esquema del libro con los nombres correctos. Esto no es hacer ciencia. Con el enfoque de los NGSS el estudiante explicará en clase y con la clase cómo funciona cada parte de la célula y cómo esta función ayuda a cumplir con las necesidades de la misma. Luego de que los estudiantes hayan estudiado varias fuentes y con lo que hayan visto en sus prácticas de ciencia e ingeniería podrán llegar a presentar una interpretación del fenómeno y entenderán cómo este ayuda a cumplir una función y a solventar una necesidad del organismo.

- *Esperar que el cambio sea inmediato y que los profesores lo hagan solos.* El proceso para adaptarse a la dinámica de los nuevos estándares es lento y puede tomar de dos a tres años. La forma en que se verá un aula de clase de ciencias será muy diferente y la adaptación será lenta. Es posible que un buen resultado pueda darle más confianza al estudiante y más ánimo al docente para crear nuevas actividades y experiencias, y esto será parte de su mejor desempeño como guía de los estudiantes. Adicionalmente, crear una red de líderes o abanderados de la causa puede ayudar a que se compartan experiencias y se logre acelerar el proceso con paso firme. Es muy difícil que un solo profesor se desenvuelva solo, son muchas las cosas nuevas que se deben poner en marcha, y por esta razón el vínculo con otros colegas puede hacer las cosas más fáciles y amenas para ellos.

- *No abandonar la forma antigua de las clases.* Es posible que un profesor tenga un buen grupo de actividades que realizaba con los estudiantes durante muchos años y que estas fueran muy exitosas. Pues bien, es hora de hacer nuevas actividades. El enfoque, como hemos dicho antes, es diferente y tiene objetivos nuevos. Hay que darle cabida a la creatividad del docente, y quizás nuevas actividades cumplan mejor con las tres dimensiones de los nuevos estándares de ciencias.

National Research Council of the National Academies, (2015)

Evaluación

La transformación de la educación en ciencias es un cambio muy profundo en la enseñanza escolar, y se ha recomendado que los distritos e instituciones escolares conciban un nuevo sistema de evaluación. Al haber analizado la visión con la que se crearon estos estándares, vemos que todo lo anterior es diferente, y por lo tanto la manera de evaluar a los estudiantes.

El sistema propuesto para evaluar a los estudiantes debe constar de tres partes principales:

Evaluación diseñada para apoyar la instrucción en el salón de clase. Esta forma de evaluación es conocida por la comunidad educativa y consiste en tareas de estos tipos:

Formativo, que permite evaluar durante la instrucción y ayudar a visualizar qué conceptos están claros y cuáles deben ser retomados para ajustar la comprensión de los estudiantes. Esto también ayuda al docente a ver qué cambios o que ajustes se deben hacer a la instrucción futura.

Sumativo, que permite apreciar lo que realmente aprendió el estudiante. A diferencia del tipo formativo, este determina un estatus de aprendizaje en cierto momento o luego de culminado un periodo de instrucción. Normalmente se determina mediante una "nota" o "grado", y comunica el nivel de aprendizaje de un estudiante a todos los involucrados en la formación escolar (estudiantes, profesores, directivos, padres de familia, entidades educativas, etc.).

Evaluación diseñada para monitorear el aprendizaje de ciencias de una manera más amplia. Para poder saber si el sistema de educación en las ciencias está siendo efectivo es necesario hacer una toma de evidencias de cómo los estudiantes progresan y cumplen con las expectativas de desempeño. Este tipo de evaluación individual es complejo, y para poder lograr evidencias efectivas se propone que se incluya dentro de las actividades propias de la clase mediante el uso de un formato provisto por los entes de control de educación. Esto implica que el docente no solo evalúa con tareas formativas y sumativas, sino que toma pruebas del desempeño de los estudiantes durante un periodo académico.

Indicadores con los que se pueda hacer un seguimiento de las oportunidades que han tenido los estudiantes para aprender ciencias según lo indicado en el marco de referencia. Con el objeto de que los cambios que hemos visto durante este capítulo, como son las prácticas de ciencias e ingeniería y los conceptos transversales, sean realmente implementados, y que adicionalmente aporten a la equidad, se deben hacer también evaluaciones periódicas que evidencien que el estudiante ha tenido la oportunidad de aprender "haciendo ciencia" y que ha podido participar y desarrollar modelos como resultado de la instrucción en ciencias. (National Research Council of the National Academies, 2015).

Los retos para la comunidad educativa son muy grandes. Sin embargo, la visión con que fue elaborado el *marco de referencia* provee las bases de una nueva forma de enseñar y aprender.

El eslogan de la NSTA para los nuevos estándares de ciencias, "STEM comienza aquí", describe muy bien cómo la educación. STEM está ya impregnando la forma de aprendizaje en los Estados Unidos, deja de ser una concepción teórica y se lleva a la práctica a los salones de clase.

Conclusiones

Hemos visto cómo en el mundo la educación STEM es tema de mucho interés y que se ha tomado los ámbitos académicos de mayor importancia. Sin embargo cuando hablamos de educación STEM tenemos que llegar un tópico importante que son los Next Generation Science Standards – NGSS.

No podemos hablar de educación STEM sin hacer referencia a tan importante transformación en la forma de enseñar y aprender. La documentación existente sobre estos temas siempre hace referencia a los nuevos estándares como un faro en el mar. Estos estándares marcan un antes y un después en la forma de enseñar ciencias en los colegios dado que su visión es la de dar la mejor instrucción en ciencias acorde a las necesidades del presente siglo.

Los nuevos estándares elevan la ingeniería al mismo nivel de la investigación científica, dan dirección a la integración de los campos STEM y crean una nueva disciplina en el estudio de las ciencias que son la ingeniería y la tecnología.

La manera de abordar los temas de ciencias hace que el aprendizaje sea de forma más profunda y duradera dado que los estudiantes llegan al nivel de conocimiento del "¿Qué pasa si…?" que consideramos necesario para los futuros ciudadanos.

Los retos para los docentes son grandes, pues se transforma de manera radical la forma de llevar su clase pero estamos seguros de que inspira a muchos en su desarrollo profesional.

Referencias

Annetta, L. A., Minogue, J., (2016) *Connecting Science and Engineering Education Practices in Meaningful Ways,* Springer International Publishing Switzerland

National Research Council. (1996). *National Science Education Standards.* National Committee for Science Education Standards and Assessment. Washington, DC: National Academy Press

National Research Council of the National Academies, (2012), *A Framework for K-12 Science Education, Practices, Crosscutting Concepts, and Core Ideas,* 2012, National Academies Press.

National Research Council of the National Academies, (2015), *Guide to Implementing the Next Generation Science Standards,* 2015, National Academies Press.

Martin, J.R., and Veel, R. (1998). *Reading Science.* London, England: Routledge.

McGraw-Hill Education PreK-12, *NGSS: What to do with Cross Cutting Concepts with Cary Snider,* (2013) You Tube https://youtu.be/k2CCfVRlGCM

Lemke, J.L. (1990). *Talking Science: Language, Learning, and Values.* Norwood, NJ: Ablex.

Longino, H. (1990). *Science as Social Knowledge.* Princeton, NJ: Princeton University Press.

Purzer Ş., Strobel J., Cardella M.C., (2014) *Engineering in Pre-College Settings: Synthesizing Research, Policy, and Practices,* Purdue University Press.

Schmidt, W.H., McKnight, C.C., and Raizen, S. (1997). *A Splintered Vision: An Investigation of U.S. Science and Mathematics Education.* U.S. National Research Center for the Third International Mathematics and Science Study. Boston, MA: Kluwer Academic.

Capítulo 3
Los estándares de tecnología

Es indudable que el desarrollo tecnológico que hemos vivido en la última década ha superado, en muchos casos, la barrera que divide a la ciencia ficción de la realidad. Los seguidores de las aventuras del Spock y Kirk, en Viaje a las Estrellas, reconocen que algunos de los dispositivos que parecían lejanos unas cuantas décadas atrás, son ya una realidad. Los próximos años serán una revolución asombrosa en tecnología y ciencia. Este capítulo describe los estándares de tecnología de la International Technology and Engineering Educators Association - ITEEA (Asociación Internacional de Educadores de Tecnología e Ingeniería) y destaca la forma en que la instrucción en tecnología se vuelve fundamental dentro del compendio general del currículo escolar y cómo se conecta con la educación STEM.

Creación de los estándares de tecnología

La Asociación

ITEEA corresponde a la *International Technology and Engineering Educators Association* (Asociación Internacional de Educadores de Tecnología e Ingeniería), fue fundada en 1939 con el nombre de *The American Industrial Arts Association* (Asociación Americana de Artes Industriales) con el ánimo de promover la enseñanza de las artes industriales en los colegios.

Más tarde, con el avance de la tecnología, la misión de la Asociación se transformó en la de instrucción en tecnología e ingeniería en los colegios. Hoy es quizás una de las organizaciones más comprometidas con el desarrollo de la educación STEM, con énfasis especialmente en la "T" y la "E" a través del acercamiento integrado.

Un aspecto importante que la ITEEA desarrolló fue un programa con el nombre de *Engineering by Design*™ (Ingeniería a través del diseño), que es un currículo elaborado bajo las directrices de los Estándares de Tecnología, con miras a difundir la educación STEM en Estados Unidos e internacionalmente.

Proyecto de Tecnología para todos

En el año 1994 la antigua ITEA *International Technology Educators Association* (Asociación Internacional de Educadores de Tecnología) lanzó su proyecto de tecnología conocido como *Technology for All American Project* (Proyecto de Tecnología para todos los Estadounidenses). Este proyecto se desarrolló en respuesta al llamado internacional de sentar o formular los fundamentos para una instrucción robusta en tecnología para todos los estudiantes.

La administración del proyecto se llevó a cabo a través de la ITEA, pero su creación fue hecha por la ***National Science Fundation*** - NSF (Fundación Nacional de Ciencias) y por la ***National Aeronautics and Space Administration*** - NASA (Administración Nacional de Aeronáutica y el Espacio). Para el año 2006 el proyecto había dado muy buenos frutos y era ampliamente reconocido. El éxito de este proyecto fue parte del inicio del desarrollo de los estándares de tecnología, y con esto se obtuvo la atención y el espacio necesarios para impulsar la instrucción en tecnología.

Los ***Standards for Technological Literacy***, - STL (Estándares para la instrucción en tecnología), que de manera abreviada llamaremos STL, son el resultado de todo el trabajo anterior de la ITEA, pero no fue sino hasta el año 2010 cuando la asociación decidió incluir la ingeniería como parte del currículo escolar. Es en este momento donde toma forma la inclusión de la "T" y la "E" y se refuerza el concepto de educación STEM. (Purzer, Strobel, Cardella, 2014).

La visión de una sociedad instruida en tecnología

Generalidades

Estamos terminando la segunda década del siglo XXI y todavía nos encontramos con instituciones educativas que tienen conceptos un poco anacrónicos de lo que la tecnología significa para la vida de las personas. Vemos cómo el avance tecnológico a nivel mundial va por una autopista de alta velocidad y la instrucción en tecnología de los colegios apenas da sus primeros pasos.

Quizás no en todos los colegios de los países latinoamericanos se ve el retraso, pero más que el uso de tecnologías de última generación, percibimos que la concepción de lo que implica instruir en tecnología no se compadece con las realidades del mundo actual.

La palabra tecnología viene de la raíz griega "tejné", origen de la palabra técnica, que quiere decir "el arte del buen hacer", con referencia a la creación de cosas. Tecnología significa "la acción de hacer". Hoy se considera la tecnología como el conjunto de procesos y conocimientos que la gente usa para hacer más extensas las habilidades humanas, con el objetivo de satisfacer las necesidades y deseos humanos.

El desarrollo de la tecnología en los últimos años ha experimentado una gran aceleración, y cada día que pasa nos encontramos con nuevos avances, que superan las expectativas del ciudadano promedio. Lo vemos en las telecomunicaciones con el desarrollo de dispositivos móviles, y en el desarrollo de aplicaciones o programas que proveen no solamente mejores servicios, sino que incorporan mayor número de ellos. Hoy podemos comunicarnos con cualquier lugar del mundo sin ningún costo asociado y nos enteramos instantáneamente de las noticias alrededor del planeta.

Internet ha avanzado mucho en velocidad y cubrimiento. La forma de trabajar ahora ha cambiado radicalmente: Tener un computador y una buena conexión de internet permite el desarrollo de actividades en forma remota, administrar toda clase de negocios, brindar educación en sitios lejanos, etc. Los avances médicos también son parte de ese desarrollo tecnológico: el descubrimiento de nuevos tratamientos, nuevas vacunas y equipos médicos cada vez más precisos e interconectados.

Otras tecnologías que también se han desarrollado y prometen ofrecer muchas soluciones para la industria y para el uso doméstico son los drones, las impresoras

3D y el desarrollo de algoritmos basados en inteligencia artificial, que ya vemos en robots para el juego y la educación.

El mercado ofrece múltiples posibilidades en tecnología y esto implica la elección de su uso racional y responsable. Es por esto que ya se oyen voces que indican que desde los colegios se debe dar una instrucción apropiada en tecnología, y hemos visto que cada año que pasa se presentan nuevos materiales académicos y herramientas tecnológicas asociadas con tecnología.

Aunque hay un consenso sobre la necesidad de enseñar estos temas a nivel escolar, hoy encontramos un número muy reducido de instituciones educativas que tienen en marcha un programa de tecnología. En la gran mayoría solo se cuenta con un par de computadores, en los que se enseñan los pasos básicos para su operación y el manejo de programas de edición de texto, hojas de cálculo, algunos juegos sencillos, y por supuesto la navegación en internet.

En algunos países, como es el caso de Colombia, se cuenta con documentos que dan una guía de lo que debería ser una instrucción en tecnología, y el Ministerio de Educación Nacional de Colombia publicó hace varios años las Orientaciones Generales para la Educación en Tecnología. (Ministerio de Educación Nacional de Colombia, 2008). Creemos que este documento cuenta con un buen fundamento teórico de lo que se debe enseñar y aprender sobre tecnología. Sin embargo, el documento no se encuentra plenamente relacionado con la educación STEM. Hay un camino importante que recorrer para que podamos hablar de una verdadera instrucción en tecnología.

Son muchas las razones por las cuales las instituciones educativas no han considerado necesario una instrucción en tecnología. Una de las más notorias es la importancia que han tenido las asignaturas clásicas como son las ciencias naturales, la física, la química, las matemáticas, el español, el inglés y las ciencias sociales. Por esto, la tecnología no ha ocupado el puesto que le corresponde en nuestra realidad del presente siglo. Otra razón fundamental es la carencia de recursos que demanda un plan académico en tecnología, que implica tener material curricular, laboratorios, etc., así como la formación por parte de los profesores y el conocimiento de las directivas. Las pruebas nacionales e internacionales están enfocadas hacia las asignaturas tradicionales, y esto hace que muchos colegios se concentren en preparar a sus estudiantes en esos contenidos.

Hay una confusión importante en la comunidad educativa en general entre "tecnología para la educación" e "instrucción en tecnología". La diferencia la podemos ver así:

- La tecnología para la educación es el conjunto de equipos con los cuales se hace más fácil la manera de dictar los contenidos de un plan académico. En este grupo podemos encontrar las tabletas, los libros digitales, los tableros inteligentes y los programas de computador en línea para acceso de profesores, padres y estudiantes, entre otros.
- La instrucción en tecnología hace referencia a los conocimientos que debe tener un estudiante desde educación preescolar hasta grado 12, que le permitan obtener y desarrollar habilidades para una sociedad eminentemente tecnológica.

(International Technology and Engineering Educators Association, 2007)

Componentes de los estándares de tecnología

Ya tenemos una idea de las diferencias que existen en general en cuanto a la participación y contenidos actuales en las instituciones educativas y lo que implica realmente tener un programa de tecnología. Profundicemos un poco sobre lo que es realmente una instrucción en tecnología.

La tecnología es cambiante y su desarrollo es acelerado, por esto los profesores de tecnología deben dedicar menos tiempo a los detalles y más a los conceptos y principios. Es importante que los estudiantes tengan la oportunidad de acercarse a muchos tipos de tecnologías y que desarrollen sus habilidades con la ayuda de estas. Sin embargo, un aprendizaje de largo plazo sobre asuntos de tecnología se logra solo con el entendimiento de ideas y conceptos que den al estudiante el contexto necesario para que pueda ser crítico frente a nuevos desarrollos.

Tres componentes se destacan en los estándares de tecnología:

- Los estudiantes aprenderán sobre el mundo tecnológico, pero no únicamente con referencia a los últimos avances. Deben aprender, por ejemplo, cómo funcionan los sistemas de generación, transmisión y distribución de energía, cómo funcionan los medios de transporte actuales y cómo estos han revolucionado el mundo. También la instrucción en tecnología abarca todo tipo de sistemas de comunicaciones como la radio, la televisión, el teléfono, las comunicaciones satelitales y los dispositivos móviles. No se quedan por fuera los temas de la industria médica y de la industria agrícola y ganadera.
- Otro aspecto importante en los que estos estándares hacen énfasis es en la manufactura y procesamiento de materiales en las industrias: Cómo se producen los aparatos y equipos tecnológicos y cómo aporta la tecnología a la

producción industrial. Es el caso de los textiles, el acero, la industria petrolera y petroquímica y los desarrollos en electrónica, como son los procesadores y producción de computadores, etc.

- El uso y mantenimiento de diversos aparatos también hacen parte de la instrucción en tecnología. Y más allá de entender cómo se produce un dispositivo tecnológico, los estudiantes deben poder evaluar los efectos que produce dicha tecnología en otras tecnologías en el medio ambiente y la sociedad. Los beneficios de cualquier tecnología son obvios, pero normalmente no están a la vista las desventajas y peligros que puedan tener. Es por ello que los estudiantes deben comprender las ventajas y las desventajas de una tecnología.

(International Technology and Engineering Educators Association, 2007)

La instrucción en tecnología

Los estándares STL hacen énfasis en la nueva instrucción en tecnología y dan ideas nuevas para lo que debe enseñarse en el currículo escolar. Dichos estándares definen de la siguiente manera la instrucción en tecnología:

"La instrucción en tecnología es la habilidad para usar, manejar, evaluar y entender la tecnología."

La educación STEM hace énfasis en que el ciudadano del siglo XXI debe ser consciente de los problemas del mundo y de su región, y que por esa razón debe estar preparado para tomar decisiones que beneficien a la sociedad. La visión con que se elaboraron los estándares STL se ajusta a los objetivos de la educación STEM.

Veamos algunos ejemplos:

Una persona instruida en tecnología deberá:

- Entender las formas en que la tecnología se hace cada vez más sofisticada y que esta sofisticación aumenta paulatinamente.
- Entender cómo se crea la tecnología, cómo se adapta a la sociedad y cómo la sociedad la transforma.
- Analizar la información recibida a través de los medios de divulgación de una manera inteligente, con el objeto de entender el contexto en que se desenvuelve esta tecnología y poder formarse una opinión objetiva.
- Estar cómoda con una tecnología, sin sentirse atemorizada ni abrumada por sus avances y desarrollos.

El beneficio no será únicamente para las personas que quieran seguir una carrera técnica o profesional en asuntos de tecnología. En el trasfondo de los estándares STL estamos viendo los fundamentos de la educación STEM, y esto nos indica que la instrucción en tecnología es para todos. El ciudadano promedio deberá ser capaz de entender que una tecnología se describe con una lista de características técnicas, y que por lo tanto, al hacer una compra podrá preguntar de una manera específica por el producto que busca y seleccionarlo adecuadamente según su capacidad y sus necesidades.

La ignorancia en tecnología impide al ciudadano tener la capacidad y autonomía suficientes para moverse adecuadamente en una comunidad, y con mayor razón ahora, cuando los avances y cambios tecnológicos son tan grandes, debe estar preparado y ser consciente de lo que es conveniente para sí mismo y para la sociedad. (International Technology and Engineering Educators Association, 2007)

Hacer tecnología

La relación entre la tecnología y la ingeniería es muy fuerte. Por esta razón, la nueva forma de hacer instrucción en tecnología incluye lo que se ha llamado en inglés "hands on" (manos a la obra). En muchas instituciones educativas se han creado espacios en donde los estudiantes pueden utilizar diferentes herramientas tecnológicas como material curricular para desarrollar la creatividad. Se les llaman "maker spaces" (espacios creativos o para quién construye cosas). Estos espacios no solo buscan la creatividad, sino que bajo la administración de un conjunto de profesores especialistas es posible fomentar en los estudiantes el conocimiento de diferentes tipos de tecnología, que puedan hacer evidentes sus principios científicos, probar nuevas opciones y combinar elementos para crear nuevos productos.

Como hemos visto, la educación STEM busca fomentar la curiosidad del estudiante, que las preguntas ¿por qué? y ¿cómo? sean ahora parte del aprendizaje. Estos espacios de experimentación y creatividad son diferentes del laboratorio tradicional, que tenía el objetivo de ejecutar procesos prefabricados para hacer evidentes ciertos conceptos y conocimientos.

Cuando el estudiante profundiza en los conocimientos, aparecen preguntas como: ¿y qué pasa si...? Este es uno de los objetivos fundamentales de la educación STEM, porque es cuando el aprendizaje se hace de más larga duración. Con los estándares de tecnología y al poner en práctica estas actividades en los espacios de creación es posible hacer una instrucción en tecnología de una manera más apropiada. (International Technology and Engineering Educators Association, 2007)

Otro aporte fundamental para la instrucción en tecnología es el uso del proceso de diseño en ingeniería. Esta es la manera más efectiva de desarrollar las habilidades STEM. Se caracteriza por ser el método que usan los ingenieros para el desarrollo de las tecnologías.

El proceso incluye los pasos:

- Preguntar
- Imaginar
- Investigar
- Planear
- Crear
- Revisar

Hay varios modelos del proceso de diseño, y este es uno de ellos: Al hacer tecnología los estudiantes desarrollan la habilidad para solucionar problemas a través del proceso de diseño. Vemos claramente cómo la ingeniería está integrada a la instrucción en tecnología.(Anneta, Leornard A., 2016) En un capítulo posterior trataremos en forma más profunda sobre el proceso de diseño en ingeniería.

La instrucción en tecnología incluye un factor integrador

Puede ser sorprendente el hecho de que la instrucción en tecnología ayude a los estudiantes a profundizar en otras asignaturas. La educación STEM tiene por objetivo hacer una enseñanza interdisciplinaria. Los problemas de la vida diaria no vienen aislados, ni podemos entenderlos y solucionarlos con conocimientos de una única área del conocimiento, pues un problema tiene por lo general componentes de muchas clases.

La instrucción en tecnología es, por tanto, un factor integrador de las asignaturas. No estamos hablando de la tecnología como una asignatura aislada que trata de competir con las otras, por el contrario, refuerza y complementa conceptos de las demás asignaturas, no solo de ciencias y matemáticas sino de ciencias sociales, artes plásticas y lenguaje.

Una visita a una casa museo o a algún lugar donde haya elementos que fueron construidos en otras épocas puede ser una oportunidad para el desarrollo de una actividad de la instrucción en tecnología. Los estudiantes pueden escoger elementos de dicha época y desarrollar investigaciones acerca de cómo funcionaban estos aparatos e influían en la sociedad.

Otros ejemplos en ciencias o matemáticas son fáciles de poner en práctica, pero vemos claramente que la instrucción en tecnología entra en el contexto del aprendizaje del estudiante y le da sentido a lo que se enseña. A medida que los estudiantes van avanzando en sus grados escolares, es posible que los temas sean más complejos, pero en esa misma medida la integración con tecnología brinda recompensas importantes.

(International Technology and Engineering Educators Association, 2007)

Contenido de los estándares de tecnología

Los estándares STL no son un currículo, y en esto hace énfasis el documento original, dado que es labor de los desarrolladores del currículo proveer los detalles de cómo se deben llevar al estudiante estos contenidos. Para poder poner en marcha un modelo de educación STEM con una base sólida de instrucción en tecnología se deberá acudir a otros elementos de la formación escolar, como son la integración de las asignaturas, el desarrollo de las habilidades del siglo XXI y los desarrollos que los estudiantes aporten a la innovación y la inventiva.

La estructura de los estándares STL ha sido dividida en categorías que son las siguientes:

- La naturaleza de la tecnología.
- Tecnología y sociedad.
- Diseño.
- Habilidades para un mundo tecnológico.
- El mundo diseñado por el hombre.

Los estándares de tecnología STL han sido diseñados para que sean aplicados en todos los grados de la formación escolar, y han sido divididos por grupos de grados escolares, estos son:

- Preescolar a grado 2º
- Grados 3º a 5º
- Grados 6º a 8º
- Grados 9º a 12º

Esta estructura tiene por objetivo que se abarquen los estándares de forma gradual para ser consistentes y lograr que los estudiantes afiancen los conocimientos a medida que avanzan en su vida escolar.

Veamos a continuación la descripción de los estándares y su relación con la educación STEM. Consideramos que los temas incluidos en estos estándares cambian la forma de ver y entender la instrucción en tecnología. Para percibir el gran cambio es recomendable la lectura del listado completo de contendidos de los STL, que se encuentra en el Apéndice B.

La naturaleza de la tecnología

Esta sección de los estándares STL hace referencia a lo que los estudiantes deben entender por la naturaleza de la tecnología, los conceptos fundamentales, y su relación entre otras tecnologías y con otras áreas del conocimiento humano.

> **Estándar 1**
>
> Los estudiantes comprenderán las características y el alcance de la tecnología.

Los primeros pasos para la instrucción en tecnología parten de explicar a los estudiantes más jóvenes cosas de su vida cotidiana, a las que normalmente no prestan atención. Es el caso de niños de cinco o seis años que no saben cómo se producen los alimentos que a diario consumen en sus hogares o en sus colegios. Tampoco saben cómo se construye un edificio o un puente vehicular. Estas son cosas cotidianas, con las que los niños se encuentran en todo momento. Se da por hecho que un niño pequeño no se interesa por estas cosas o es posible que un padre de familia posponga estos temas para cuando tengan edad de entender en plenitud estos asuntos.

El aprendizaje debe ser progresivo y quizás en los primeros años sea necesario acercarles a estos temas de una manera sencilla pero comprensiva.

La educación STEM tiene un principio fundamental, que es traer al estudiante las realidades del mundo para hacerlo sensible a muchos temas que serán parte de su vida adulta.

Este primer estándar tiene por objetivo que los estudiantes al finalizar el grado 12 tengan una perspectiva más amplia de la importancia de la innovación. También

Los estándares de tecnología

desarrollarán habilidades de pensamiento más sofisticadas al hacerse preguntas y realizar investigaciones. Tendrán claro el alcance de la tecnología y de cómo esta hace parte de un área importante del intelecto humano

> **Estándar 2**
>
> Los estudiantes comprenderán los conceptos fundamentales de la tecnología.

Los conceptos fundamentales de la tecnología son una muy buena manera de dar contexto a las áreas de estudio. Brevemente describiremos cada uno de estos.

Sistemas: Son conjuntos de componentes interrelacionados, diseñados como un grupo para alcanzar un objetivo. El pensamiento sistémico involucra la comprensión de cómo un todo se puede expresar en términos de sus partes, y a su vez cómo estas partes están interrelacionadas y componen un todo. Cuando se presenta un mal funcionamiento del sistema se requiere conocer cómo está concebido este sistema y cómo cada parte de él contribuye a las funciones para las que fue creado. El desarrollo del pensamiento sistémico, como habilidad para una sociedad eminentemente tecnológica, es uno de los pilares de la educación STEM.

Recursos: Toda actividad tecnológica o de ingeniería requiere de recursos. Herramientas, máquinas, materiales, información, energía, dinero, personas y tiempo son los recursos que se presentan en la mayoría de las actividades relacionadas con tecnología. Al realizar una actividad en tecnología, los estudiantes deberán aprender cómo contribuyen todos estos recursos al buen funcionamiento de un sistema tecnológico.

Requerimientos: Son los parámetros o especificaciones con las que está definido un producto o sistema. La buena definición de los requerimientos hace que podamos considerar las restricciones y los criterios con los que debe ser creado un producto o sistema tecnológico. Un diseño sobredimensionado, con el objetivo de cumplir con los requerimientos, también puede ser importante en el proceso de formación de los estudiantes en tecnología, dado que estos aprenden cómo es posible hacer más complejo un producto, con necesidades de mantenimiento más exigentes, y por ende un costo mayor. El pensamiento crítico y la solución de problemas son habilidades que se desarrollan mejor cuando los estudiantes se enfrentan a las restricciones involucradas en un diseño.

Optimización y análisis, ventajas-desventajas: La optimización es un método que se utiliza en el diseño o fabricación de un producto o sistema, con el objetivo de que sean cada vez mejores en cuanto a costos, características, proceso de producción etc. En algunos casos, hemos visto cómo ciertas marcas de productos conducen su proceso de optimización haciendo más simples sus diseños, con menor cantidad de elementos, pero que entreguen las mismas o mejores prestaciones. El análisis de ventajas y desventajas incluye la consideración del cambio de materiales o elementos, con el objetivo de evaluar los posibles escenarios en que se pueda desarrollar un producto o sistema. Las modificaciones deben hacerse siempre y cuando se cumpla con los requerimientos establecidos.

Procesos: Se pueden definir como una serie de pasos que se hacen de una manera ordenada y que combina recursos con el objetivo de producir un resultado. Este estándar tiene por objetivo que los estudiantes comprendan el significado y las clases de procesos. En ingeniería tenemos el proceso de diseño, que incluye la creatividad, la inventiva y la innovación. El proceso de elaboración de modelos físicos o virtuales ayuda a la demostración de teorías o maneras de ver una solución posible. Otros procesos importantes en tecnología e ingeniería son el mantenimiento y la dirección o gerencia. Las empresas desarrollan sus proyectos bajo la gerencia del proyecto, y este se encarga de la planeación, la organización y el control, para garantizar que los sistemas tecnológicos operen efectiva y eficientemente.

Sistema de control: Son los mecanismos o actividades que utilizan información para hacer que los sistemas tengan un cambio. Los estudiantes deben aprender cómo se establece un sistema de control, qué tipo de datos se debe tomar de un sistema y qué tipo de señales o acciones se deben ejecutar para lograr que el sistema opere dentro de los parámetros establecidos.

> **Estándar 3**
>
> Los estudiantes comprenderán la relación entre tecnologías y las relaciones entre tecnología y otros campos de estudio.

Las tecnologías están íntimamente relacionadas unas con otras. La producción de cualquier tipo de elemento tecnológico permite el funcionamiento de otros y que al final se entregue un servicio a la comunidad. Por ejemplo, la fabricación de motores ayuda a entregar equipos que muevan otras industrias. Es el caso de las bombas de agua, los ascensores, los puentes grúa, etc., que son la fuerza mecánica para otras tecnologías e industrias.

Este estándar tiene por objetivo que el estudiante comprenda la relación entre las tecnologías y su combinación. También busca enseñar la relación de los primeros desarrollos en tecnología con los que le siguieron. Por ejemplo, la fabricación de dispositivos móviles con la capacidad de instalación de programas y luego el desarrollo de las tiendas de aplicaciones abre la posibilidad a los desarrolladores de nuevas aplicaciones para hacer que un equipo tenga nuevas capacidades.

Por otro lado está la interrelación entre las áreas de estudio. Es el caso de la ciencia y de la tecnología. Mientras que la ciencia brinda el conocimiento del mundo natural para explicar los fenómenos, la tecnología usa ese conocimiento como fundamento para el funcionamiento de equipos o sistemas. Y a la inversa, los desarrollos tecnológicos brindan mejores equipos para que los científicos puedan seguir analizando el mundo natural y explicar nuevos fenómenos.

(International Technology and Engineering Educators Association, 2007)

Tecnología y sociedad

Los siguientes estándares están agrupados en esta sección con un objetivo primordial en la enseñanza de tecnología: Dar contexto a la tecnología dentro de un trasfondo social, cultural y ambiental. En muchas instituciones educativas se llevan a cabo programas académicos muy importantes, pero desafortunadamente no se sitúan dentro de un contexto, como en el caso de los cursos de programación, de robótica o de uso de nuevas tecnologías, como los drones y las impresoras 3D. Es importante presentar al estudiante estas tecnologías, pero como lo hemos dicho, la educación STEM busca darle sentido a lo que aprenden los estudiantes, por lo tanto el contexto juega un papel fundamental.

Otro aspecto importante de la enseñanza de la tecnología es evitar que se subestime el desarrollo o el avance de una tecnología. El desconocimiento por parte del público en general sobre los fundamentos de las diferentes tecnologías es tan grande, que hace que muchas personas hayan perdido la capacidad de sorprenderse de los esfuerzos que han hecho institutos, universidades y empresas. Los estudiantes deberían comprender que los avances científicos y tecnológicos de los que hoy gozamos, de los que inclusive ellos mismos hacen uso, no se dio ni fácil ni gratuitamente, sino que han tenido que superar grandes dificultades y han costado ingentes esfuerzos. Estas consideraciones pueden introducir un aspecto humanístico en la formación de los estudiantes.

Hay una relación directa entre sociedad y tecnología. La sociedad demanda soluciones a ciertas necesidades y la tecnología las brinda. Después de que una nueva tecnología hace parte de una sociedad se presentan procesos de adaptación de la gente a este nuevo avance. Adicionalmente, una nueva tecnología puede tener repercusiones importantes en el medio ambiente, y es necesario que la sociedad conozca ampliamente las ventajas y desventajas de estos aportes.

> **Estándar 4**
>
> Los estudiantes desarrollarán una comprensión de los efectos de la tecnología en la cultura, la sociedad, la economía y la política.

Este estándar tiene una relación muy importante con lo que persigue la educación STEM. Se relaciona con muchas de las asignaturas, como la historia, al estudiar los desarrollos tecnológicos de la humanidad, su propagación por el mundo al analizar qué países y continentes tuvieron mayor o menor injerencia en estas tecnologías y cómo las decisiones políticas ayudaron a la propagación de un desarrollo tecnológico. Este es un claro ejemplo de cómo se derrumban las barreras entre las asignaturas y se le da contexto al aprendizaje de los estudiantes.

> **Estándar 5**
>
> Los estudiantes desarrollarán una comprensión de los efectos de la tecnología en el medio ambiente.

El medio ambiente es un asunto primordial de la sociedad actual. La comunidad educativa encuentra en este estándar un tema en el que la instrucción en tecnología se debe concentrar. El tráfico complejo de las ciudades, la polución, el manejo de las basuras, la producción de artículos y la disposición de basuras son temas que aquejan a la gente, y los estudiantes no deben ser ajenos a esto. Comprender que el cuidado del medio ambiente es primordial y que es importante aprender sobre reciclaje, sobre la mejora de procesos de producción y la mejora de sistemas de desechos, tanto en los hogares como en las industrias es apremiante. Las futuras generaciones deben ser conscientes de qué planeta reciben y qué tipo de actividades se deben realizar para cuidarlo. Objetivo primordial de la educación STEM es involucrar al estudiante con el mundo que lo rodea y con la vida real, e incluir los temas del medio ambiente en el aula de clase ya no será visto como un asunto lejano sino como un problema que requiere conciencia, conocimiento y acciones inmediatas.

> **Estándar 6**
>
> Los estudiantes desarrollarán una comprensión del rol de la sociedad en el desarrollo y el uso de la tecnología.

Ya hemos dicho que la tecnología afecta a la sociedad, pero también la sociedad moldea la tecnología. Esta llega al mercado y puede permanecer y desarrollarse o simplemente desaparecer. En los casos en los que puede presentar una amenaza para la sociedad, las decisiones se toman a nivel político. Es el caso de las armas o de los sistemas de exterminio de plagas, que deben ser analizados por instancias responsables para que no afecten la salud o la vida. Por otro lado también existen diferentes formas en que las industrias desarrollan la tecnología. Algunas organizaciones logran mejoras a ciertos desarrollos y otras no lo hacen de igual manera. La reacción de la sociedad con respecto a una tecnología puede variar ampliamente, desde verla como peligrosa a considerarla como un avance y una ventaja importante.

> **Estándar 7**
>
> Los estudiantes desarrollarán una comprensión de la influencia de la tecnología en la historia.

Este estándar es de gran alcance, dado que muchos eventos históricos han sido producidos por los avances en la tecnología. El conocimiento histórico del papel que juega la tecnología ayuda a que los estudiantes tengan conciencia de cómo la tecnología influye en la vida del ser humano y de cómo una tecnología sirve de base para el desarrollo de otra.

Por ejemplo, el desarrollo de la imprenta permitió que muchas más personas tuvieran acceso a la información. A comienzos del siglo XX se desarrollaron tecnologías que cambiaron la forma de vivir de las personas, como el automóvil o la bombilla incandescente. Los estudiantes deben poder entender cómo era la vida antes del desarrollo de una determinada tecnología y cómo un nuevo desarrollo cambia las condiciones y mejora la forma en que vivimos en el mundo.

(International Technology and Engineering Educators Association, 2007)

Diseño

Para la educación STEM el diseño es uno de los aspectos más relevantes y el que contribuye en mayor medida al desarrollo de muchas habilidades. El proceso de diseño en ingeniería contribuye al desarrollo del pensamiento crítico, la creatividad, la colaboración y la solución de problemas. En ingeniería es utilizado como uno de los procesos más relevantes y está compuesto por una serie de pasos iterativos pasando por: a) Preguntar, b) imaginar, c) planear, d) crear y e) revisar.

> **Estándar 8**
>
> Los estudiantes desarrollarán una comprensión de los atributos del diseño.

El diseño debe tener un objetivo claro porque el propósito es el que fija las condiciones para la construcción de algo. Del objetivo se desprenden las características, las restricciones, los niveles de costo, los tipos de materiales, la eficacia y la sencillez. El diseño también aporta el método, ya que la búsqueda de la solución a un problema puede llevar al diseñador a deambular sin rumbo fijo, pasando por ideas deshilvanadas, sin orden ni coherencia.

La creatividad hace parte del desarrollo del diseño. En mayor o menor medida un diseño requiere de creatividad, porque esta permite ver un problema desde un punto de vista nuevo que conduzca a una solución nueva.

Para escoger una solución posible es necesario que se pongan en consideración todas las ventajas y desventajas de un diseño. Un buen solucionador de problemas tendrá la habilidad de sopesar todas las variables.

> **Estándar 9**
>
> Los estudiantes desarrollarán una comprensión de la ingeniería de diseño.

Es definitivo que los estudiantes conozcan cómo está compuesto el proceso de diseño, dado que contribuye a la forma de pensar del futuro ciudadano y a entender por qué tiene importancia cada fase del diseño. Por ejemplo, descubrir y definir cuál es el problema que se está analizando ayuda al desarrollo del pensamiento crítico. En algunos casos una acción equivocada puede conducir a un proceso de diseño no adecuado para un determinado problema.

Lo primero es definir el problema y descomponerlo en partes analizables. Luego es más sencillo tratar cada aspecto para darle solución y luego elaborar un diseño. La colaboración se presenta en el momento en que los estudiantes ponen en debate sus ideas, llegan a un consenso y escogen un solo diseño.

Los diseños deben responder a las especificaciones o requerimientos, sin desviarse de las restricciones propias del problema. El siguiente paso es la construcción de un prototipo, con lo cual es posible confirmar los supuestos que se tenían en la etapa de diseño.

Probar los prototipos también demuestra el cumplimiento de las funcionalidades y de las características. Las desviaciones o el no cumplimiento del objetivo llevarán a una revisión del diseño y obligará a nuevas investigaciones. En esta forma el proceso se vuelve reiterativo hasta encontrar la solución apropiada.

> **Estándar 10**
>
> Los estudiantes desarrollarán una comprensión del proceso para la localización de averías, la investigación y el desarrollo, la invención y la innovación y la experimentación en la solución de problemas.

Aunque el proceso de diseño en ingeniería es una forma importante de solucionar problemas, no es la única. Otra forma es el troubleshooting (localización de averías) que exige la verificación de un sistema o producto para encontrar un punto de falla específico, por ejemplo, un cable roto, un fusible abierto, una pieza dañada, etc.

El entendimiento de cómo funciona un sistema o producto o qué principio científico es la esencia de este, ayuda al estudiante a recorrer sistemáticamente los puntos que lo componen y desarrolla las habilidades de pensamiento crítico y solución de problemas. En la vida diaria se presentan situaciones en las que un aparato tecnológico presenta un mal funcionamiento, y en muchos casos las personas son incapaces de superar esta situación, y llegan a pagar sumas de dinero muy altas por una solución simple. Es imperativo que el ciudadano del siglo XXI pueda entender muchos sistemas simples que lo rodean, y logre identificar de manera sencilla el por qué de su mal funcionamiento.

(International Technology and Engineering Educators Association, 2007)

Habilidades para un mundo tecnológico

A medida que la tecnología se va desarrollando, se vuelve más compleja, y esto lo podemos ver, por ejemplo, en el automóvil, que en sus inicios era fácil de entender y por lo tanto fácil de arreglar. Pero a medida que la tecnología automotriz ha avanzado, los componentes de los autos son muchos más, y más especializados. Es importante que el ciudadano de hoy entienda cómo se han concebido estos sistemas, aunque es posible que no tenga la habilidad ni las herramientas para hacer las reparaciones. Pero es necesario que tenga claros los principios del funcionamiento. Con esto podrá interactuar de forma efectiva en el entorno personal y profesional, con el aporte ideas y soluciones específicas.

> **Estándar 11**
>
> Los estudiantes desarrollarán habilidades para poner en práctica el proceso de diseño.

La mayoría de las personas piensa que el proceso de diseño está relegado a los ingenieros y los técnicos. Sin embargo nos damos cuenta de que en la vida diaria existen actividades que se realizan mediante un proceso iterativo. Estos procesos ayudan a las personas a que una serie de condiciones se cumplan siempre, y que no se descuiden aspectos que puedan originar nuevos problemas.

> **Estándar 12**
>
> Los estudiantes desarrollarán habilidades para usar y mantener productos y sistemas tecnológicos.

En la vida diaria vemos personas que tienen muchas dificultades con los equipos o sistemas. Por ejemplo, un equipo de video con el indicador de hora "12:00" parpadeante, o el caso de un profesional cuyo equipo de cómputo presenta un mal funcionamiento. También se presenta la circunstancia de un uso pobre de los equipos tecnológicos, como puede ser un dispositivo móvil, aunque cuenten con más aplicaciones y servicios, y es así como muchas personas solo usan solo un 10% de los servicios que prestan estos aparatos. El problema radica en el rápido cambio que sufren las tecnologías, y en muchas ocasiones las personas no están al tanto de tales avances.

Una persona instruida en tecnología no conocerá necesariamente todas las tecnologías, pero si tendrá las herramientas suficientes para aprender a usarlas en el caso en que sea necesario. Por esta razón los estudiantes se deben enfrentar a diferentes tipos de tecnologías y deberán aprender a dominarlas, comenzando por la lectura de las instrucciones del usuario. Como también deberán aprender que el mantenimiento de los productos o sistemas es un aspecto fundamental para el buen funcionamiento y prolongación de su vida útil. Los estudiantes, además, deberán aprender a escoger el tipo de tecnología que es apropiado usar en cada caso y conocerán los pasos recomendados por el fabricante para su cuidado.

> **Estándar 13**
>
> Los estudiantes desarrollarán habilidades para evaluar el impacto de los productos y sistemas.

La evaluación del impacto de un producto es importante para tomar decisiones que pueden afectar a los individuos o a las comunidades. Los estudiantes aprenderán las formas de evaluación de diferentes tecnologías, y desarrollarán las habilidades STEM para ello: El pensamiento crítico, la recopilación de datos, el análisis de tendencias, el análisis de experiencias previas y el pronóstico de nuevas consecuencias del uso de estos equipos ayudarán al estudiante en el proceso de evaluación y análisis del impacto de diferentes tecnologías.

(International Technology and Engineering Educators Association, 2007)

El mundo diseñado por el hombre

El mundo natural, integrado por las plantas, los animales, la tierra, el aire, el agua, etc. existe en nuestro planeta independientemente de la intervención del hombre. El mundo construido por el hombre consiste en las modificaciones que ha hecho el hombre al mundo natural para satisfacer sus propias necesidades.

El estudio del mundo diseñado por el hombre requiere de una clasificación, y en los próximos grupos de estándares veremos los diversos productos y sistemas que han sido catalogados por tipos de uso. El estudiante logrará con estos estándares conocer aspectos de la vida diaria que muchas veces ignora, como los sistemas de transporte y la logística de productos y sistemas.

Normalmente no vemos estos temas en las instituciones latinoamericanas y nos parece muy importante e innovador incluirlas en el currículo escolar.

> **Estándar 14**
>
> Los estudiantes desarrollarán una comprensión de las tecnologías médicas, y serán capaces de seleccionarlas y utilizarlas.

Una de las divisiones o categorías que incluyen los estándares de tecnologías es el área médica, y este es quizás un campo en el cual el desarrollo tecnológico ha avanzado de manera importante en los últimos años.

Los estudiantes deberán entender cómo contribuye la tecnología al estudio y análisis del cuerpo humano, así como a los tratamientos e intervenciones médicas: ¿Cómo detectan los médicos ciertas enfermedades? ¿Qué equipos médicos nuevos de análisis existen y cuáles son sus principios básicos? ¿Cómo es el proceso de trasplante de órganos y cómo afecta esto a las sociedades? ¿Cómo ha avanzado la industria farmacéutica y cómo ahora es posible hacer tratamientos médicos sin necesidad de algunas intervenciones quirúrgicas que antes eran ineludibles?

Muchas de estas preguntas son importantes, y la instrucción en tecnología deberá dar claridad a los estudiantes, no solo en conocimientos, sino en criterios de apreciación de cómo su uso contribuye al bienestar de las personas.

> **Estándar 15**
>
> Los estudiantes desarrollarán una comprensión de las tecnologías agrícolas, ganaderas y biotecnológicas, y serán capaces de seleccionarlas y utilizarlas.

La tecnología es actualmente parte importante de las actividades agropecuarias. Se han desarrollado muchas herramientas, partiendo del tractor, las máquinas para cosechar, los equipos para ordeño y los sistemas de monitoreo de plantas y sembrados. Deberán conocer además los desarrollos en la fertilización y control de plagas, con sus ventajas y desventajas asociadas. El estudiante deberá conocer cómo llegan a su mesa los alimentos y cómo es posible que se pueda garantizar su disponibilidad durante el año.

La biotecnología ayuda a hacer más eficiente la producción de alimentos vegetales y animales, aunque en los últimos años sus avances han sido muy cuestionados por algunos expertos. Pero los estudiantes deberán conocer estos avances y lograr un concepto más completo sobre sus ventajas y usos.

> **Estándar 16**
>
> Los estudiantes desarrollarán una comprensión de las tecnologías para el suministro de energía, y serán capaces de seleccionarlas y utilizarlas.

No es común que los estudiantes se acerquen a estos temas, a menos que sean tratados en la clase de física. Normalmente las personas no saben bien cómo se produce la energía, ni cómo se transporta y distribuye.

Un buen ejercicio de educación STEM es tener un proyecto interdisciplinario que parte de una pregunta fundamental: ¿Cómo llega la energía a nuestras casas? Un proyecto de esta índole abarcaría el conocimiento de muchos temas, como pueden ser los tipos de generación de energía, cómo afectan el medio ambiente, qué tipo de energías renovables existen, cómo llega la energía hasta mi casa, qué unidades de medida se usan para la energía eléctrica, etc.

Otro aspecto fundamental de este estándar es la conciencia que deben desarrollar los estudiantes sobre el uso racional de la energía y su impacto en el futuro de la civilización.

Igualmente es importante que los estudiantes sepan que en los próximos años vamos a tener una revolución en las energías renovables, en especial la eólica, con turbinas de hasta 15 MW cada una, y unidades de energía solar para nuestros hogares. Los avances en sistemas de acumulación de energía serán importantes en la próxima década y transformarán la manera en que disponemos de ella.

> **Estándar 17**
>
> Los estudiantes desarrollarán una comprensión de las tecnologías para la información y las comunicaciones, y serán capaces de seleccionarlas y utilizarlas.

Este estándar busca dar un nuevo significado a lo que consideramos como información. El estudiante deberá aprender a qué se le considera información y cómo es grabada, almacenada, manipulada, analizada y transmitida. Actualmente se considera que el poder se encuentra en la información, y a través de la educación STEM los estudiantes desarrollarán habilidades para el manejo, análisis y manipulación de información. También es de gran interés que los estudiantes conozcan la forma en que hoy se manejan las bases de datos y qué problemas existen en relación con la privacidad de cada persona.

Dado que el desarrollo de las redes sociales y su impacto en la sociedad ha sido muy grande, es importante que los estudiantes entiendan el alcance de la divulgación de la información por parte de empresas y personas, y las medidas que se toman para preservar su autonomía y privacidad.

Estándar 18

Los estudiantes desarrollarán una comprensión de las tecnologías para el transporte, y serán capaces de seleccionarlas y utilizarlas.

Los sistemas de transporte movilizan no solo a las personas, sino los bienes que se producen alrededor del mundo. Los estudiantes deberán conocer cómo son los medios de transporte existentes, así como las tecnologías que se han desarrollado para hacerlos más eficientes.

En las diferentes industrias ha habido muchos desarrollos tecnológicos, por ejemplo en la industria aérea el manejo de grandes bases de datos garantiza la puntualidad de los vuelos y la seguridad de las personas y las mercancías. Grandes avances computacionales y de información se han visto en las últimas décadas que permiten el monitoreo y control de los vuelos.

El transporte de mercancías a nivel mundial se hace con contenedores, y los buques que llevan esas cargas usan tecnologías apropiadas para garantizar la llegada a sus destinos en los menores tiempos posibles. Los transportes de otros tipos de carga han visto el desarrollo de soluciones especiales, como en el caso del transporte de petróleo, de carbón, de arroz y otras semillas, etc.

En los próximos años veremos avances muy importantes en los medios de transporte, que superarán a los actuales. Se prevé la entrada en funcionamiento de sistemas como el "hiperloop" y el transporte de pasajeros en el planeta con cohetes espaciales. Los estudiantes deberán conocer cómo es que los sistemas de transporte evolucionan y cómo son vitales para el funcionamiento del planeta y la prosperidad de sus habitantes.

En este estándar también se incluyen los sistemas de transporte sostenible y la consideración de cómo su funcionamiento afecta el medio ambiente. Además, cómo en los próximos años veremos el auge de los autos eléctricos y de los vehículos autónomos. Los estudiantes deberán entender cómo funcionan los diferentes tipos de transporte y cómo es posible que el desarrollo tecnológico contribuya a que su impacto en el medio ambiente se pueda mitigar.

Estándar 19

Los estudiantes desarrollarán una comprensión de las tecnologías para la manufactura. Serán capaces de seleccionarlas y utilizarlas

Este es otro aporte fundamental de los estándares de tecnología a la educación STEM. La manufactura consiste en los procesos necesarios para que una materia prima sea procesada y se convierta en un bien útil para la sociedad. La cantidad de procesos que se asocian a la industria manufacturera es grande y el tratamiento se este tema permite que el estudiante pueda tener un conocimiento más profundo.

La ciencia, pasando por la física y la química, los procesos de diseño y mejoramiento, la logística, el manejo de información, su análisis y manipulación, las proporciones en los niveles de producción, son aspectos que se pueden incluir para el desarrollo de este estándar. Tenemos el análisis matemático, el pensamiento computacional, el proceso de diseño en ingeniería y también es posible incluir otros aspectos como las artes plásticas, las ciencias sociales y lenguaje.

Otros temas asociados al estudio de las tecnologías de la manufactura son el conocimiento de los sistemas de calidad, los sistemas de gestión de calidad, la normatividad internacional y las buenas prácticas de manufactura para los diferentes sectores industriales.

Estándar 20

Los estudiantes desarrollarán una comprensión de las tecnologías de la construcción, y serán capaces de seleccionarlas y utilizarlas.

El proceso de la construcción de edificios es un aspecto del desarrollo humano que lleva ya varios milenios. Desde los antiguos hasta nuestros días se han levantado toda clase de estructuras: Templos, edificios, presas, puentes y túneles, entre otros.

Este estándar aporta un gran conjunto de conocimiento al estudiante y cuando se acompaña con experiencias prácticas como las visitas a las obras, constituye un aspecto importante de la vida. Muchos de los ingenieros y técnicos de hoy fueron inspirados por experiencias de primera mano en obras de construcción. Cómo se desarrolla una obra desde el proceso de diseño con la ingeniería básica, los planos de detalle, la adquisición de materiales, el transporte y todos los procesos que aportan conocimiento sustancial para los estudiantes.

Esto no solamente es esencial para aquellos estudiantes que quieran ser profesionales en alguna área de la construcción, sino que aporta criterios e inspiración para otros que quieran seguir otras profesiones.

Conclusiones

El aporte de los estándares de tecnología STL a la educación en los Estados Unidos ha sido fundamental en su proceso de desarrollo. La instrucción en tecnología no se refiere solamente al último producto destacado en el comercio, como pueden ser los drones, los kits de construcción de robots, los programas de computador, sino al conocimiento de la tecnología en el contexto de la vida del ser humano. Es claro que estas herramientas tecnológicas son importantes y pueden ser utilizadas como tales para apoyar el proceso de conocimiento de los estudiantes, no como fin, sino medio para llevar conocimiento.

Es necesario tener clara la diferencia entre la tecnología para la educación y la instrucción en tecnología, porque las decisiones que hagan los encargados de la educación pueden diferir de manera sustantiva, y los criterios para desarrollar un plan de innovación en educación pueden tener sentidos diferentes.

La instrucción en tecnología es evidentemente una de las actividades que hace falta desarrollar en las instituciones educativas. Los directivos y la planta docente deben comenzar a entender las razones de su importancia y para ello se hace necesario un gran plan de formación de educadores. Desde las universidades, donde se forman estos profesionales, se deben hacer las transformaciones en los contenidos y en el sentido real de la instrucción escolar.

La educación STEM tiene en los estándares de tecnología STL uno de sus principales aportes. En los Estados Unidos se ha dado grandes pasos, pero en Latinoamérica queda mucho trabajo por delante con el objetivo de hacer de los estudiantes los futuros ciudadanos del siglo XXI.

Referencias

Anneta, Leornard A., (2016) *Connecting Science and Engineering Education Practices in meaningful Ways, Building Bridges,* Springer International Publishing Switzerland.

International Technology and Engineering Educators Association, (2007) *Standards for Technological Literacy, Content for the Study of Technology, ITEA* published

Ministerio de Educación Nacional de Colombia, (2008) *Orientaciones Generales Para La Educación en Tecnología,* Imprenta Nacional

Purzer Ş., Strobel J., Cardella M.C., (2014) *Engineering in Pre-College Settings: Synthesizing Research, Policy, and Practices,* Purdue University Press.

Capítulo 4: Ingeniería en el currículo escolar

El presente capítulo tiene por objetivo presentar cómo la educación STEM trae la ingeniería al aula escolar. La inclusión de la ingeniería en los colegios no hace referencia directa a las ingenierías como profesión, sino a la instrucción basada en la forma en que piensan los ingenieros. La educación STEM tiene por objetivo el desarrollo de las habilidades del siglo XXI, y la ingeniería es un propulsor definitivo para ello. Nos sumamos a los autores que citamos en esta sección y sabemos que hay muchos retos que enfrentar para la llegada de este nuevo sistema, pero somos optimistas y creemos que la ingeniería en el currículo escolar está aquí para quedarse.

La situación actual

La instrucción de ingeniería en el salón de clase es un tema nuevo en nuestras instituciones educativas, pero al ver los comentarios de Dr. Ioannis Miaoulis, Presidente del Museo de Ciencia de Boston, entenderemos por qué debe convertirse en un asunto urgente para incluir en el currículo escolar:

> "La ingeniería promueve la solución de problemas y el aprendizaje basado en proyectos, hace a las matemáticas y las ciencias relevantes para los estudiantes, ofrece opciones de selección de un amplio rango de carreras de alta remuneración y ayuda a los estudiantes a desenvolverse mejor en un mundo de tres dimensiones. El Centro Nacional para la Instrucción

Tecnológica (*The **National Center** of **Technological Literacy**, NCTL*) ha jugado un rol importante en la defensa de la educación de ingeniería desde preescolar a grado 12, a través de las revisiones de los estándares y de la creación de modelos de evaluación, y ha contribuido al desarrollo curricular y profesional. Los estándares de ingeniería se han expandido desde Massachusetts hasta los Estándares de Ciencias de la Próxima Generación-NGSS, mediante la creación de una nueva demanda y mayores oportunidades para el desarrollo profesional de los docentes y la presentación del proceso de diseño a los estudiantes." (Purzer, Strobel, Cardella, 2014).

Es posible que encontremos en los colegios docentes de ciencias o matemáticas que se digan: ¿Ingeniería? ¿Cómo así que ingeniería? Ya tenemos suficientes dificultades enseñando las asignaturas para que ahora me estén hablando de ingeniería, es más yo no sé de ingeniería.

Esta es la reacción más natural de un docente en el ámbito escolar, pero veamos cómo es que la ingeniería es importante y definitiva para la formación de los niños y además pieza clave para una sociedad eminentemente tecnológica.

Las asignaturas faltantes

¿Cuál es la razón por la cual se cursan las asignaturas tradicionales en los colegios? Por un lado encontramos la tradición, pero la razón por la que estudiamos ciencias, matemáticas, historia, geografía, lenguaje, viene del Comité de los Diez. Nos remontamos a 1893 cuando la *National Education Association* (Asociación Nacional de Educación) decidió crear el Comité de los Diez, liderado por Charles Eliott, a quienes se les recomendó hacer un estudio para la estandarización en la educación en los Estados Unidos. El reporte de dicha investigación arrojó el listado de asignaturas que un estudiante promedio debía cursar en las instituciones educativas. De ahí se decidió que la biología, la química, la física y las ciencias de la tierra eran asignaturas no cubiertas en casa, y por lo tanto éstas debían ser dictadas en los colegios.

Dado que la mayoría de los estudiantes eran de áreas rurales, y teniendo en cuenta que en casa se les enseñaba cómo manejar los aparatos de esa época, que en su mayoría eran para uso en el campo y la ganadería, fue como la tecnología quedó por fuera del compendio estándar de asignaturas para el colegio. Esa tradición continúa hasta hoy y nos afecta de manera profunda. Y así encontramos que en la mayoría de colegios la asignatura de tecnología no existe o en los mejores casos tiene una intensidad horaria baja.

Si se reflexiona sobre todo lo que rodea al ser humano en su vida diaria, se encontrará un mundo totalmente construido por el hombre. En un hogar, una oficina, un colegio, un aeropuerto, un taller, el 95% de las cosas que vemos: pisos, techos, paredes, ventanas, muebles, lámparas, equipos de cómputo, libros, alimentos, etc., son parte del mundo construido por el hombre. Solo un 5% hace parte del mundo natural. Teniendo en cuenta esta proporción, la tecnología y la ingeniería debieran tener mayor importancia dentro de la formación escolar. (Purzer, Strobel, Cardella, 2014).

Para la educación STEM, todas las asignaturas tienen la misma relevancia y es definitivo entender que la tecnología es ahora una instrucción básica. Si esperamos que a los niños se les enseñe ciencias y matemáticas también debemos esperar que la tecnología y la ingeniería hagan parte del grupo principal de asignaturas.

La ingeniería se ha colado en los salones de clase

A finales del siglo XX se comenzó en los Estados Unidos a aplicar los estándares de tecnología. Hemos visto cómo es de diferente la visión de una verdadera formación e instrucción en tecnología. Cuando analizamos los estándares de tecnología nos encontramos diversas clases, por ejemplo, en energía, en comunicaciones, en áreas médicas, en la agrícola, en las áreas industriales, la logística y muchas más.

¿Por qué decimos que la ingeniería se coló en el salón de clase? En los Estados Unidos a principios del milenio se comenzaron las actividades de instrucción en tecnología, y para ello se recurrió al proceso de diseño. La forma de adelantar una actividad de instrucción en tecnología siguió los pasos de un proceso minucioso y metódico, con esto se apoyó de manera seria y profunda la instrucción en esta disciplina. La aplicación del proceso de diseño en ingeniería es la entrada disimulada de la instrucción en ingeniería en el ámbito escolar.

Por otro lado, en los estándares de ciencias NGSS vimos que las prácticas de ciencias e ingeniería son parte fundamental. Recordemos que la estructura de los NGSS se basa en las tres dimensiones: a) Las prácticas de ciencias e ingeniería, b) las ideas fundamentales disciplinares y c) los conceptos transversales. La ingeniería se encuentra en la dimensión de las prácticas de ciencias y también como cuarto grupo de ideas fundamentales disciplinares.

La educación STEM busca que los estudiantes indaguen sobre los problemas importantes y urgentes del mundo, y para ello se requiere que no solo se aborden desde la perspectiva de las ciencias sino de la ingeniería. La ciencia busca responder preguntas para entender el mundo natural, pero la ingeniería busca resolver los problemas y encontrar soluciones efectivas para desarrollar, inventar e innovar en el mundo construido por el hombre. (Purzer, Strobel, Cardella, 2014).

El proceso de diseño en ingeniería

La instrucción en ingeniería se apoya fundamentalmente en el proceso de diseño. Este tiene componentes esenciales para la formación de los alumnos, que aportan las conexiones entre las asignaturas y las habilidades de la educación STEM. Se considera también al proceso de diseño como una forma de pensar que desarrolla el pensamiento crítico y la toma de decisiones.

El método científico y el proceso de diseño en ingeniería

El método científico es la forma fundamental de solución de problemas en la ciencia, y podría pensarse que es muy similar al proceso de diseño en ingeniería. Ambos procesos parten del razonamiento para la solución de problemas, y pueden ser considerados como "dispositivos de navegación que sirven al propósito de acortar la brecha entre el problema y la solución". (Lewis, T., 2006)

El método científico busca demostrar una teoría partiendo de una hipótesis, mientras que el proceso de diseño busca la solución de un problema considerando las restricciones y las ventajas-desventajas de una solución.

El método científico busca responder a una pregunta, mientras que el proceso de diseño busca encontrar soluciones y no cualquier solución, sino la mejor. En las ciencias, cuando se llega a construir una teoría partiendo de una hipótesis inicial, se ha logrado cumplir el objetivo. En el proceso de diseño uno de los pasos es encontrar una solución y luego, a través de la reiteración, se depura hasta encontrar la mejor.

El método científico se mueve dentro de un conjunto de restricciones de tipo económico, físico y de tiempo, para poder llevar a cabo los experimentos necesarios. En el diseño en ingeniería también, pero este está restringido a un conjunto de especificaciones que la solución debe cumplir.

Modelos del proceso de diseño en ingeniería.

Existen muchos modelos para representar el proceso de diseño en ingeniería. Entre ellos se encuentran los del tipo cíclico para representar la reiteración. No siempre el problema implica una reiteración, pero en esencia es un proceso cíclico. También el modelo de forma cíclica implica unos pasos fijos que aportan, cada uno, a una forma de aprendizaje más profunda. (Link Engineering, 2017)

Ingeniería en el currículo escolar

A continuación veremos los modelos de tres, cinco y ocho pasos que son los más utilizados en la instrucción de ingeniería en el aula. Se establece unas recomendaciones para su utilización según el grado escolar.

La figura 4.1 nos muestra tres áreas fundamentales que son: a) Definir el problema, b) desarrollar soluciones y c) optimizar la solución. Los modelos del proceso de diseño en ingeniería se ejecutan dentro de estas tres grandes fases. En la tabla 4.1 podemos ver estas tres grandes fases y lo que se encuentra tras ellas.

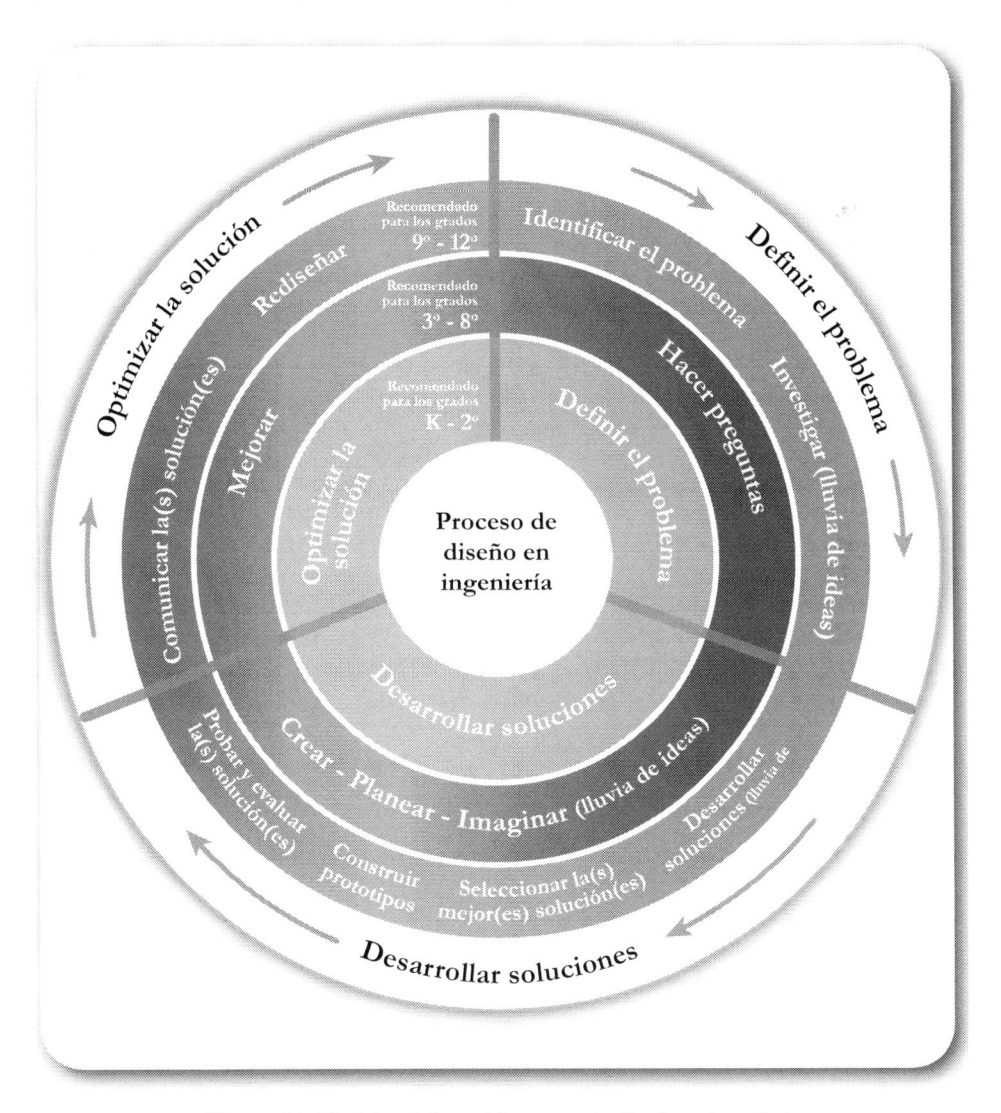

Figura 4.1. Modelos cíclicos del proceso de diseño en ingeniería

Fase	Finalidad	Recursos que se utilizan	Habilidades STEM que se desarrollan
Definición del problema	• Comprender el problema en toda su extensión. • Descomponerlo en partes para facilitar su solución. • Reconocer las restricciones del problema.	• Conocimientos previos. • Experimentación. • Información de las investigaciones. • Uso del método de lluvia de ideas. • Colaboración como elemento holístico.	• Pensamiento crítico. • Investigación. • Colaboración.
Desarrollar soluciones	• Desarrollar una o varias soluciones posibles. • Las ideas que surjan deben comunicarse eficientemente. • Construir prototipos.	• Uso del método de lluvia de ideas. • Desarrollar modelos para expresar las ideas de la manera más eficiente posible. • Pensamiento computacional. • Pensamiento matemático.	• Solución de problemas. • Creatividad. • Colaboración. • Comunicación.
Optimizar la solución	• Encontrar la mejor solución posible. • Corregir las desviaciones del diseño. • Comunicar las soluciones	• Trabajo en equipo. • Conocimientos previos. • Información de la investigación. • Planos desarrollados	• Pensamiento crítico. • Solución de problemas. • Creatividad. • Colaboración. • Comunicación.

Tabla 4.1 Fases fundamentales del proceso de diseño en ingeniería.

Modelo de tres pasos. Recomendado para los grados de Preescolar a 2º.

Con el objetivo de verlo de una forma más gráfica, tomaremos un ejemplo simple que podría presentarse en un salón de clase.

1. *Definir el problema.* Para los niños de los grados iniciales, este paso se reduce a comprender una situación, algo que la gente quiere cambiar. Por ejemplo:

Salir a la calle durante la lluvia. Los niños deben entender qué implica la situación de la lluvia en la vida de las personas. Al mojarse la persona se incomoda porque la ropa cambia su estado, y que además, la gente al mojarse puede enfermarse. Los estudiantes ven la situación y se les da información, como son los desarrollos tecnológicos para el manejo de la lluvia, entre los cuales tenemos: Los paraguas, los abrigos, las botas, etc.

2. *Desarrollar soluciones.* En esta etapa del proceso de diseño, los estudiantes proponen las ideas para encontrar una solución. Se debe lograr hacer una representación visual o física de la solución. Siguiendo con el ejemplo anterior los estudiantes indican qué materiales, dispositivos o ropa pueden utilizar para salir durante la lluvia. La dinámica de la clase se hace a través del aporte de todos los estudiantes con sus propias ideas. Después de una presentación general de ideas el docente anota la solución propuesta por la clase.

3. *Optimizar la solución.* Ahora se debe verificar que esta sea la mejor solución. Los estudiantes deben comparar y analizar si se cumplen todas las condiciones para cuando se camina bajo la lluvia, deben reconocer si hay algunos puntos que no quedaron cubiertos por las propuestas iniciales y llegar a una mejora, por ejemplo el uso de una protección impermeable, que pueda garantizar que la persona se mantenga seca, y que al adicionarlo al uso de los otros dispositivos tecnológicos se mitiguen los riesgos generales.

Modelo de cinco pasos.
Recomendado para los grados de 3º-8º.

1. *Hacer preguntas.* En esta primera fase se comienza presentando el problema o situación objetiva a los estudiantes. La sesión se hace en grupo y ellos hacen preguntas para poder determinar el alcance del problema y entenderlo en toda su extensión. Cada estudiante aporta sus ideas. En este punto el docente tiene la oportunidad de saber qué tan avanzados están los estudiantes y qué tan parejos están con respecto a los conceptos. También es una oportunidad para el estudiante de desarrollar su aprendizaje autónomo en la medida en que desarrolla sus propias ideas y comprende y respeta las de sus compañeros.

2. *Imaginar.* Con el problema identificado, se comienza una fase de creación. Dependiendo de la dificultad del problema, se puede hacer un proceso de "lluvia de ideas profesional", que veremos en detalle más adelante, o hacer una investigación sobre los aspectos del problema. Con la información obtenida se procede a trabajar individualmente a través de la elaboración de modelos gráficos o físicos para convertir sus ideas en un concepto de dos o tres dimensiones. A través de la presentación de las ideas de cada uno,

se escoge una idea por cada grupo. En los grados más altos, el estudiante debe poder especificar los criterios y reconocer las restricciones del problema como característica importante de la solución.

3. *Planear.* En este momento se comienza a detallar la solución. Se deben hacer planos que contengan dimensiones, especificaciones y características específicas. Es muy recomendable que los estudiantes tengan restricciones para el diseño, como puede ser un presupuesto específico para la compra de materiales. También se desarrollan listas de especificaciones y listas de materiales, que se ajustan a los planos preliminares del diseño.

4. *Crear.* Con los planos y los materiales definidos, los estudiantes deben proceder a la construcción de la solución o prototipo. Se acostumbra dividir los grupos de los estudiantes por roles, de manera que siempre trabajen todos y que ninguno se pierda del proceso. En algunas ocasiones se intercambian los roles para que se desarrollen las habilidades de una forma más pareja y para que los conceptos se aprendan de manera profunda. Es importante verificar que todos estén entendiendo bien los conceptos para garantizar un aprendizaje más profundo. La solución o prototipo debe ser probada para que cumpla con las restricciones y las especificaciones.

5. *Mejorar.* Después de las pruebas se hacen evidentes algunos problemas o desviaciones del diseño original. En este momento es posible, a través del trabajo en equipo, hacer correcciones o mejoras al diseño. En algunos casos será necesario rehacerlo y comenzar desde el primer paso. Cuando la solución no es efectiva, se presenta una de las oportunidades más valiosas del aprendizaje, porque se deben revisar los conceptos y los puntos que no fueron considerados. Un equipo real de diseño se enfrenta a diario con este tipo de situaciones. El aprendizaje profundo de un concepto a través de esta experiencia hace que los estudiantes retengan la información en forma duradera.

Modelo de ocho pasos. Recomendado para los grados de 9º-12º.

1. *Identificar.* Entre las diferencias que este modelo presenta encontramos un mayor grado de exigencia y de especificidad. En esta fase se comienza presentando el problema. En estos grados, la situación o problema puede ser parte de un proyecto y llegar a requerir mucho más análisis. A través de los conocimientos previos, e inclusive con el apoyo del conocimiento de otras asignaturas, se puede hacer un delineamiento apropiado para comenzar el proceso. Se recomienda que los estudiantes dividan el problema en bloques conceptuales digeribles, de tal manera que sea más fácil su comprensión.

2. *Investigar / Lluvia de ideas.* Se debe solicitar a los estudiantes que formulen una estrategia de investigación que conduzca a un proceso eficiente. La investigación tiene por objetivo la recopilación de datos y experiencias de otros sobre el asunto. Luego de las investigaciones y de evaluar la información obtenida, es posible hacer un proceso de lluvia de ideas para contemplar otras opciones a partir de los conocimientos que traen los demás miembros del equipo.

3. *Desarrollar soluciones / Lluvia de ideas.* Con la información ya depurada y asimilada por los miembros del equipo, se procede a los desarrollos de posibles soluciones. Inicialmente se trabaja individualmente y los resultados se llevan al grupo a través de un proceso de lluvia de ideas. Este proceso de colaboración tiene una característica especial, y es su aspecto holístico. El proceso de lluvia de ideas funciona como un sistema de generación de ideas cuyo resultado es más efectivo que la suma de las ideas individuales de cada miembro del equipo. Otro aporte del proceso en esta etapa consiste en que el docente invita a que el estudiante se esfuerce por defender su idea y comunicarla adecuadamente al grupo

4. *Selección de la mejor solución.* Luego de la lluvia de ideas, se aborda la selección de la solución que cumpla con todas las restricciones del problema o situación. En algunos casos puede ser útil el uso de modelos bidimensionales, como dibujos a mano alzada o trazos provisionales o modelos tridimensionales con esquemas, que expresen la idea de una manera más clara. También es posible utilizar criterios de evaluación a través de puntajes para medir el nivel del cumplimiento de las características de la solución.

5. *Crear un prototipo.* Es el momento de llevar las ideas al mundo real. Así como vimos en el modelo de cinco pasos, en este también se debe realizar un diseño detallado a través de documentación, planos, y listados de partes y piezas con sus respectivas especificaciones. En este punto es muy común que el grupo se enfrente a restricciones de presupuesto. De todos modos, en este paso se desarrollan habilidades muy importantes como son el pensamiento sistémico y el pensamiento matemático y computacional. Luego se comienzan las labores para la construcción del prototipo. Hacer una división de roles hace que todos los miembros del equipo aporten y tengan la oportunidad de tener un aprendizaje más profundo.

6. *Probar y evaluar la solución.* Para cumplir con las especificaciones y restricciones es necesario que los estudiantes del equipo diseñen un proceso de pruebas, dado que este debe demostrar que las especificaciones y restricciones se cumplen. También es importante que la forma de evaluar las pruebas sea

medible y analizable, de tal manera que les permita hacer las correcciones apropiadas. El equipo de trabajo debe dejar documentadas las pruebas para futuras consultas.

7. *Comunicar la solución.* Luego de darle vía libre al producto o solución, se debe comunicar la solución a los interesados. Estos pueden ser compañeros de clase, docentes, directivas, padres de familia, etc. La presentación debe hacerse de forma clara y metódica a través de diagramas y datos tomados de las pruebas. Los estudiantes deben poder transferir información abstracta sobre el comportamiento de la solución de manera que sea entendible por las personas interesadas.

8. *Rediseñar.* Esta fase del proceso de diseño en ingeniería tiene ventajas muy importantes. No solamente se analizan características que no cumplieron a cabalidad con la especificación, sino que se presenta la oportunidad de hacer más efectivo y eficiente el producto o solución. Los docentes deben darle a esta fase la mayor relevancia, porque es aquí en donde el aprendizaje es verdaderamente profundo. Al hacer los análisis en el rediseño, se afianzan y comprenden mejor los principios conceptuales de la solución, y también surgen ideas novedosas, que antes no se tenían, para desarrollar un diseño visto desde otros puntos de vista no considerados

Para todos los modelos es recomendable que el docente disponga del tiempo necesario para el último paso. Debe disponer de toda una sesión adicional, porque el paso para optimizar la solución continúa colaborando al desarrollo de las habilidades del siglo XXI. (Link Engineering, 2017)

Herramienta de lluvia de ideas

Un equipo de trabajo profesional utiliza muchas veces esta herramienta para despertar la creatividad y aportar el aspecto holístico requerido en un momento de creatividad. Se basa en la contribución de un grupo de personas con ideas sobre un asunto en particular. A medida que se presentan las contribuciones, se construyen nuevas ideas para lograr así descubrir soluciones o aspectos que antes estaban ocultos. Un proceso de lluvia de ideas tiene características muy especiales, que detallamos a continuación:

- Siempre se debe hacer un comentario a la vez.
- Se debe mostrar las cosas de manera visual.
- Para dar claridad al exponer la idea, se deben usar valores cuantitativos, que permitan establecer patrones o proporciones.

- Para diferenciar las ideas entre sí, estas deben tener un nombre corto y conciso.

- Se debe apoyar todo tipo de ideas, por más extravagantes y locas que parezcan, porque son estas las que dan una visión diferente o un punto de vista no considerado por la mayoría.

- Se debe construir sobre las ideas de los demás. Con esto los resultados que se obtienen superan el aporte individual.

- Siempre se debe procurar mantenerse en el punto objeto del análisis, no se debe divagar porque esto hace desviar la atención y los resultados serían de menor calidad.

- No se debe establecer juicios cuando se exponen las ideas. Solo al final, cuando se hace la evaluación, es posible considerar unas ideas contra las otras.

(Sphero – SPRK, Schools-Parents-Robots-Kids, 2014)

Este es un proceso espontáneo de los estudiantes, para el cual se requiere la presencia física de todos los miembros del equipo. Los momentos más constructivos de un proceso de lluvia de ideas se dan cuando cada uno de los miembros aporta, construye sobre las ideas de los otros y forma una nueva idea que contribuya positivamente a una nueva solución. Es recomendable disponer del tiempo y el espacio para el desarrollo de este proceso como un aspecto fundamental del proceso creativo.

La integración de la ingeniería en la educación STEM

En el libro *Engineering in Pre-College settings* (Ingeniería en entornos preuniversitarios) se encuentra el capítulo "Implementación e integración de la ingeniería en la educación STEM de educación preescolar a grado 12", que consideramos un recurso fundamental. Hace referencia a la integración de la ingeniería con las demás asignaturas del acrónimo y está directamente relacionada con la forma contextual, al servir como mesclador entre estas. El motivo radica en que los problemas de nuestro mundo cambiante, y cada vez más globalizado, son de naturaleza multidisciplinaria. Las personas deben tomar conocimientos de muchas disciplinas para poder enfrentar situaciones de la vida para la toma efectiva de decisiones. Uno de los valores importantes de la educación STEM es precisamente la integración de las asignaturas, porque le dan relevancia a lo que aprenden los estudiantes y los conecta con las situaciones y los problemas de la vida real.

La educación STEM integrada

Intentar que los estudiantes tomen de improviso el camino de las asignaturas STEM no va a funcionar en el ámbito actual, porque no existe un nivel de integración importante entre las disciplinas que se dictan en los colegios. En la gran mayoría de las instituciones educativas, el modelo sigue siendo aislado y enfocado en la entrega de conceptos y datos de una forma descontextualizada. Se requiere un nuevo camino por donde el estudiante pueda transitar sus años escolares a través de experiencias rigurosas, que contribuyan al aprendizaje firme de los conceptos. La realidad es que si debemos dictar unas nuevas clases de ciencias y matemáticas, la tecnología deberá ser tan relevante como las demás asignaturas, y a través de la integración con la ingeniería se brindarán al estudiante las conexiones necesarias para hacer el aprendizaje más relevante y permitirle desarrollar las habilidades del siglo XXI.

La educación STEM está definida como "un acercamiento interdisciplinario", pero para que realmente se logre una integración efectiva de las cuatro asignaturas, debemos tener en cuenta el papel de la ingeniería en la formación escolar. La educación integrada viene desde el movimiento constructivista de principios del siglo XX bajo la batuta de John Dewey, y tiene por objetivo poner en práctica una clase, un proyecto o una lección en donde se combinen la ciencia, la tecnología, la ingeniería y las matemáticas, con conexiones entre las asignaturas y el mundo real. El objetivo es ser "holístico", es decir que la combinación de las asignaturas logra mejores resultados que la enseñanza de estas de forma aislada.

La educación STEM integrada busca que la ingeniería ayude a los estudiantes a solucionar problemas más complejos y que estos estén relacionados con un entorno real, que traiga al salón de clase mayor relevancia de los temas tratados. Hemos comentado antes que uno de los problemas que presenta la instrucción en las asignaturas de forma aislada es que se son expuestas a través de situaciones artificiales para explicar conceptos de ciencias o matemáticas. La forma de llevar la integración a la realidad es que los temas que se aborden sean parte de una realidad tangible para los estudiantes, e incluso de una realidad no conocida por ellos. La educación STEM busca eminentemente traer los problemas actuales a los estudiantes, porque ellos serán los responsables de enfrentarlos en años posteriores y deberán estar preparados para ello.

Las actividades o proyectos que se realizan bajo la educación STEM integrada parten de una pregunta o problema esencial. Ya lo vimos cuando analizamos el proceso de diseño en ingeniería, y la selección de estos temas debe garantizar la conexión con la realidad, procurar que los problemas sean solucionables por los estudiantes y que aporten la mayor cantidad de contenido interdisciplinario.

Un marco de referencia para la integración

Para poder desarrollar actividades que involucren la integración se deben tener en cuenta los siguientes aspectos, que forman parte de un marco de referencia propicio para la integración. Por ello las actividades:

- Deben estar relacionadas con temas interesantes para los estudiantes, para que le den sentido a lo que aprenden.

- Deben involucrar a los estudiantes en prácticas de ingeniería a través de retos de diseño, que son el medio para desarrollar las habilidades de pensamiento crítico, solución de problemas y otras habilidades importantes de pensamiento.

- Deben darle la oportunidad al estudiante de fallar, revisar y mejorar a través del rediseño.

- Deben incluir contenido por lo menos de ciencias, matemáticas o tecnología, para que ameriten el tiempo y el esfuerzo. Si se incluyen otras asignaturas, la actividad cobra un sentido mucho más enriquecedor.

- Deben estar centradas en el estudiante a través de la participación continua, y utilizar diversas estrategias como la investigación, el debate, exposiciones, etc.

- Deben enfatizar en el trabajo en equipo y la comunicación.

(Purzer, Strobel, Cardella, 2014).

Interacción entre las asignaturas STEM

Concebir a la educación STEM como una forma de pensar que siempre funciona como un todo, nos lleva a tener presente su constante relación entre las diversas asignaturas. Bien podría pensarse que la investigación en ciencias, el pensamiento computacional en aplicaciones de tecnología, el proceso de diseño en ingeniería y la modelación en matemáticas podrían ser herramientas suficientes para la solución de problemas. Sin embargo todas las formas de acercamiento a una solución tienen puntos vulnerables y se ajustan mejor unas u otras dependiendo del tipo de problema a resolver.

Los problemas del mundo son eminentemente interdisciplinarios y por ello la combinación de las asignaturas permite mejores formas de solucionarlos. La integración de las asignaturas STEM es una forma efectiva para lograr la solución a problemas complejos y brindar al estudiante un aprendizaje más profundo. Hemos dicho anteriormente que para que los estudiantes aborden un problema es necesario que acudan al conocimiento de las asignaturas STEM. Esto hace que haya una interacción entre ellas.

Es posible que un grupo de estudiantes durante una actividad STEM estén estudiando conceptos de ciencias y matemáticas con el fin de usarlos para llegar a una solución. ¿Qué pasa cuando se encuentran con un mismo concepto en ambas asignaturas? Por ejemplo, el concepto de vector puede estar mencionado en ciencias dentro de un contexto específico y en matemáticas dentro de otro. La oportunidad de poder entender bien el concepto en cada asignatura le brinda al estudiante un aprendizaje más completo. Cuando se presenta esta situación, podemos hablar de un paralelo, y se hace necesario aprender el significado de los conceptos en diferentes contextos y especialidades. (Purzer, Strobel, Cardella, 2014).

Sobre esto último se creó el *STEM Translation model* (Modelo de translación STEM) que explica de manera gráfica la interacción de las asignaturas para una educación integrada, y el modelo menciona la "convergencia cognitiva" como la oportunidad que se presenta en las actividades STEM para aprender conceptos desde los contextos de cada asignatura. En la figura 4.2 vemos cómo se presenta esta interacción entre las asignaturas.

Podemos decir que un estudiante que está aprendiendo a través de una actividad STEM integrada se va a poder desplazar entre los contenidos de las otras asignaturas, y podrá ver un problema desde la perspectiva de cada una, y así formarse una imagen completa de los conceptos de cada una de ellas. (Glancy, Moore, 2013)

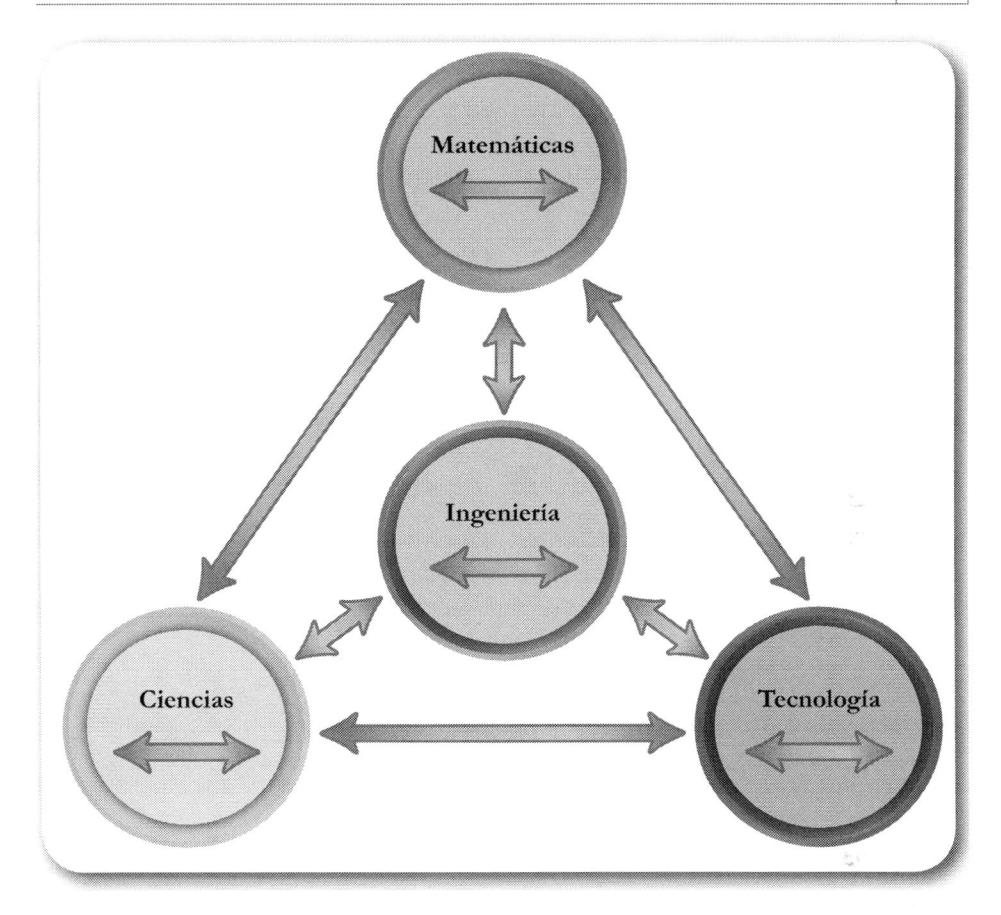

Figura 4.2 Modelo de traslación STEM.
(Basado en Purzer, Strobel, Cardella, 2014, p 47).

Ingeniería en las etapas escolares

Ingeniería en la educación básica

Como hemos visto anteriormente, la educación STEM tiene tres pilares fundamentales que son: Traer los problemas locales y globales al estudiante a través de la instrucción en STEM, desarrollar las habilidades del siglo XXI y fomentar la inventiva y la innovación. La instrucción en ingeniería logra de manera importante estos objetivos mediante las prácticas de ciencia e ingeniería a través del proceso de diseño en ingeniería. A continuación algunas razones por las que es importante la instrucción de ingeniería en la educación básica.

Los niños son juguetones y creativos por naturaleza. Ellos son curiosos, investigadores y exploradores, y es en este momento cuando hay que estimular estas características para mantenerlas durante toda la formación escolar.

La instrucción de tecnología e ingeniería es necesaria para el siglo XXI. Es preciso reforzar la formación de los niños en estas edades a través del entendimiento de lo que significa la tecnología. Los niños debe ser capaces de entender las razones por las que existe una tecnología y cómo es el proceso de la vida de un producto o sistema.

La ingeniería ayuda a mejorar los resultados en matemáticas y ciencias. Al volverse la ingeniería parte de la formación normal en estas áreas, se logra dar sentido a lo que se aprende y se obtienen experiencias que hacen que los conceptos se fijen de forma permanente en el estudiante.

La ingeniería fomenta la disposición de los niños a la solución de problemas. La solución de problemas requiere seguridad en sí mismo y persistencia, características que deben desarrollarse desde los primeros años escolares. Luego de recorrer sus años de educación básica, tendremos buenos solucionadores de problemas en la educación secundaria.

La instrucción en ingeniería aumenta el compromiso y la responsabilidad con el aprendizaje. Cuando los estudiantes se identifican con el diseño en ingeniería toman el control de su aprendizaje y se apropian de sus diseños.

La ingeniería transforma la instrucción. Hemos hablado sobre el estudiante y los beneficios de la instrucción de ingeniería en el currículo escolar. Pero nos hace falta mencionar que al docente esta instrucción le abre una nueva alternativa para hacer innovación en su docencia. La forma de preparar las actividades y la interacción con los estudiantes genera beneficios muy importantes, así como satisfacciones profesionales.

Con los ejemplos expuestos pueden verse algunas razones poderosas para incluir la ingeniería en la educación básica. Nos queda por anotar que es precisamente en esta etapa cuando los estudiantes reconocen si una asignatura les gusta más o menos. Esto se presenta regularmente con las matemáticas y las ciencias, cuando los niños encuentran dificultad en entender los conceptos y optan por rechazar estas asignaturas. La educación STEM, a través de la instrucción de ingeniería, ayuda a que los estudiantes acojan cada asignatura en forma más objetiva, dado que lo que se les enseña se conecta con su experiencia doméstica y por lo tanto les resultan más interesantes estas nuevas experiencias con las asignaturas. (Purzer, Strobel, Cardella, 2014).

Ingeniería en la educación secundaria

El aprendizaje centrado en el docente se reduce generalmente a la entrega de información a los alumnos y en memorizar datos. Aunque la entrega de la información debe darse siempre, la educación STEM hace énfasis en la conexión de los temas que se enseñan con la vida real. Si la forma de la instrucción se mantiene centrada en el docente siempre tendremos preguntas como estas por parte de los estudiantes: ¿Profesor, por qué tengo que aprender esto? ¿Para qué me sirve este tema en mi vida?

Para cambiar esta situación es posible migrar de la instrucción centrada en el docente a ser centrada en el estudiante. La instrucción de ingeniería en el aula exige que las actividades sean centradas en el estudiante, mediante una participación activa de este y con el fin de fomentar la investigación, las actividades "manos a la obra", la solución de problemas, responder preguntas y analizar datos. El paso definitivo para el docente es cambiar la forma en que se hacen las prácticas y la instrucción. Es recomendable incluir en el currículo las actividades basadas en la solución de problemas y se conocen mucho las denominadas *Project Based Learning* - PBL (Aprendizaje basado en Proyectos - ABP) que potencia de manera importante la llegada de la ingeniería al currículo escolar. Sobre estas formas de actividades hablaremos posteriormente.

En los niños pequeños existe la magia de la curiosidad y la necesidad de exploración, pero en la educación secundaria las condiciones son más complejas, porque la gran mayoría de los estudiantes están pasando por la adolescencia, los intereses en ese momento son otros y en algunos el aprendizaje pasa a un segundo plano. Por este motivo es fácil que pierdan interés y que rechacen las asignaturas STEM. Consideramos que el proceso de diseño en ingeniería permite que los intereses de los estudiantes se dirijan a la búsqueda de conocimiento y la búsqueda de respuestas a la realidad que los rodea. El proceso de diseño en ingeniería provee las herramientas para continuar desarrollando las habilidades necesarias para el siglo XXI. (Purzer, Strobel, Cardella, 2014).

La experiencia de hacer ingeniería es quizás la mejor manera de conocer cómo piensan y actúan los ingenieros. Los estudiantes deben entender los problemas, trabajar con sus compañeros en equipo, aportar soluciones viables basadas en la investigación, en la toma y análisis de datos, evaluar ideas, encontrar soluciones creativas e informar de manera profesional los resultados a los interesados.

Los retos para la enseñanza de ingeniería en los escenarios preuniversitarios

El Dr. Cary Sneider hace un inventario interesante de las barreras que tiene que superar la introducción de la enseñanza de ingeniería en las aulas de clase.

Explicar el significado de la tecnología. El término tecnología se refiere a todos los productos o sistemas hechos por el hombre para suplir sus necesidades. Una breve reflexión que puede hacerse a los estudiantes es la siguiente: Todos los objetos que nos rodean han sido desarrollados por el hombre: sillas, mesas, ventanas, vestimenta y equipos electrónicos. Si imaginamos que todo lo que ha sido producido por el hombre desapareciera de la faz del planeta, ¿qué nos quedaría? El mundo natural.

Nuestras sociedades son grandes consumidoras de tecnología, a nuestras manos llegan muchas maravillas del mundo moderno, como son los dispositivos móviles, teléfonos celulares, consolas de juegos, computadores, televisores con pantallas de ultra alta definición, drones, etc. Acostumbramos pensar que simplemente haber manipulado estos elementos y conocer de alguna manera algo de su funcionamiento ya nos hace expertos. Esto no nos convierte en personas instruidas en tecnología. Es muy común considerar que las generaciones más jóvenes son las que "dominan" estas tecnologías o que "vienen con el chip instalado". Quizás sí cuentan con habilidades refinadas para operar estos dispositivos y tienen empatía por su funcionamiento. Pero afirmar que son una generación realmente instruida en tecnología es algo poco realista.

Hagamos el siguiente ejercicio: tomemos el primer objeto que esté a nuestro alcance, ya sea una tasa, un cuaderno, un lápiz, un reloj, un teléfono, cualquier cosa y hagámonos las siguientes preguntas:

- ¿Para qué fue diseñada esta tecnología?
- ¿Qué remplaza esta tecnología en particular?
- ¿Cómo es que esta tecnología funciona mejor que el aparato que reemplazó o por qué es peor?
- ¿De dónde vienen los materiales que lo componen?
- ¿Qué tecnologías fueron usadas para producirlos y transportarlos hasta acá?
- ¿Qué va a pasar con este objeto cuando termine su vida útil o llegue el momento de desecharlo?
- ¿Es esta tecnología susceptible de mejoras? ¿Si es así, cómo?

Estas preguntas nos dan una idea de la importancia que tiene una buena instrucción en tecnología para los estudiantes de hoy. A veces somos una sociedad que desconoce la tecnología, y esto en muchas ocasiones nos lleva a criticar los avances tecnológicos en una forma alejada de la realidad. Las nuevas generaciones han perdido la capacidad de sorprenderse con los avances tecnológicos, y quizás se deba a desconocimiento del tema. Al no tener un conocimiento adecuado sobre la creación, el desarrollo, la duración o vida útil de un producto o sistema, y de la relación que tienen con otras tecnologías, es posible que se den opiniones sin fundamento. También por esto se requiere formar una sociedad instruida en tecnología. (Purzer, Strobel, Cardella, 2014).

Explicar lo que hacen los ingenieros. El aporte de la educación STEM al incluir la ingeniería es ayudar al estudiante a pensar como un ingeniero. Por eso es indispensable que los estudiantes tengan una percepción más real de lo que hacen los ingenieros. Qué especialidades existen en el ámbito de la ingeniería, cuáles van a dejar de ser importantes y qué clases de ingenierías nuevas van a aparecer en los próximos años. Así, a medida que van cursando la educación básica y luego secundaria van percibiendo cómo es que los ingenieros se involucran en los diferentes aspectos de la vida, la invención, la innovación y la solución de los problemas de más relevancia. Con ello es posible que un número mayor de estudiantes opten por estas carreras.

Desarrollar nuevos materiales curriculares. Para lograr entrar en acción con la ingeniería en el currículo, es necesario crear actividades y material curricular. El nuevo docente que comienza y quiere poner en práctica la educación STEM debe saber cómo hacer actividades adecuadas para este nuevo modelo educativo. Para que la ingeniería entre a hacer parte del currículo de ciencias y tecnología es necesario contar con actividades óptimas para ello. Esta es también una oportunidad para que las empresas que se dedican a elaborar materiales curriculares los produzcan y presenten opciones con diferentes niveles de complejidad tecnológica.

Enseñar el proceso de diseño en ingeniería. El Dr. Sneider hace aquí claridad sobre lo que es y no es el diseño en ingeniería. Muchos docentes llevan cabo actividades que van desde la forma de construir un puente hasta el diseño de un estuche que proteja a un huevo de caídas o golpes. Estas actividades ayudan mucho al desarrollo de los temas. Sin embargo, enseñar el proceso de diseño implica que los estudiantes puedan poner en práctica conceptos de ciencias, utilizar sus conocimientos de matemáticas e incluso puedan fallar en sus propósitos, lo que les da la oportunidad para revisar sus creaciones. Para desarrollar las habilidades para una sociedad eminentemente tecnológica se hace necesario que los estudiantes pongan en práctica actividades que los expongan a pensar de forma metódica y a organizar sus pasos, a medida que van enfrentando temas nuevos. Esto se logra con el proceso de diseño en ingeniería.

Desarrollo de nuevas formas de evaluación. Analicemos dos formas de tratar el tema como lo hacen los últimos estándares de ciencias en contraste con la forma anterior de los Estándares Nacionales de Educación de Ciencias.

Estándares Nacionales de Educación de Ciencias	Estándares de Ciencias para la Próxima Generación (NGSS)
El sol, una estrella promedio, es el cuerpo más grande y ubicado en el centro del sistema solar.	Respalde la siguiente afirmación: El brillo aparente del sol, en comparación con otras estrellas, se debe a las distancias relativas a la tierra.

En ambos casos el Sol es una estrella, pero es evidente la diferencia de enfoque entre el sistema anterior y el nuevo. En el primero se dan unos conocimientos aislados que el estudiante debe memorizar, y que quizás a través de una pregunta de selección múltiple se logren evaluar. En los estándares NGSS el estudiante debe poder llegar a la conclusión de que el Sol sí es una estrella, y deberá poder expresarlo verbalmente o por escrito. Deberá argumentar las razones que lo conducen a pensar que el Sol sí es una estrella, apoyándose en las experiencias en ciencias que le han permitido hacer investigaciones y dibujar modelos conceptuales que le ayuden a profundizar ese concepto.

Esta nueva forma de aprender debe ser evaluada dándole la oportunidad al estudiante de demostrar un entendimiento profundo de los conceptos, y no simplemente hacer una lista de verificación que solo comprueba la memorización.

También es necesario que los profesores puedan evaluar qué tanto está aprendiendo el estudiante a medida que se va desarrollando el tema. Es posible que los conceptos previos no estuvieran bien fundamentados y por ello la última experiencia con los estudiantes no haya logrado que profundizaran en los nuevos conceptos.

Preparar a los profesores. Para el docente es un reto enfrentar esta nueva forma de enseñar, especialmente por el rol que asume. Actualmente solo se dicta el tema, se hace el laboratorio, se evalúa y listo. Las prácticas de ciencias, de tecnología y de matemáticas deberán llevarse de tal manera que el estudiante comience a pensar como ingeniero, y esto exige un método diferente. Veamos algunas recomendaciones:

- Incluir el diseño en ingeniería dentro de la asignatura.

- Realizar prácticas de ciencias enfocadas en hacer preguntas, hacer investigaciones, analizar e interpretar datos, utilizar las matemáticas y el pensamiento computacional, construir explicaciones, participar en discusiones basadas en la evidencia, desarrollar modelos, y obtener, evaluar y comunicar información.

- Estimular al estudiante a realizar actividades científicas y de ingeniería, útiles y recurrentes, como son: La identificación de patrones, la causa y el efecto, entender y poner en práctica conceptos de escala y proporciones, el reconocimiento de sistemas, de flujos y ciclos, estructura y función, y los conceptos de estabilidad y cambio.

- Practicar una evaluación de tipo formativo para monitorear el avance de los estudiantes.

- Para lograr un aprendizaje más profundo, se tomará más tiempo desarrollando las actividades. Por esta razón es necesario acotar mejor los temas que deben ser dictados durante el año escolar.

- Fomentar el uso de nuevas tecnologías y desarrollar habilidades para su uso y conocimiento.

- Enfocar los esfuerzos en presentar al estudiante la belleza de las asignaturas STEM.

Encontrar un balance entre las asignaturas técnicas y académicas. Para la educación STEM no hay diferencia entre la formación académica y la técnica. Un estudiante promedio debe tener una formación integral por medio de un balance entre todas las asignaturas. No se trata solamente de realizar actividades enfocadas hacia las asignaturas del acrónimo, sino también las demás como lenguaje, artes, ciencias sociales, educación física, etc. El nuevo enfoque interdisciplinario se logra cuando el estudiante enfrenta un problema no como exclusivo de la asignatura, sino como propio del conocimiento general de una persona. Todos los estudiantes deben tener una orientación interdisciplinaria y la ingeniería y la tecnología dan mayor sentido a lo que se aprende.

Comprometer a los profesores de tecnología. El cambio hacia la educación STEM presenta la tecnología como asignatura básica en la formación y en igual nivel de importancia que las otras actividades. El rol del profesor de tecnología es fundamental, pues es quién puede comenzar a hacer el cambio dentro de la institución educativa. En nuestros países latinoamericanos es poco probable que un profesor de ciencias o de matemáticas comience con actividades interdisciplinarias, pero sí un profesor de tecnología. Porque un currículo adaptado para enfocarse en la educación STEM puede contemplar temas de ciencias y de matemáticas desde la visión de la tecnología. ¿Quiénes mejor que los docentes de tecnología pueden involucrar la ingeniería en el currículo?

Preparar a los educadores de profesores. Poner en práctica la educación STEM implica una nueva forma de ver la docencia por parte de la comunidad educativa. Las nuevas generaciones de profesores deben venir preparadas para asumir los retos que exigen las nuevas formas de educación. Y para eso se hace necesario preparar a los docentes universitarios que trabajan en las carreras de licenciaturas en educación. La universidad debe replantear sus objetivos y proyectar un perfil de docente para el siglo XXI. Los nuevos docentes deben entender que tendrán que aplicar una forma de educación STEM desde la academia, y estar convencidos de que la instrucción escolar demanda nuevas habilidades en los profesores. Las facultades de educación deberán introducir formas de modernización de su currículo, dado que los futuros profesores deberán estar preparados para la enseñanza interdisciplinaria, la programación, el uso de las matemáticas como lenguaje universal, y la enseñanza de las ciencias por medio de las prácticas de ingeniería. (Annetta, L. A., Minogue, J., 2016),

Conclusiones

Nuestro mundo cotidiano está compuesto por un 95% de elementos creados por el hombre y un 5% de elementos del mundo natural. De esto se deduce que si estudiamos el mundo natural a través de las ciencias, debemos estudiar, por lo menos en la misma proporción, el mundo tecnológico. La instrucción en tecnología es una formación básica que debe contener un currículo académico.

Los nuevos vecinos del barrio de la educación de preescolar a grado 12 son la "T" (tecnología) y la "E" (ingeniería) de la educación STEM. La tecnología se comenzó a incluir en los programas académicos de los Estados Unidos desde principios del milenio y a través de esta se introdujo el proceso de diseño en ingeniería.

Una actividad construida sobre los fundamentos de la educación STEM debe incluir el proceso de diseño en ingeniería como columna vertebral. Hemos visto que el proceso tiene una forma cíclica por su característica reiterativa, y se sugiere el de 3 pasos para los grados preescolar a grado 2º, el de 5 pasos para los grados 3º a 8º, y el más completo y complejo de 8 pasos para los grados 9º a 12º. Dentro del proceso encontramos la herramienta de "lluvia de ideas" que es de gran ayuda para despertar la creatividad y formar equipos de trabajo profesionales.

Un nuevo concepto que presentamos en este capítulo es el de "educación STEM integrada". La educación STEM es de por sí un acercamiento al aprendizaje interdisciplinario, pero es a través de la ingeniería como la educación STEM puede integrarse. Esta integración impulsa el desarrollo de las habilidades del siglo XXI, y es el pegante de las asignaturas STEM, dado que provee las conexiones necesarias con el mundo real. Ya vimos que el proceso de diseño en ingeniería se recomienda desde los grados iniciales, y esto debido a que la educación STEM integrada se debe poner en práctica en todos los grados escolares.

Creemos que la ingeniería en el currículo escolar transforma la visión de la educación para dar las herramientas más importantes en la preparación de los ciudadanos de un mundo cambiante, globalizado y eminentemente tecnológico.

Referencias

Annetta, L. A., Minogue, J., (2016), *Connecting Science and Engineering Education Practices in Meaningful Ways,* Springer International Publishing Switzerland

Glancy. A. W., Moore, T.J. (2013), *Theoretical foundations for effective STEM Learning Environments,* School of Engineering Education Working Papers. Paper 1. https://docs.lib.purdue.edu/enewp/1

National Research Council of the National Academies, (2012), *A Framework for K-12 Science Education, Practices, Crosscutting Concepts, and Core Ideas,* 2012, National Academies Press.

Lewis, T., (2006), *Design and inquiry: Bases for an accommodation between Science and Technology education in the curriculum?* Journal of Research in Science Teaching, Vol 43, No. 3, pp 255-281

Link Engineering, (2017), *Engineering Design Process.* National Academy of Engineering. https://www.linkengineering.org/Explore/EngineeringDesign/5824.aspx

Purzer Ş., Strobel J., Cardella M.C., (2014) *Engineering in Pre-College Settings: Synthesizing Research, Policy, and Practices,* Purdue University Press.

Sphero – SPRK, Schools-Parents-Robots-Kids, (2014), *Guides for 4 and 5 Grade,* Sphero Inc.

5
Capítulo

Integración de las asignaturas

La integración de las asignaturas es quizás uno de los aspectos de la innovación en la educación que más llaman la atención. Sin embargo, para mantener la atención del lector sobre otros temas importantes de la educación STEM, hemos preferido dejar este aspecto para este capítulo, luego de haber explicado lo que significa la educación STEM, sus grandes avances a nivel mundial y la importancia de la ingeniería en el currículo escolar. Consideramos más apropiado desarrollar este tema ya habiendo tratado estos aspectos. Nos interesa que la importancia de la integración se entienda en toda su extensión, para comenzar de una forma firme en la instrucción de las asignaturas STEM.

Una reflexión importante

Es posible que una institución educativa pueda decidirse por comenzar a aplicar la educación STEM empezando por incluir las cuatro asignaturas y desarrollar las actividades y el plan de estudios de forma separada. La instrucción en las asignaturas de forma "no integrada" la anotaremos como S.T.E.M. Los puntos indican que se incluyen las cuatro asignaturas pero que no hay un nivel de integración efectivo en la instrucción.

Para que la educación STEM logre cumplir con los tres objetivos que persigue desarrollar la instrucción en STEM, las habilidades para una sociedad eminentemente tecnológica y enfocarse en la innovación, inventiva y el emprendimiento, debe tener el mayor grado posible de integración. Un acercamiento S.T.E.M. no va a funcionar, por lo tanto, se recomienda analizar el tipo o nivel de integración que es posible incluir en el currículo escolar. Cuando se comienza a transformar la instrucción en alguna de las cuatro asignaturas, ocurre un efecto natural de integración mínima, dado que las ciencias y las matemáticas están íntimamente relacionadas, así como la tecnología y la ingeniería.

Las prácticas STEM

Para comprender el efecto de la integración es necesario que entendamos hasta donde la educación STEM replantea el significado y el alcance de la instrucción de cada una de las asignaturas.

Instrucción en las asignaturas STEM

Una buena forma de definir la instrucción en STEM puede ser la siguiente:

> "Una persona instruida en STEM es aquella que tiene el conocimiento suficiente y las habilidades para participar y progresar en la sociedad moderna, segura de sí misma, y con la capacidad para usar, manipular y evaluar las tecnologías presentes en la vida cotidiana, así como la capacidad de entender los principios científicos y los procesos tecnológicos necesarios para resolver problemas, desarrollar discusiones y tomar decisiones." (Purzer, Strobel, Cardella, 2014).

Esta definición es apropiada para entender el alcance holístico de las asignaturas. Es evidente que la instrucción en las asignaturas en forma separada no alcanza a cumplir con el propósito de la instrucción en las asignaturas STEM. El mejor camino para llegar a este punto de desarrollo es elevar la tecnología al nivel de las ciencias y las matemáticas, incluir la ingeniería mediante el proceso de diseño y dar a las matemáticas el contexto apropiado a través de las prácticas.

En la tabla 5.1 se puede ver cómo deben ser las prácticas STEM dentro de un ambiente totalmente integrado. Este panorama nos da una idea de cómo la educación STEM transforma el contexto escolar, y con ello las actividades del estudiante, su participación y el nuevo papel del docente.

Integración de las asignaturas

Las prácticas STEM son hábitos de pensamiento que se obtienen en el transcurso de la carrera escolar, desde los grados iniciales hasta grado 12, y nos presentan una nueva forma de enseñar y aprender, que da la oportunidad a los futuros profesionales de poderse desempeñar en equipos de profesionales para enfrentar los retos de un mundo globalizado, cambiante y tecnológico. Difícilmente podemos encontrar profesionales en diferentes áreas del conocimiento que tengan estas habilidades plenamente desarrolladas, pues en muchos casos el desarrollo de las habilidades del siglo XXI solo se alcanza con la madurez profesional. ¿Pero por qué tenemos que esperar tanto tiempo para desarrollarlas?

Las prácticas de ciencias, ingeniería y tecnología fueron establecidas en el *"Framework for K-12 Science Education, Practices, Crosscutting Concepts, and Core Ideas"* (Marco de referencia para la enseñanza de las ciencias desde preescolar hasta el grado 12, Prácticas, conceptos transversales e ideas fundamentales) que produjo los *Next Generation Science Standards*, *NGSS* (Estándares de Ciencias para la Próxima Generación). Las prácticas de matemáticas son el aporte del *"Common Core State Standards: Mathematical Practice.* (Prácticas de matemáticas de los Estándares Comunes). Adicionalmente los estándares de tecnología de la ITEEA contribuyen a las prácticas de tecnología e ingeniería.

(National Research Council of the National Academies, 2012), (Council of Chief State School Officers (CCSSO), 2017), (Vásquez, Sneider, Comer, 2013).

Ciencias	Ingeniería	Tecnología	Matemáticas
Hacer preguntas.	Definir problemas.	Ser consciente de la variedad de sistemas tecnológicos de los cuales depende la sociedad.	Encontrar sentido a los problemas y perseverar en resolverlos
Desarrollar y utilizar modelos.	Desarrollar y utilizar modelos.		Modelar con matemáticas.
Planear y conducir investigaciones	Planea y conducir investigaciones	Aprender a utilizar nuevas tecnología en la medida que estén disponibles.	Utilizar estratégicamente herramientas apropiadas.
Analizar e interpretar datos.	Analizar e interpretar datos.		Esmerarse por ser preciso.

Continúa en la página siguiente

Ciencias	Ingeniería	Tecnología	Matemáticas
Usar matemáticas y pensamiento computacional.	Usar matemáticas y pensamiento computacional.	Reconocer el rol que juega la tecnología en el avance de la ciencia y la ingeniería.	Razonar de manera abstracta y cuantitativamente.
Construir explicaciones.	Diseñar soluciones.		Buscar y hacer uso de estructuras.
Involucrarse en la discusión basándose en la evidencia.	Involucrarse en la discusión basándose en la evidencia.	Tomar decisiones debidamente sustentadas sobre tecnología dada su relación con la sociedad y el medio ambiente.	Construir posibles argumentos y criticar el razonamiento de otros.
Obtener, evaluar y comunica información.	Obtener, evaluar y comunica información.		Buscar patrones de cálculo y aplicar métodos generales o automáticos.

Tabla 5.1 Conexiones de las prácticas de ciencias, ingeniería, tecnología y matemáticas.

Perspectivas de la educación STEM integrada

El Dr. Rodger Bybee nos indica que es posible encontrar combinaciones de asignaturas y escenarios que pueden ser parte de la realidad de un colegio o institución educativa. Movidos por querer dar profundidad al aprendizaje de los estudiantes, lograr la atención de algunos y disminuir la deserción estudiantil, se presentan situaciones en donde hay un mayor o menor grado de integración. Una "perspectiva" hace referencia a la manera como se concibe la integración de las asignaturas STEM. Veremos a continuación algunos ejemplos. (Bybee 2013)

Silos y huecos.

En este caso hacemos una analogía con la forma en que se almacenan los granos. Los silos permiten conservar los granos de forma separada. En la educación STEM integrada, vemos en la figura 5.1 que esta perspectiva se refiere a tener las cuatro asignaturas, pero solo dos de ellas, ciencias y matemáticas, incluyen un contenido

Integración de las asignaturas

apreciable. Las otras dos, tecnología e ingeniería, no tienen contenidos o no se están aplicando en el currículo escolar. Esta perspectiva implica que no hay ningún nivel de integración.

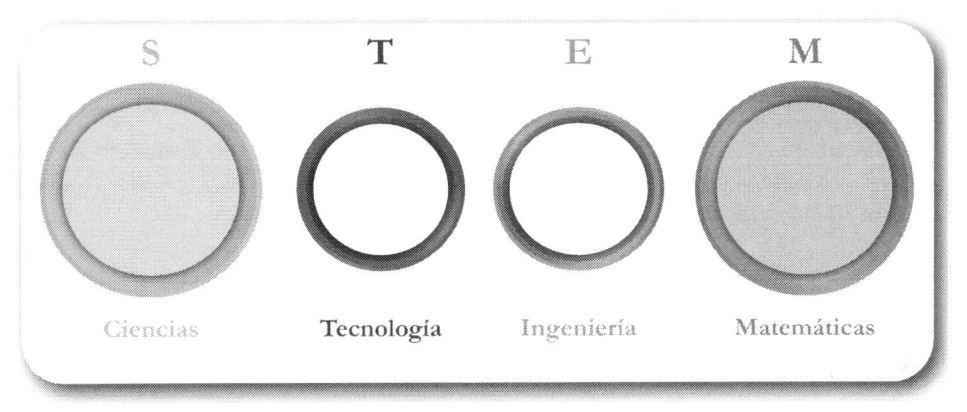

Figura 5.1 Perspectiva de silos y huecos
(Basado en Bybee, 2013, p 75)

La asignatura líder

Casi siempre encontramos que ciencias y matemáticas tienen sólidos contenidos y prácticas, y al traer la tecnología al mismo nivel podemos tener una perspectiva de integración que puede considerar a una de ellas como líder, y que contiene las otras. En la figura 5.2 vemos un ejemplo de cómo la asignatura líder trae a las otras para apoyar la entrega de conocimiento en un tema dado. Tengamos en cuenta que la ingeniería es la que brinda las conexiones entre las asignaturas a través del proceso de diseño. Este se puede considerar un primer nivel de integración de las asignaturas.

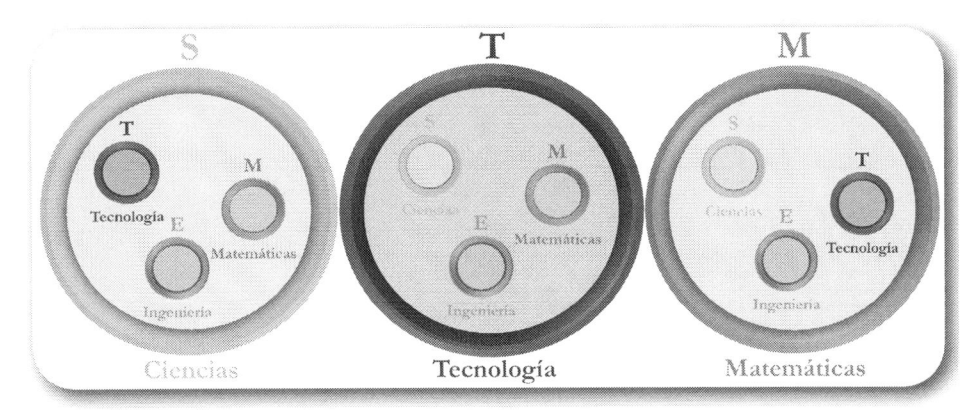

Figura 5.2 Perspectiva de la asignatura líder
(Basado en Bybee, 2013, p 75)

Silos

Esta es la forma de enseñar las asignaturas de forma separada, que definimos como educación S.T.E.M., muy común, y que podemos encontrar en los colegios. En la figura 5.3 vemos a las ciencias y las matemáticas como asignaturas clásicas, que llevan su plan de estudios por separado. La tecnología se presenta en muchos casos como un curso de informática o cursos aislados de robótica, y la ingeniería puede hacerse visible en proyectos del período escolar, con el objetivo de desarrollar las habilidades de investigación de los estudiantes. En esta última asignatura es posible que se presente algún grado de integración, pero no se ha planeado de forma intencional para que se dé durante el desarrollo de las actividades escolares.

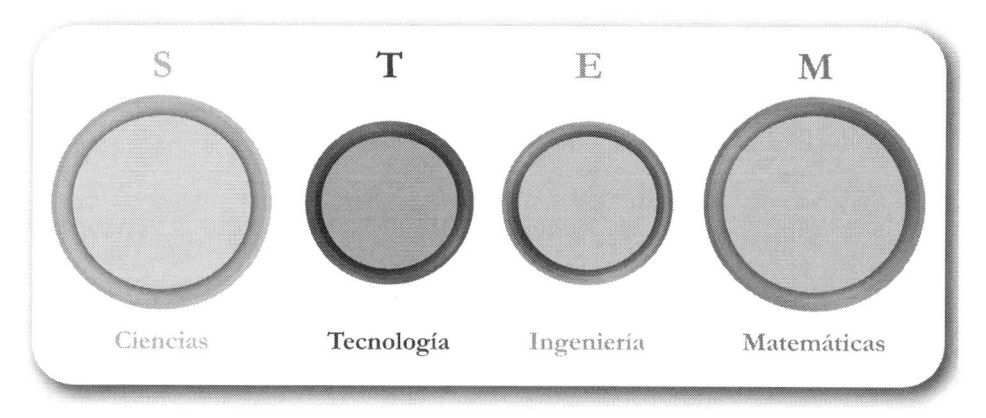

Figura 5.3 Perspectiva de silos
(Basado en Bybee, 2013, p 76)

La interconexión a través de otra asignatura

Esta perspectiva se presenta cuando las ciencias y las matemáticas, que están siendo dictadas de forma separada, se conectan a través de la tecnología o la ingeniería. En la figura 5.4 vemos que la asignatura de conexión es la tecnología. En la mayoría de los casos es así, y esto permite desarrollar actividades STEM que involucran las ciencias y las matemáticas de forma integrada. Es posible que esta perspectiva ayude a convencer a las directivas de una institución de las ventajas de la educación STEM, y en este modelo vemos algún nivel de integración. Sin embargo las prácticas de la educación STEM aún no se están desarrollando como, lo muestra la tabla 5.1.

Integración de las asignaturas

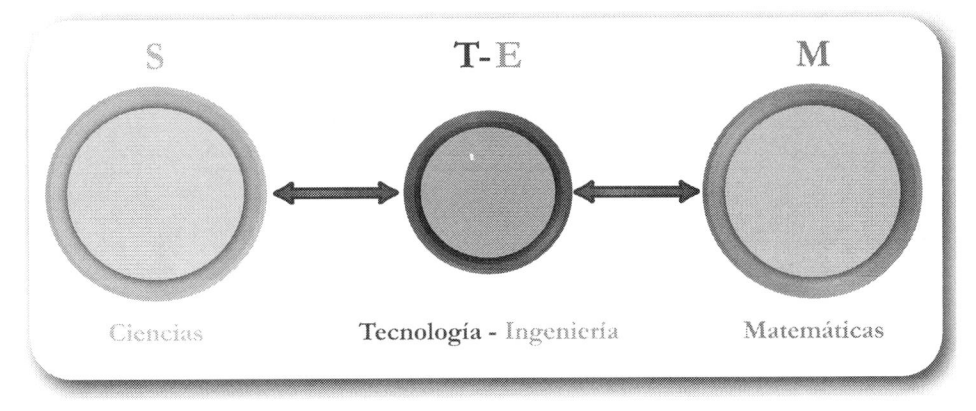

Figura 5.4 Perspectiva de la interconexión a través de otra asignatura
(Basado en Bybee, 2013, p 77)

La coordinación

Otro recurso que utilizan los docentes para profundizar en el aprendizaje de un tema de una asignatura es solicitar la colaboración de otros docentes como apoyo. En la figura 5.5 vemos las conexiones entre las asignaturas. Por ejemplo, un docente de ciencias está desarrollando el tema del Sistema Solar y requiere que los estudiantes refuercen su aprendizaje en matemáticas para los temas de escalas y proporciones. El docente de matemáticas continúa su plan de estudios, pero introduce en el calendario el tema que solicita su colega de ciencias. El beneficio es evidente, pero no hay un nivel de integración real entre estas asignaturas, dado que los profesores no tienen pleno conocimiento de los contenidos que sus colegas dictan.

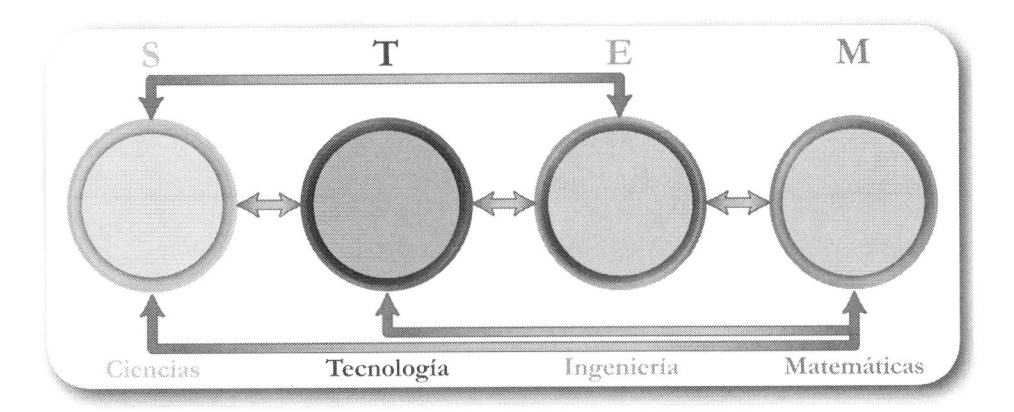

Figura 5.5 Perspectiva de la coordinación
(Basado en Bybee, 2013, p 77)

La combinación

Otra posible perspectiva que nos podemos encontrar es la que vemos en la figura 5.6, cuando se tiene la intención de crear un curso nuevo y adicional al plan de estudios. Supongamos que la institución quiere crear un "curso STEM" y para ello combina ciencias, matemáticas y tecnología, y de ese nuevo curso se obtiene un resultado especial para la feria de ciencias. Aunque no es una forma de poner en práctica una verdadera educación STEM integrada, es un buen acercamiento para lograr la integración. La ingeniería se involucra a través del proceso de diseño. Muchos beneficios se pueden lograr de esta perspectiva, dado que la integración le da relevancia a lo que aprenden los estudiantes y ayuda a lograr una educación más profunda.

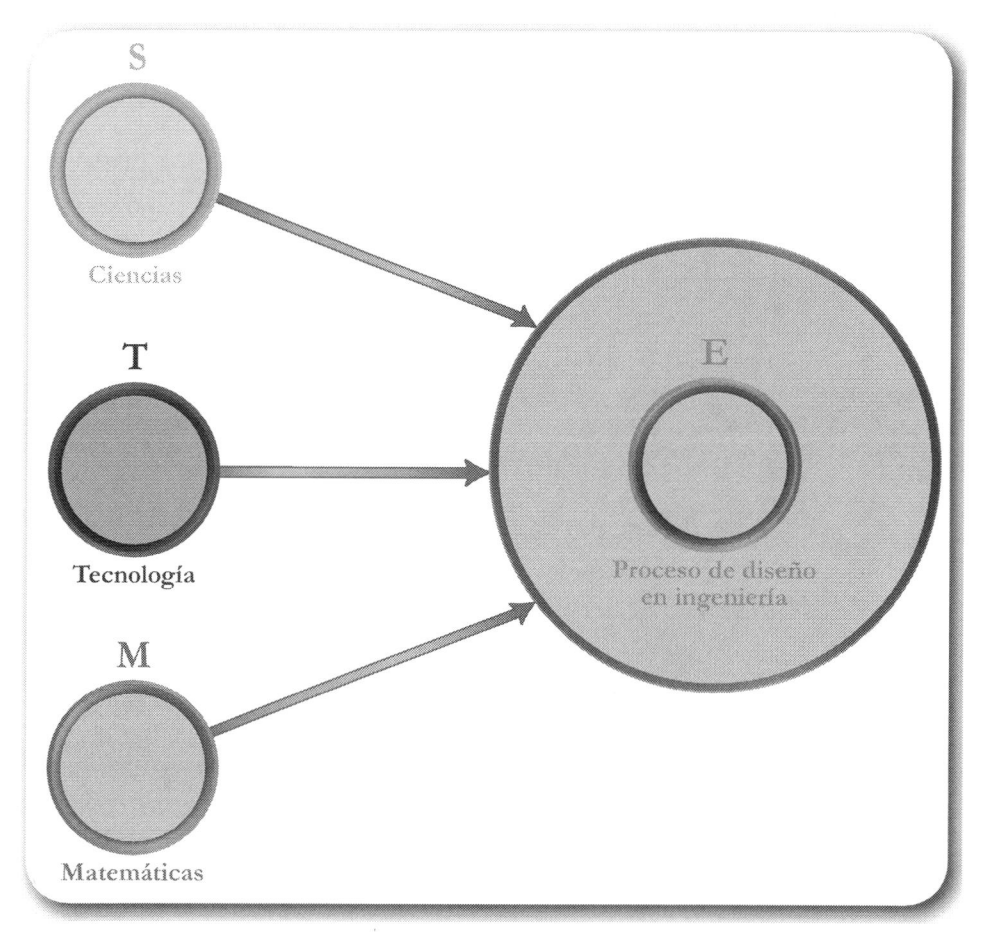

Figura 5.6 Perspectiva de la combinación
(Basado en Bybee, 2013, p 78)

Integración de las asignaturas

La superposición

En la figura 5.7 vemos cómo las asignaturas STEM se superponen entre sí. Esta perspectiva se puede presentar cuando tenemos un proyecto de investigación que busca responder a una pregunta de ciencias o resolver un problema de diseño en tecnología. Los estudiantes van pasando por los contendidos de las asignaturas como lo hace un producto en una línea de producción, y se le van montando elementos. El proyecto en sí mismo ayuda a un aprendizaje más profundo, pero la instrucción de las asignaturas solo contribuye con información aislada, no de forma holística.

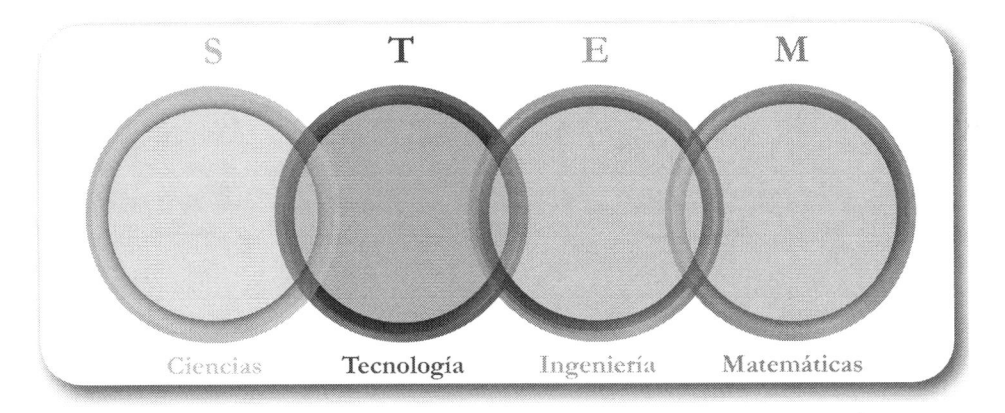

Figura 5.7 Perspectiva de la superposición.
(Basado en Bybee, 2013, p 79)

Integración completa o transdisciplinaria

Cuando se han visto los beneficios de la integración, muchos docentes imaginan una forma en la que todas las asignaturas se agreguen de forma holística. En la figura 5.8 vemos esta perspectiva, conocida como nivel de integración transdisciplinario. Es posible lograr este nivel de integración a través de un proyecto que presenta al estudiante un problema de la vida real y que responde a problemas urgentes de la sociedad. No solo se integran las asignaturas STEM, es posible que se sumen las artes, las ciencias sociales, el lenguaje, etc. En la siguiente sección veremos con más detalle esta forma de integración entre las asignaturas STEM. (Bybee 2013)

Figura 5.8 Perspectiva de una integración completa o transdisciplinaria.
(Basado en Bybee, 2013, p 79)

Hemos mostrado varias perspectivas posibles, y es posible que puedan presentarse muchas más, pero con estos ejemplos nos damos una idea de cómo los escenarios pueden variar. Encontrar una perspectiva adecuada para las condiciones de una institución educativa no es un asunto sencillo, pero no debemos perder de vista que lo que persigue la educación STEM es una nueva instrucción en ciencias, tecnología, ingeniería y matemáticas, el desarrollo de las habilidades para una sociedad eminentemente tecnológica y que se mantenga el enfoque en la innovación y la inventiva. Este es el norte para lograr una verdadera educación STEM integrada. (Bybee 2013)

Niveles de integración

Tal vez uno de los libros que más han contribuido a difundir el tema de la educación STEM es el de los autores Jo Anne Vásquez, Cary Sneider y Michael Comer, *STEM Lesson Essentials*. Uno de sus aportes importantes es hacer claridad sobre los niveles de integración de la educación STEM.

La integración en la educación no es un asunto nuevo y ya muchas instituciones educativas han comenzado a desarrollarla. Sin embargo es necesario aclarar los siguientes aspectos para abordar con claridad este tema:

1. La integración no significa abandonar los estándares curriculares. El currículo deberá responder con claridad a ellos, y a su vez permitir que se pueda llevar a cabo alguno de los niveles de integración.

2. El poder de la integración es uno de los aspectos fundamentales del éxito de la educación STEM, dado que trae a los estudiantes problemas de la vida real y permite que encuentren respuestas adecuadas y soluciones efectivas.

3. Una educación STEM integrada no solo ayuda a los estudiantes sino también a los docentes, para que estos vean todo el panorama de conocimientos que deben ser entregados a los estudiantes y cómo se articulan entre ellos.

Vamos a escoger el tema "Sistema Solar" como ejemplo para ilustrar los tres niveles de integración. Estos son: Multidisciplinario, interdisciplinario y transdisciplinario. (Vásquez, Sneider, Comer, 2013)

Integración multidisciplinaria o temática

Este nivel de integración se utiliza en especial cuando se quiere dar al estudiante coherencia en los temas que aprende, de tal manera que pueda darse cuenta de que un tema se puede ver desde diferentes asignaturas.

Veamos un ejemplo de cómo se podría aplicar este nivel de integración: El Sistema Solar coordinado entre los docentes de las asignaturas y presentado de la siguiente manera:

- *Ciencias:* El profesor de ciencias encuentra que para dar coherencia al tema del Sistema Solar sería muy útil preguntar a sus colegas de las otras asignaturas, para que ellos también aborden el tema desde su disciplina. En ciencias se mencionarán aspectos generales y particulares del Sistema Solar que serán de gran ayuda a los estudiantes.

- *Matemáticas:* El docente de ciencias acuerda con el de matemáticas que se sincronice y refuerce el tema de proporciones y escalas con el objetivo de que los estudiantes aprendan a manejar cifras muy grandes y que puedan calcular adecuadamente las distancias, de manera que pueda ser explicado de la mejor manera posible.

- *Artes:* Con el objetivo de practicar técnicas de pintura y ensamble el profesor de artes aprovecha para construir modelos del Sistema Solar, construir planetas con anillos o lunas, incluir las órbitas y aprender a manejar nuevos materiales y las pinturas que mejor se comportan.

- *Ciencias sociales:* En historia se podrá estudiar cómo los planetas y otros astros han sido elementos destacados para la humanidad y cómo en las diferentes épocas de la historia el hombre ha visto, entendido y explicado el universo.

- *Lenguaje:* Es el mejor momento para que en la clase de inglés o español se traiga nuevo vocabulario a través de la lectura de obras literarias, y también para aprender términos técnicos asociados al estudio del espacio.

- *Tecnología:* El estudio de los telescopios y su funcionamiento será un tema de gran importancia para la clase de tecnología. En esta asignatura, los alumnos también pueden aprender sobre formas de montaje y tipos de telescopios.

La figura 5.9 nos muestra cómo se vería un nivel de integración multidisciplinario. Las ventajas evidentes se encuentran en el hecho de que los estudiantes le encuentran coherencia al aprendizaje y se dan cuenta de que las áreas del conocimiento desarrollan contenido desde sus fronteras. Sin embargo, las conexiones que se muestran no son suficientemente fuertes. No se evidencia una transformación en la forma de la instrucción de las asignaturas STEM, ya que el docente coordina algunas actividades con sus colegas, pero estas no traen expresamente conocimiento para la respuesta a una o más preguntas o para encontrar soluciones a un problema. (Vásquez, Sneider, Comer, 2013)

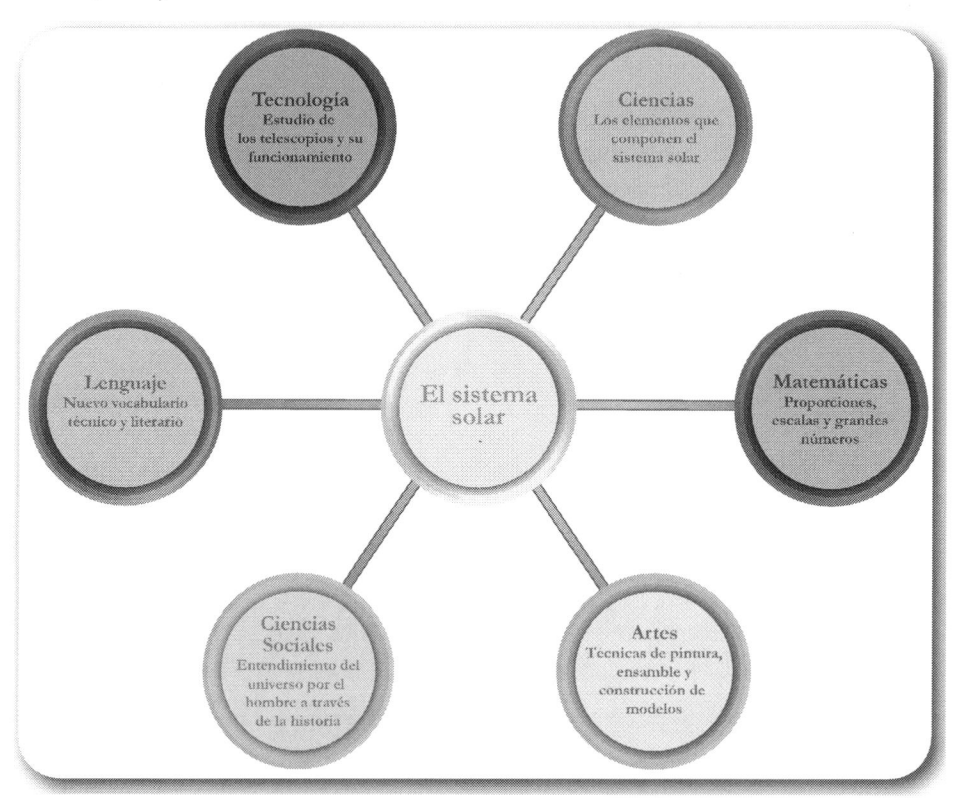

Figura 5.9 Integración multidisciplinaria o temática.
(Basado en Vásquez, Sneider, Comer, 2013, p 62)

Integración de las asignaturas

Integración interdisciplinaria

Este es un nivel de integración más desarrollado dado que ahora estaremos planeando que el currículo permita tratar los temas de diferentes asignaturas para que estos se fusionen. No es tan diferente del nivel multidisciplinario pero en este caso dos asignaturas buscan conocimientos y habilidades iguales. Veamos primero un ejemplo entre las dos asignaturas clásicas de ciencias y matemáticas para que entendamos cómo funciona este nivel de integración.

La figura 5.10 nos muestra el caso de ciencias y matemáticas referentes al tema del sistema solar.

- *Ciencias:* Para lograr profundizar en el conocimiento del sistema solar el docente de ciencias solicita a su colega de matemáticas que le ayude a dejar muy bien fundamentado los conceptos de escalas, proporciones y manejo de grandes cifras. De esta manera los estudiantes entenderán qué tan diferentes son los planetas entre sí y qué tan cerca o lejos se encuentran los unos de los otros.

- *Matemáticas:* El profesor de matemáticas encuentra oportuno el tratamiento de estos conceptos, dado que son parte de la construcción de otros nuevos, pero también porque el nuevo modelo de currículo se adaptó para permitir estas actividades integradas. Es posible que en estos casos el docente de una asignatura visite la clase de su colega y ambos puedan dar el contenido de manera adecuada.

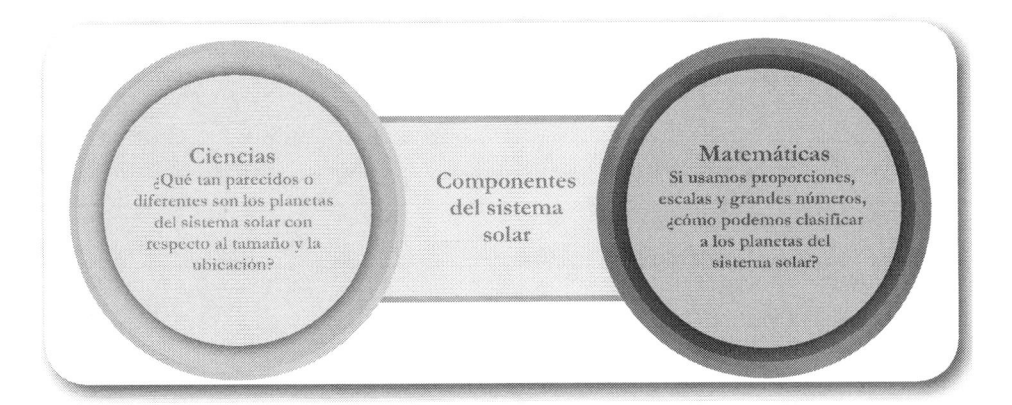

Figura 5.10 Integración interdisciplinaria con dos asignaturas fusionadas.
(Basado en Vásquez, Sneider, Comer, 2013, p 64)

Si agregamos más asignaturas tendremos el resultado de la figura 5.11 para lograr un nivel interdisciplinario más completo. En este caso tendremos a las ciencias, las matemáticas y la tecnología que tratarán conceptos del sistema solar. La ingeniería se incluirá también a través del docente de tecnología.

- *Ciencias:* El docente de ciencias se apoyará en los colegas de tecnología y matemáticas para poder desarrollar el tema del sistema solar de tal manera que los estudiantes le encuentren mayor sentido a los aspectos del espacio. También desarrollarán habilidades de matemáticas dentro de un contexto real. Los estudiantes entenderán cómo la tecnología ha sido necesaria para alcanzar nuevos conocimientos científicos.

- *Matemáticas:* En muchos casos aprender de la experiencia hace que los conceptos se entiendan de mejor manera. Para poner en un contexto interesante los conceptos de proporción, escalas y el manejo de grandes cifras, el docente de matemáticas trabaja en conjunto con sus colegas de ciencias y tecnología. En ciencias le da al estudiante herramientas para que pueda apreciar de una forma rigurosa la magnitud del universo y en ingeniería le apoya para construir modelos de telescopios al aprender con qué especificaciones se debe construir.

- *Tecnología:* El profesor de tecnología aprovecha la oportunidad para explicar a los estudiantes los tipos de telescopios que existen, cuáles ya no existen y quién y en qué momento en la historia los desarrolló. También se enseña a los estudiantes el funcionamiento de los diferentes tipos de telescopios que se consiguen en el mercado, con sus características técnicas. Aprovecha para mencionar a los diversos fabricantes y ayuda a que los estudiantes puedan averiguar los costos de cada modelo.

- *Ingeniería:* En muchos casos la ingeniería es liderada por el docente de tecnología, y en otros se tiene un profesor encargado de actividades prácticas para construir modelos. Con la construcción de modelos, los estudiantes deberán identificar los tipos de telescopios que existen, cómo funcionan y podrán dar precisión a sus diseños a través del manejo de escalas, proporciones y grandes cifras.

El nivel de interdisciplinaridad puede ser mayor si se incluyen otras asignaturas como ciencias sociales, artes, entre otras. (Vásquez, Sneider, Comer, 2013)

Integración de las asignaturas

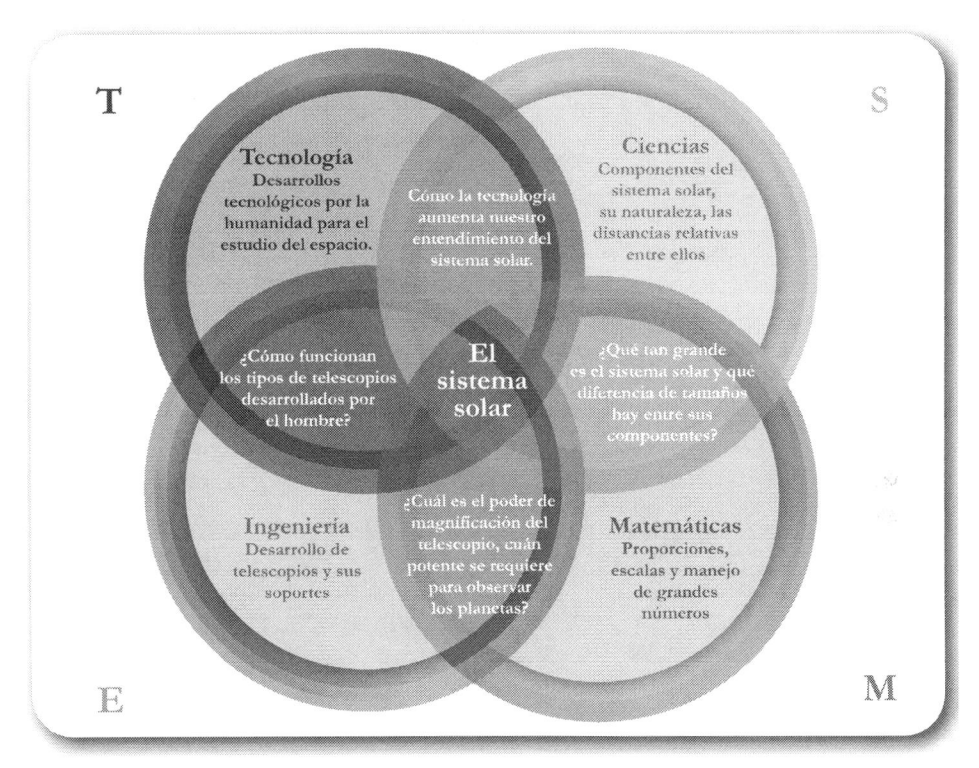

Figura 5.11 Integración interdisciplinaria con todas las asignaturas STEM.
(Basado en Vásquez, Sneider, Comer, 2013, p 67)

Integración trandisciplinaria

Este es sin lugar a dudas el nivel de integración con mayor potencial para el éxito de la educación STEM. Es importante anotar que está basado en la teoría constructivista, que ha demostrado mejorar los resultados de tareas de alto grado cognitivo. Este nivel de integración está totalmente centrado en el estudiante, y le permite desarrollar las habilidades del siglo XXI, aplicar sus conocimientos, profundizar en su aprendizaje y dar relevancia a lo que aprende.

El proceso para desarrollar una actividad o proyecto transdisciplinario debe cumplir los siguientes pasos:

1. *Establecer la pregunta esencial.* Traer problemas de la vida real o que tengan relevancia en la vida de los estudiantes es uno de los fundamentos para establecer la pregunta o problema. Es importante recibir de los estudiantes sus ideas sobre asuntos que le rodean y sobre los temas que son importantes en su comunidad.

2. *Establecer los objetivos de la actividad.* Los objetivos de una actividad en la educación STEM se centran en los conocimientos que van a recibir los estudiantes, fijarlos, profundizar en las diferentes asignaturas, desarrollar habilidades, entender conceptos, reconocer principios, desarrollar técnicas, etc.

3. *Establecer los puntos clave de un aprendizaje más profundo y duradero.* Pueden ser uno o varios conceptos fundamentales que debe recordar el estudiante durante mucho tiempo, y que serán la base para cursos posteriores o para los siguientes grados. Por ejemplo: Manejo de grandes cifras, conceptualización de proporciones o el conocimiento claro de una realidad de la naturaleza.

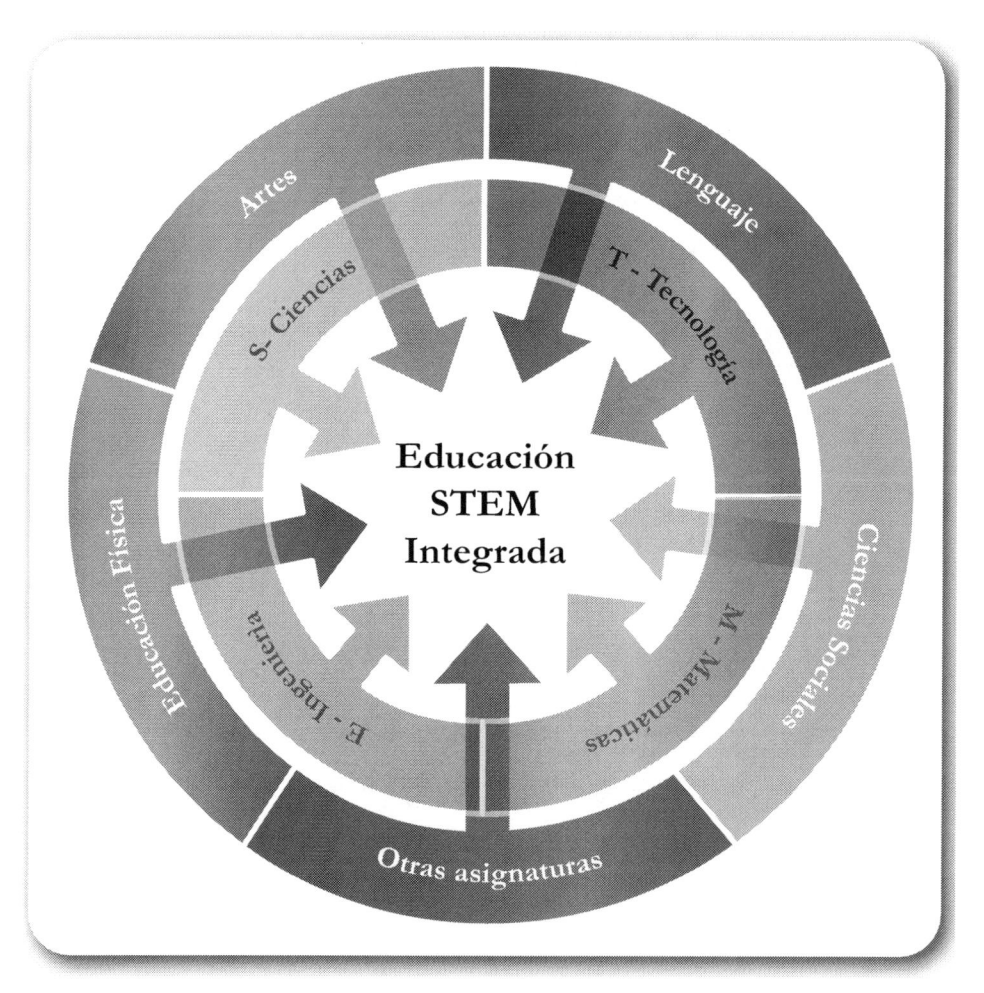

Figura 5.12 Nivel transdiscipliinario, aporte de las asignaturas para una educación STEM Integrada.

En una actividad transdisciplinaria deben trabajar en conjunto los docentes de las asignaturas STEM, así como los de otras asignaturas, con el objetivo de lograr resultados efectivos. La figura 5.12 muestra de forma sencilla cómo las asignaturas ayudan a una educación STEM integrada a través del nivel transdisciplinario. En este nivel de integración, las asignaturas del currículo logran fusionarse en mayor grado, en comparación con los niveles de integración mencionados anteriormente.

Para mayor claridad en la preparación de una actividad transdisciplinaria tomaremos nuevamente el tema del sistema solar a manera de ejemplo. Es una actividad muy divertida y es posible desarrollarla con estudiantes de séptimo u octavo grado. Tiene gran potencial para que los estudiantes profundicen en muchos conceptos de ciencias y matemáticas. Sigamos los pasos mencionados anteriormente para preparar la actividad.

1. *Pregunta esencial.* ¿Cuánto espacio ocuparía el sistema solar a escala en las calles de nuestro barrio? Es evidente que la pregunta es diferente a la forma en que los estudiantes abordan el tema en ciencias. No se pretende que los estudiantes memoricen los componentes del sistema solar y aprendan sobre la rotación alrededor del sol únicamente, el objetivo es despertar el interés y la curiosidad a través de situaciones de su vida cotidiana y que los conecten con su realidad.

2. *Objetivos de aprendizaje STEM.* Estos son los objetivos que queremos alcanzar luego de la actividad:

    a. *Ciencias:* Conocer la composición del Sistema Solar y entender cómo las distancias entre sus componentes son mucho más grandes de lo que a menudo consideramos. También es un buen momento para que se muestre a los estudiantes que se están desarrollando misiones para llegar a otros planetas y por qué es necesario que la raza humana se convierta en una especie interplanetaria. Es muy importante que los estudiantes conozcan los peligros que enfrenta el planeta Tierra, la necesidad de cuidarlo y de buscar alternativas para la preservación de la especie.

    b. *Matemáticas:* Para el desarrollo de la actividad se hace necesario conocer los tamaños reales de los componentes del Sistema Solar. Para construir el modelo en el barrio se debe recolectar la información sobre las distancias reales y luego interpretar correctamente las distancias a escala y verificar las proporciones que se presentan entre los planetas, las lunas y el Sol. Las grandes distancias en el espacio obligan a utilizar unidades de diferentes sistemas métricos, por lo que es el momento para que los estudiantes aprendan a manejar números muy grandes. La precisión es un aspecto fundamental en la actividad, y deben entender cuándo y cómo se usan los decimales y por qué se debe priorizar la exactitud en los cálculos.

c. *Tecnología:* En el proceso de investigación, los estudiantes podrán conocer cómo puede el hombre observar los elementos del Sistema Solar a través de diferentes tipos de telescopios y cómo se ha logrado observar los planetas en los últimos años. Se debe animar a los estudiantes a conocer las maravillas del universo, despertar su interés por el futuro tecnológico que se nos avecina, y que se enteren de que hay desarrollos de organizaciones como la Nasa y de empresas privadas como SpaceX, Boeing y otras más.

d. *Ingeniería:* En esta actividad el aporte de la ingeniería es definitivo, y por esto debemos considerar el proceso de diseño como la columna vertebral. La ingeniería contribuye al pensamiento crítico, la solución de problemas, la investigación, el pensamiento computacional, la colaboración y la comunicación. Más adelante detallaremos el aporte del proceso de diseño en ingeniería en una actividad transdisciplinaria.

e. *Artes:* Para la construcción del modelo hay que elaborar los componentes del Sistema Solar. El trabajo con diferentes tipos de materiales y la selección de técnicas de construcción, pintura y acabados deben contribuir al éxito de la réplica a escala.

f. *Ciencias Sociales:* La historia de la humanidad en relación con los astros es un tema fundamental. Los estudiantes deberán profundizar en los temas del desarrollo científico a través de la historia y aprender sobre personalidades como Leonardo da Vinci, Copérnico, Galileo Galilei y muchos otros, que a través de su pasión y deseo de descubrir y desarrollar nuevos elementos querían ampliar los límites del conocimiento y enseñar a maravillarse con la naturaleza del Universo. Es una oportunidad para despertar en los estudiantes la curiosidad y el interés por la historia y la ciencia. Otro aspecto interesante que se le puede presentar a los estudiantes es la atención que las culturas antiguas han puesto a los astros en diversos aspectos, las conclusiones asombrosas a las que llegaron con sus escasos medios los astrónomos griegos, como Hiparco, Eratóstenes, etc.

g. *Lenguaje:* Para desarrollar una investigación sobre el tema, los estudiantes deberán consultar bibliografía en inglés y en español, y para comunicar los resultados deberán preparar un informe final escrito en forma profesional, con un buen uso del idioma y con los términos técnicos correctos.

h. *Otras asignaturas:* Es posible incluir otras asignaturas que ayuden al cumplimiento de los objetivos, esta es una decisión del grupo de docentes, quienes pueden aportar conocimientos útiles en el desarrollo de la actividad.

3. *Aprendizaje más profundo y de larga duración:* Saber que los planetas y satélites del Sistema Solar son sitios reales a los que el hombre puede llegar en un futuro, quizás muy cercano, que hay especialidades o profesiones que se dedican a eso, que se requiere de personas con el coraje de atreverse a estudiar y explorar el universo, y que la tecnología nos depara un futuro fascinante y con muchas posibilidades. El conocimiento del espacio y de sus grandes extensiones mejoran nuestra visión del Universo, y esto hace parte de las habilidades que sirven para desempeñarse en los roles y profesiones que demanda el siglo XXI. Estos son aspectos que sirven al estudiante para su vida y para desempeñarse en las áreas STEM o en cualquiera otra que este quiera seguir.

Luego de establecer los objetivos de la actividad queremos detallar cómo participa la ingeniería en una actividad transdisciplinaria. El proceso de diseño en ingeniería actúa como el "pegante" de las asignaturas STEM. Veamos en detalle, para el ejemplo, cómo se lleva el proceso de diseño de ingeniería de cinco pasos, recomendado para los estudiantes de estos grados escolares.

1. *Hacer preguntas:* Comenzamos por entender el problema. Con la pregunta esencial: ¿Cómo se vería el Sistema Solar en nuestro barrio? El estudiante debe comprender qué es lo que se espera de él. Esta es una práctica STEM que pretende que se construya un modelo a escala del Sistema Solar en las calles de nuestro barrio. También hará parte de las condiciones iniciales para construir el modelo un conjunto de restricciones, entre ellas el espacio físico en el barrio. Para que las distancias puedan permitir la construcción del modelo, los tamaños de los planetas, las lunas y el Sol deben ser calculados para que sean posibles de construir de una forma sencilla. La precisión en los cálculos es fundamental para lograr un efecto real del modelo. Entre las restricciones se encuentra el presupuesto para la compra de materiales de construcción del modelo.

2. *Imaginar:* El grupo de docentes debe reunir a los estudiantes y permitirles que expresen lo que han entendido frente a la pregunta esencial. Debe sugerirles documentación útil para la investigación y toma de datos sobre el Sistema Solar. Se les debe animar a que investiguen sobre las últimas noticias referentes a la actualidad de los conocimientos en temas del espacio, el Sistema Solar y las misiones que se contemplan para los próximos años. Luego de la investigación, vendrá un proceso de lluvia de ideas para que los estudiantes

expresen sus conocimientos y para desarrollar soluciones posibles para el modelo a construir. Se parte de las ideas individuales de cada estudiante y luego vendrán las conclusiones del grupo sobre las alternativas posibles.

3. *Planear:* En este paso, el proceso de diseño debe concentrarse en el trabajo de cálculo y pensamiento computacional. Los estudiantes usarán una hoja de cálculo para tabular las distancias y tamaños reales de los elementos del Sistema Solar, y luego hacer ensayos de cálculos de las escalas posibles para la construcción del modelo. El uso de la hoja de cálculo es uno de los aportes al pensamiento computacional, y el análisis de resultados se presenta como los primeros pasos de una minería de datos a través de la búsqueda de patrones o tendencias. El resultado de esta etapa será el cálculo del modelo en distancias y tamaños de los elementos, y una lista de materiales con los costos de adquisición de los mismos. Las restricciones del modelo serán: el presupuesto, las especificaciones de los materiales y las distancias y tamaños calculados. A través de la división del trabajo mediante roles se garantiza que todos los miembros del equipo se vean involucrados y obligados a participar y a asumir responsabilidades para el éxito de la actividad.

4. *Crear:* Esta etapa es la propia compra de materiales y el montaje del modelo en el sitio. El equipo deberá dividirse también en roles de construcción y asistencia para hacer más eficiente el proceso.

5. *Mejorar:* Este paso es uno de los más importantes, dado que los alumnos deberán revisar la conformidad de su modelo con las especificaciones y las restricciones del diseño. Es un buen momento para identificar fallas y proceder a buscar soluciones. Fallar no es un estado definitivo de la actividad, es solo un estado del modelo. Es muy positivo que los equipos se enfrenten a la situación de falla porque en ese momento se ven obligados a buscar alternativas. Fallar dentro del proceso de diseño es natural y aporta muchos más conocimientos. Dentro del cálculo de los tiempos de la actividad, los docentes deben incluir el necesario para hacer correcciones o mejoras al diseño. Esta etapa no podrá obviarse en ninguna circunstancia, porque es la base del desarrollo de las habilidades de pensamiento crítico y solución de problemas.

Se debe tener en mente que este modelo de integración exige que los estudiantes tengan suficientes conocimientos previos, y quizás se deba impartir ese conocimiento de una forma más tradicional. Los estudiantes podrán ver cómo las barreras de las asignaturas se disuelven a medida en que se desarrolla la actividad. Este tipo de actividades se pueden hacer una vez al año. Cuando una institución educativa comienza con un proceso de integración de educación STEM, puede dejarla para el

Integración de las asignaturas

final del año escolar, con el fin de lograr la mejor recopilación de conocimientos por los estudiantes. (Vásquez, Sneider, Comer, 2013)

Profundización del aprendizaje

Los niveles de integración son una forma definitiva de lograr que los conceptos, ideas, fenómenos, hechos y otros conocimientos cobren sentido para el estudiante. La interdisciplinariedad es una de las características de la educación STEM integrada. Al analizar cada nivel de integración hemos visto sus efectos y bondades. La figura 5.13 nos muestra exactamente esta relación. Cuanto mayor sea el nivel de integración, más posibilidades existen de lograr un aprendizaje más profundo y por ende de larga duración. El futuro ciudadano debe tener a la mano todos los conceptos aprendidos en su formación básica y media.

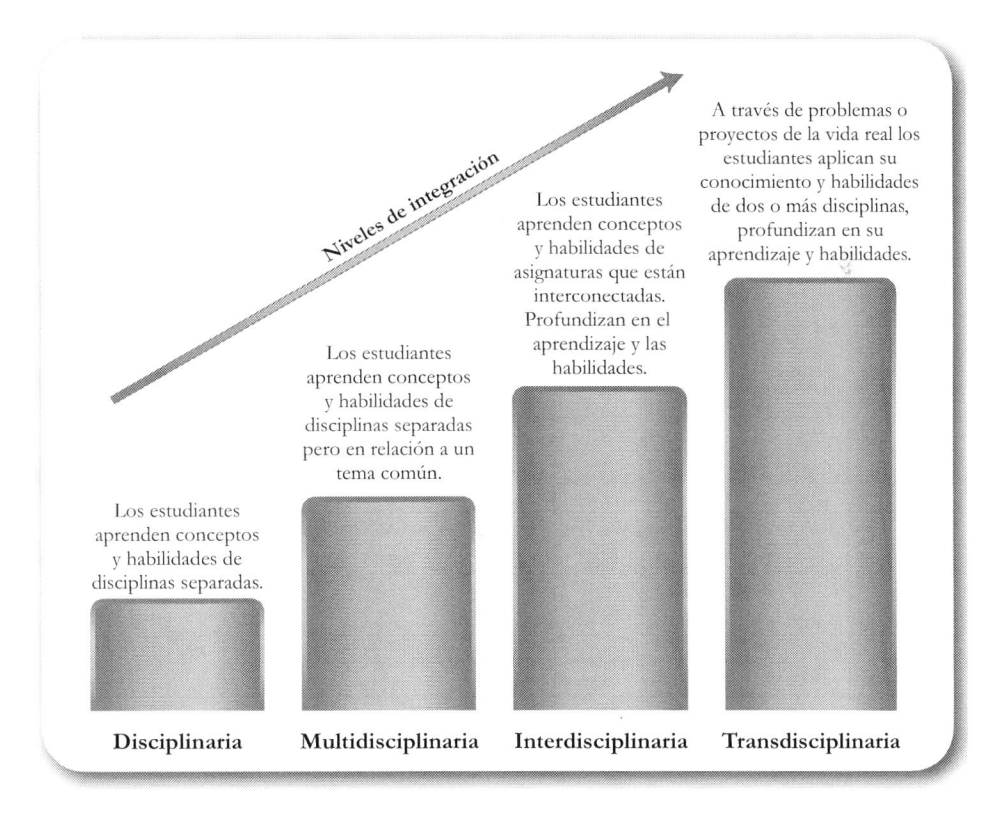

Figura 5.13 Niveles de integración.
(Basado en Vásquez, Sneider, Comer, 2013, p 73)

¿Cómo se logra que el aprendizaje sea más profundo? La educación STEM tiene herramientas que hacen del aprendizaje un proceso más profundo. En especial la instrucción en las asignaturas STEM. En ciencias, con las prácticas de ciencias e ingeniería, se logra pasar de solo una memorización de datos a momentos de curiosidad, que llevan al estudiante a darle sentido a los nuevos fenómenos, a buscar explicaciones de cómo y por qué ocurre algo, a pensar que la ciencia no es solo una serie de pasos y procedimientos, sino que hay una conexión entre los conceptos y lo que se hace en las actividades prácticas. En la tecnología, porque a través de una nueva visión, nos lleva a conectarnos con temas que jamás se le habían presentado al estudiante y que tienen que ver con la vida diaria, temas como qué ocurre con la basura, de dónde vienen los alimentos, cómo funciona el automóvil, cómo se transportan las mercancías que consumimos a diario y otros que están conectados con la experiencia y las necesidades diarias. En matemáticas porque ahora tendremos prácticas en las que lo que se busca es que los estudiantes encuentren sentido a los problemas, perseveren en resolverlos, razonen de manera abstracta, construyan argumentos y critiquen el razonamiento de otros.

El proceso de diseño en ingeniería despierta el pensamiento crítico y la curiosidad por comprender cómo cambia un sistema que se afecta por algún aspecto o variable, y esto lleva a preguntarse, ¿y qué pasa si...?

La nueva instrucción de las asignaturas STEM es interdisciplinaria, y a medida que se incluye la ingeniería, las actividades escolares estarán cada vez más interconectadas entre ellas. La figura 5.14 nos muestra cómo son los tres niveles de profundización. Un aprendizaje superficial es el que vemos comúnmente en las instituciones educativas, en las que el estudiante recibe información y memoriza datos, luego se prepara para el examen, y es posible que tenga buenas calificaciones.

Superficie

¿Qué?
Memorización de datos - solo preparación para el examen - corta duración

¿Cómo y por qué?
Sentido a lo que se aprende - ¿cuál es la ciencia detrás de esto? estudiantes observadores - estudiantes curiosos

¿Y qué pasa si...?
Nueva dimensión del aprendizaje - demuestra que lo aprendido es un escalón para nuevos conceptos - desarrollo del pensamiento sistémico

Profundidad

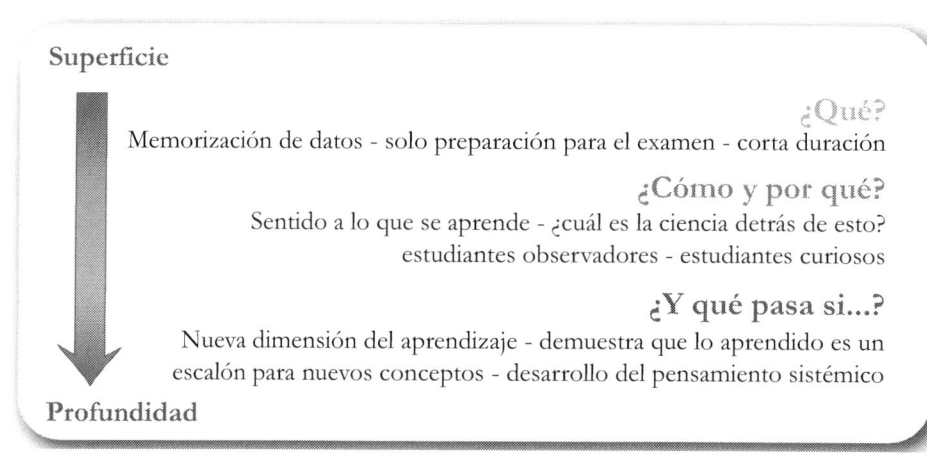

Figura 5.14 Niveles de profundización del aprendizaje.

Pero la entrega de datos o información es el nivel más simple del aprendizaje. Cuando ya logramos despertar la curiosidad y el estudiante comienza a descubrir lo que está detrás de los meros datos, es cuando el nivel de conceptualización es mayor y surgen las preguntas de cómo y por qué. En este nivel de profundización, el estudiante logra explicarse los conceptos que aprende y darles sentido. La educación STEM integrada pretende llegar a un nivel más profundo todavía, que es el de la pregunta ¿y qué pasa si…? En este momento el estudiante ya tiene claros los datos propios del tema que se está estudiando, ha entendido los conceptos, y con estos conocimientos intenta abrir su imaginación y su curiosidad, y comienza a idear cambios o alternativas, que despiertan un nuevo universo de conocimiento. Este es el punto de mayor profundidad en el aprendizaje.

Conclusiones

Llevamos mucho tiempo educando a nuestros estudiantes en la forma de silos, y eso hace más difícil comenzar a desarrollar un currículo interdisciplinario. Si miramos las exposiciones de ciencias o tecnología en los pasillos de un colegio, podremos reconocer qué nivel de integración se está practicando en la institución. Casi siempre es del tipo multidisciplinario o temático.

Es importante no perder de vista lo fundamental en la instrucción. Cuando se logra desarrollar actividades interdisciplinarias, los estudiantes se sienten más autónomos y los docentes toman su nuevo rol, pero se suele descuidar la calidad de la instrucción y se presta poca atención al contenido entregado. Esto no debe ocurrir nunca, porque la credibilidad de todo el modelo radica en que los estudiantes aprendan lo previsto, tanto en los estándares como en el currículo.

Un fenómeno muy común cuando la educación STEM se pone en práctica es que se comienza con temor y solo se involucran dos asignaturas, pero al incluir el proceso de diseño en ingeniería, automáticamente quedan atadas esas asignaturas y se involucran otras nuevas. Esto hace positiva la experiencia e invita a incluir siempre la ingeniería en las prácticas escolares.

Hemos visto cómo se ven las actividades con las características de una educación STEM integrada. No es fácil para un docente trabajar de forma interdisciplinaria con sus colegas, porque exige mucho esfuerzo poder cambiar el entorno actual por nuevos escenarios. A medida que se aprende más sobre cómo poner en práctica, esta forma de educación se hace más fácil crear nuevas actividades. El docente habrá sentido que el esfuerzo valió la pena al notar la satisfacción de los estudiantes, porque lo que aprenden tiene sentido, se mantiene el interés y despierta su curiosidad.

Referencias

Bybee R. W., (2013), *The Case For STEM Education Challenges and Opportunities,* p 29, NSTA Press.

National Research Council of the National Academies, (2012), *A Framework for K-12 Science Education, Practices, Crosscutting Concepts, and Core Ideas,* 2012, National Academies Press.

Council of Chief State School Officers (CCSSO) and the National Governors Association Center for Best Practices (NGA Center), *Common Core State Standards Initiative,* (2017)

Vasquez J. A., Sneider C., Comer M., (2013), *STEM Lesson Essentials, Grades 3-8 Integrating Science, Technology, Engineering and Mathematics,* Heinemann.

Capítulo 6
La institución educativa y la educación STEM

Hemos tratado los temas fundamentales de la educación STEM, partiendo de entender lo que significa, los avances que se han logrado, el papel de la ingeniería y los tipos de integración de las asignaturas. Seguramente el lector se preguntará: ¿Cómo se pone en práctica esta nueva forma de enseñar y aprender? Una institución educativa puede comenzar con la educación STEM de una manera sencilla, y por eso este capítulo quiere presentar los aspectos que se deben tener en cuenta para convertir la educación STEM en una realidad.

El mundo de hoy y los nuevos retos.

El siglo XXI nos está presentando nuevas situaciones, que nos hacen reflexionar sobre el futuro próximo. Por una parte, enfrentamos el cambio climático, el crecimiento de la población mundial, el aumento de la brecha económica en los países del Tercer Mundo, dificultades en el suministro de servicios básicos, como son el agua y la energía, los nuevos retos en la producción de alimentos, las dificultades para la disposición de basuras, la contaminación de las fuentes hídricas, el final de la segunda revolución industrial y el principio de la tercera.

También enfrentamos la globalización, el vertiginoso avance de la tecnología en el ámbito de las comunicaciones, la inteligencia artificial, los avances de la ciencia en las tecnologías médicas, las soluciones de generación de electricidad con energías limpias, los viajes al espacio, los vehículos eléctricos autónomos y la democratización del acceso a las redes de comunicaciones.

El desempeño profesional de los ciudadanos del siglo XXI estará sometido a nuevas condiciones, la economía tendrá grandes transformaciones, y por ello vamos a presenciar la transformación de los puestos de trabajo actuales en otros nuevos, que ni siquiera imaginamos todavía. Esto exige que la educación se adapte a esas nuevas situaciones y brinde a los estudiantes la capacidad de desenvolverse en todos los ámbitos, tanto personales como profesionales, para contribuir a actuar positivamente frente a este nuevo escenario mundial.

Es por ello que la educación STEM ayuda efectivamente al desarrollo de los estudiantes para enfrentar los retos de este siglo.

Aportes de la educación STEM

Una auténtica educación STEM debe aportar conocimiento para construir un aprendizaje interrelacionado entre la naturaleza de las ciencias y las matemáticas, que permita a los estudiantes desarrollar su entendimiento por la tecnología y la ingeniería. (Mcdonald C, 2016)

¿Qué obtiene un estudiante cuando su formación está fundamentada en la educación STEM? Recordemos los tres pilares que describen los objetivos de la educación STEM.

1. La instrucción en STEM tiene por objetivo profundizar en el aprendizaje, despertar en el estudiante la curiosidad por lo que ocurre en su entorno, en su ciudad, su región o su país. Y además enganchar ese interés nuevo para comprometerlo como participante activo en las soluciones de los problemas cotidianos. La instrucción en STEM es una nueva forma de enseñar y aprender, que desde el punto de vista de cada asignatura podemos resumirla así:

    - *Instrucción en ciencias:* Una persona instruida en ciencias debe tener los conocimientos, los conceptos, principios, leyes y teorías de las disciplinas de las ciencias, debe poder hacer las conexiones entre los conocimientos de las ciencias y otras disciplinas y también contar con la experiencia obtenida a través de las prácticas en ciencias e ingeniería que le permitan la resolución de problemas.

- *Instrucción en tecnología:* La nueva instrucción en tecnología pone a esta asignatura al nivel de las ciencias y las matemáticas. La transformación en una institución educativa deberá incluir nuevos contenidos de la vida real en muchos ámbitos. Una persona instruida en tecnología conocerá las tecnologías que existen en el mundo (no solo la tecnología de punta), apreciará las bondades de una tecnología, tendrá claridad sobre las desventajas o los riesgos que pueda generar y tendrá conocimientos sobre la infraestructura que permite la producción, suministro, operación y mantenimiento de las diferentes tecnologías.

- *Instrucción en ingeniería:* En una institución educativa, la ingeniería será parte de la forma de llevar los contenidos a los estudiantes en las diversas asignaturas, no solo en ciencias o matemáticas. Los estudiantes desarrollarán su habilidad de solución de problemas, el proceso de diseño en ingeniería permeará todas las instancias académicas y será parte de la identificación de la comunidad educativa.

- *Instrucción en matemáticas:* Las matemáticas cobrarán un nuevo significado para docentes y estudiantes. La contextualización de la instrucción permitirá que los estudiantes apliquen las prácticas en matemáticas, encontrarán sentido a los problemas y persistirán en resolverlos, podrán aplicarlas como medio de explicación de los fenómenos científicos, lograrán mediante el uso de las matemáticas encontrar soluciones viables a los problemas, se esmerarán por la precisión, construirán argumentos, criticarán el razonamiento de otros, buscarán patrones de cálculo y aplicarán métodos generales y automáticos.

2. Desarrollo de las habilidades para una sociedad eminentemente tecnológica: Adaptabilidad, comunicaciones complejas y habilidades sociales, resolución de problemas no rutinarios. La autogestión, el autodesarrollo y el pensamiento sistémico son las habilidades más importantes que debe tener desarrolladas un estudiante que entra a la educación superior. Hoy solo vemos estas habilidades en ciertos equipos de trabajo en empresas y en especial en personas que han desarrollado estas habilidades a través de su carrera profesional, pero es necesario que se desarrollen desde los primeros años de colegio.

3. Enfoque fundamentado en la innovación y el emprendimiento: El mundo del siglo XXI se transforma y presenta nuevos campos laborales y nuevos retos. Los países ven como única opción de desarrollo un adecuado conocimiento en las asignaturas STEM. Es el momento de formar un nuevo ciudadano

reflexivo e instruido en los problemas del mundo, que desde cualquier actividad contribuye a construir una sociedad próspera.

(Bybee, 2013)

Estos pilares mencionados por el Dr. Rodger Bybee cubren los aspectos en los que un estudiante se desarrollará en su carrera escolar.

Importancia de la tecnología como asignatura

El primer paso del cambio debe ser dar a la asignatura de tecnología una importancia equivalente a la de las ciencias y las matemáticas. Deberá contar con una intensidad horaria que permita desarrollar los temas de tecnología de una forma holgada. Recordemos lo que tratamos en el capítulo sobre los estándares de tecnología de la ITEEA: Los estudiantes aprenderán sobre el mundo tecnológico, lo que incluye tanto las tecnologías tradicionales como las más recientes. También se hará énfasis en la manufactura, en cómo se producen los materiales y los aparatos, se deben incluir temas de la industria en general, petrolera, papelera, de alimentos, la producción de computadores, etc. También se deben incluir temas como el uso y el mantenimiento de diferentes tecnologías.

Los docentes de tecnología son los que pueden ayudar a comenzar con el cambio. A estos se les facilita la integración de las asignaturas, dado que pueden preparar actividades con tecnología para explicar conceptos de ciencias o matemáticas, y también pueden liderar proyectos que requieran muy buenos conocimientos en estas asignaturas. El aprendizaje basado en la investigación y los principios de diseño son claves para el desarrollo del pensamiento crítico y la solución de problemas. Las actividades integradas pueden incluir a los docentes de otras asignaturas para involucrarlos en el cambio de la institución educativa.

Ingeniería en el aula escolar

El componente de ingeniería en la instrucción en STEM aporta todas las condiciones para desarrollar las habilidades del siglo XXI y es necesario incluirlo en la formación de los estudiantes. Comenzar a incluir la ingeniería en el aula no es un asunto tan difícil como a primera vista podría parecer. Se puede partir de la asignatura de tecnología e incluir el proceso de diseño en ingeniería en las actividades. A nivel mundial ya se está comenzando con esta disciplina en el currículo escolar. El entrenamiento de docentes de primaria es una de las metas más desafiantes en la transición de una institución educativa. Los docentes de otras asignaturas no están acostumbrados a incluir temas de tecnología en las actividades, por lo cual no se interesan, y a veces se sienten intimidados cuando se les invita a comenzar con esta práctica. El capítulo 4 del presente libro detalla cómo la ingeniería hace parte del aula de clase.

Aspectos importantes para implementar la educación STEM

Partamos del hecho de que la educación STEM no es un currículo, es una forma de pensar sobre la forma de enseñar y aprender, y es cierto que poner en marcha un proyecto educativo basado en esta forma de educación obligará a hacer cambios importantes

Uno de los factores que debe apoyar el desarrollo de la educación STEM en las instituciones educativas es una política pública coherente y sólida. El desarrollo de estándares curriculares nuevos para las asignaturas STEM es definitivo para la implementación de esta forma de educación. En varios países de Latinoamérica ya se están considerando los cambios en este sentido, y uno de los ejemplos más interesantes es el caso de Chile, que publicó sus bases curriculares de ciencias naturales del año 2015, y que incluyen varios conceptos de los estándares de ciencias naturales NGSS de los Estados Unidos. (Ministerio de Educación Gobierno de Chile, 2015)

Cada país tiene sus prioridades para la ejecución de los planes de política pública, y es posible que estos cambios tomen tiempo. Sin embargo, una institución educativa puede poner en marcha los primeros pasos para que la educación STEM sea una realidad. En varios países de Latinoamérica se utiliza una herramienta conocida como Proyecto Educativo Institucional o PEI, que incluye los principios y finalidades de la institución educativa, los recursos docentes y didácticos y la estrategia pedagógica. La institución educativa deberá considerar la adaptación del PEI y del currículo a las nuevas condiciones de la instrucción en las asignaturas STEM.

Se recomienda tener en cuenta los siguientes aspectos para la adaptación de la institución educativa.

1. Establecer la situación actual de las asignaturas STEM.

2. Considerar hasta dónde se quiere llegar con la educación STEM y qué nivel de integración se puede lograr.

3. Hacer las modificaciones necesarias al PEI y al currículo.

4. Diseñar un proyecto de implementación de la educación STEM.

5. Preparar, informar e involucrar a la comunidad educativa.

6. Capacitar y entrenar a los docentes.

7. Programar las unidades didácticas

8. Desarrollar la instrucción en STEM.

9. Considerar el material curricular disponible en el mercado para desarrollar las prácticas en la educación STEM.

Veamos en detalle cada uno de los pasos que se deben dar en cada uno de estos procesos para responder a las preguntas de "quién, cómo y cuándo".

Establecer la situación actual

¿En qué situación o nivel de desarrollo se encuentran las asignaturas STEM?

Ciencias Naturales: Normalmente las ciencias son una de las asignaturas que más atención tiene en un colegio. Es una asignatura tradicional, que hace parte del currículo escolar, tiene su plan de estudios desarrollado, cumple con los estándares curriculares del Ministerio de Educación, cuenta con suficientes docentes que están bien preparados para la instrucción, se incluye material curricular propio o de terceros, tiene laboratorios o actividades en clase suficientes, etc.

Matemáticas: De la misma manera, las matemáticas son una asignatura tradicional y en la mayoría de las instituciones tiene su plan de estudios desarrollado, cumple con los estándares curriculares del Ministerio de Educación, cuenta con suficientes docentes que están bien preparados para la instrucción e incluye material curricular propio o de terceros.

Tecnología: En el caso de esta asignatura es posible que se presenten diferentes escenarios, como los que a continuación mencionamos:

- La asignatura no se dicta.

- Es una asignatura de baja prioridad y tiene una intensidad horaria baja, se dictan temas de informática u ofimática.

- La asignatura de tecnología aunque es de prioridad baja ya incluye temas de electrónica, robótica o el uso de tecnologías educativas de última generación.

- Es posible que el colegio incluya algunos cursos extracurriculares que toman los estudiantes que más afinidad tienen por estos temas.

Ingeniería: Es un tema muy nuevo, que solo ahora se está desarrollando, y es posible que algún docente ya esté incluyendo el proceso de diseño en ingeniería de una forma empírica, pero no como una aspecto esencial en su actividad educativa.

Integración de las asignaturas: En la gran mayoría de las instituciones las asignaturas se dictan separadamente. Sin embargo, ya se pueden encontrar proyectos escolares basados en la investigación, que incluyen conocimientos de varias asignaturas. La situación más común es tener una educación S.t.M. es decir que se tiene las matemáticas y las ciencias como asignaturas fuertes (en mayúsculas), pero la tecnología se encuentra en un estado muy inicial (en minúscula), y cada asignatura se desarrolla separadamente.

Considerar hasta dónde se puede llegar con la educación STEM

Esta es quizás la consideración más importante para la implementación de la educación STEM. ¿A dónde se quiere llegar con esta forma de enseñar y aprender? Para dar respuesta a esta pregunta se deben tener muy en claro los principios establecidos en la misión y la visión de la institución, así como los proyectos que se tengan en desarrollo. También se deben considerar los recursos humanos actuales y su disponibilidad para acometer este nuevo proyecto.

El modelo más efectivo para implementar la educación STEM es llevar las cuatro asignaturas al mismo nivel de importancia y adoptar un nivel de integración transdisciplinario. Sin embargo, se puede comenzar con los niveles multidisciplinario o interdisciplinario. (Ver capítulo 5 para los detalles) Con el ánimo de lograr el máximo nivel de integración, se recomienda utilizar la metodología de enseñanza conocida como ***Project Based Learning*** – PBL (Aprendizaje basado en Proyectos - ABP). Es una de las herramientas más poderosas con que se cuenta actualmente para desarrollar una enseñanza transdisciplinaria. El ABP se ha utilizado en la formación escolar desde preescolar hasta grado 12 en los colegios y está fundamentado en el marco de referencia del constructivismo. (Purzer, Strobel, Cardella, 2014).

Situación inicial	Asignaturas STEM							Situación deseada
Solo se dictan ciencias y matemáticas de forma separada	S		M	S	T		M	Incluir la nueva instrucción de tecnología de forma separada.
Se dictan las asignaturas STEM de forma separada, excepto ingeniería	S	T	M	S	T	E	M	Incluir todas las asignaturas STEM separadamente.
Se incluyen todas las asignaturas STEM separadamente.	S	T	E	M	S	T	E	M	Tecnología e ingeniería se dictarán de forma integrada.
Se incluyen todas las asignaturas STEM separadamente.	S	T	E	M	S	T	E	M	Ciencias, tecnología e ingeniería se dictarán de forma integrada.
Se incluyen todas las asignaturas STEM separadamente.	S	T	E	M	S	T	E	M	Tecnología, ingeniería y matemáticas se dictarán de forma integrada.
Se incluyen todas las asignaturas STEM separadamente	S	T	E	M	T	S	E	M	Ciencias, ingeniería y matemáticas se dictarán de forma integrada.
Se incluyen todas las asignaturas STEM separadamente	S	T	E	M	S	T	E	M	Se dictarán las asignaturas STEM de forma integrada.

Tabla 6.1. Combinaciones para una educación integrada.

La implementación de la educación STEM nos invita a diseñar y programar nuevas unidades didácticas así como a crear nuevas actividades educativas.

En la tabla 6.1 se mencionan algunas combinaciones, que consideramos se pueden volver una realidad. La decisión por un nivel de integración no se da antes de considerar los objetivos generales de la institución educativa.

Para seleccionar una de las opciones es necesario analizar la situación actual y proyectar cómo se integrarán las asignaturas. Los objetivos que se puede buscar para implementar la educación STEM podrían ser:

- Mejorar el desempeño de los estudiantes en las áreas de ciencias y matemáticas.
- Aumentar el interés por las ciencias.
- Aumentar el interés por las matemáticas.
- Desarrollar la asignatura de tecnología usando el enfoque de la instrucción STEM.
- Desarrollar los cursos de ciencias con actividades manos a la obra.
- Desarrollar la educación STEM de forma integrada incluyendo las cuatro asignaturas con las demás del currículo.

Los objetivos pueden ser muchos y muy variados pero no podemos perder de vista los pilares de la educación STEM. Instrucción, habilidades e innovación.

Hacer las modificaciones al PEI y al currículo

Luego de haber establecido los objetivos que se pretende alcanzar durante un tiempo específico, es el momento para hacer las modificaciones en el PEI y el currículo. Es posible que la visión y la misión de la institución sufran algún cambio, o que los proyectos establecidos tomen otra connotación o que pierdan vigencia.

Es pertinente tener en cuenta cuáles son las asignaturas que se dictarán, cuál será su intensidad horaria y cómo deberá transformase el plan de estudios. Las transformaciones deberán garantizar que se cumple con los requerimientos mínimos exigidos por los entes estatales, dado que los estudiantes deberán recibir los temas exigidos y cumplir con las evaluaciones establecidas.

Una recomendación que se hace al incluir la educación STEM es considerar los temas del plan de estudio, dado que se requiere más tiempo para enseñarlos. Los docentes necesitan cambiar su forma de dictar su asignatura, pues no solo van a profundizar más en los conceptos, sino que deberán hacerlo de forma integrada con sus colegas. Por lo tanto se recomienda tener en cuenta los siguientes aspectos a la hora de hacer estas modificaciones:

- Establecer el listado completo de asignaturas por cada grado.
- Establecer el requerimiento de planta profesional docente para desarrollar estas asignaturas.
- Revisar los estándares curriculares y los planes de estudio actuales para determinar los contenidos que se deben dictar.

Cada institución educativa tiene un proyecto educativo institucional propio con características específicas. Por esta razón hay que considerar aspectos no mencionados que deben ser revisados.

La forma de dictar las clases así como el nuevo papel del docente requerirá de un nuevo diseño de unidades didácticas y actividades académicas. Esto lo veremos más adelante.

Desarrollar el proyecto de implementación de la educación STEM

Después de hacer las verificaciones anteriores y considerar qué cambios van a causar más impacto en la institución educativa, es el momento de diseñar un proyecto completo de implementación.

Equipo de trabajo: Es importante seleccionar cuidadosamente las personas que serán responsables del desarrollo del proyecto. Esto va de la mano con las responsabilidades y actividades necesarias. Veamos un ejemplo del equipo de trabajo sugerido:

- *Comité directivo:* Este es el grupo de personas que toman las decisiones más importantes referentes al proyecto. Puede considerarse un representante de la junta directiva, el rector, los coordinadores académicos y el representante de la asociación de padres de familia, entre otros.
- *Administración de currículo y plan de estudios:* Esta actividad deberá ser liderada por una persona o grupo, y serán las responsables de supervisar los contenidos que se definan y que serán dictados por la planta docente involucrada en el proyecto. Su función es activa, porque deberán aportar al proyecto su

conocimiento y presentar las alertas necesarias en caso de no cumplimiento de los requisitos mínimos requeridos.

- *Equipo líder en educación STEM:* Este grupo de personas deberá contar con los mejores conocimientos en educación STEM dentro de la institución educativa. Serán las personas que dirijan las actividades del proyecto para un resultado exitoso. Este grupo puede estar compuesto por representantes del cuerpo docente y especialistas en su asignatura (ciencias, tecnología, matemáticas, ciencias sociales, artes, humanidades, etc), y puede incluir también a los coordinadores académicos y a representantes de otras áreas involucradas en el desarrollo estudiantil. Estas personas deberán recibir capacitación sobre la educación STEM y serán responsables de la formación de los docentes y de la supervisión y acompañamiento de las actividades de puesta en marcha.

- *Directores de departamentos:* Es usual que las asignaturas en las instituciones educativas estén agrupadas en departamentos. Para que las asignaturas estén incluidas en el proyecto, los directores de departamento deberán ser parte de la estructura del proyecto para que aporten ideas y soluciones en el desarrollo de este.

La figura 6.1 nos muestra una estructura típica de un proyecto de implementación de la educación STEM.

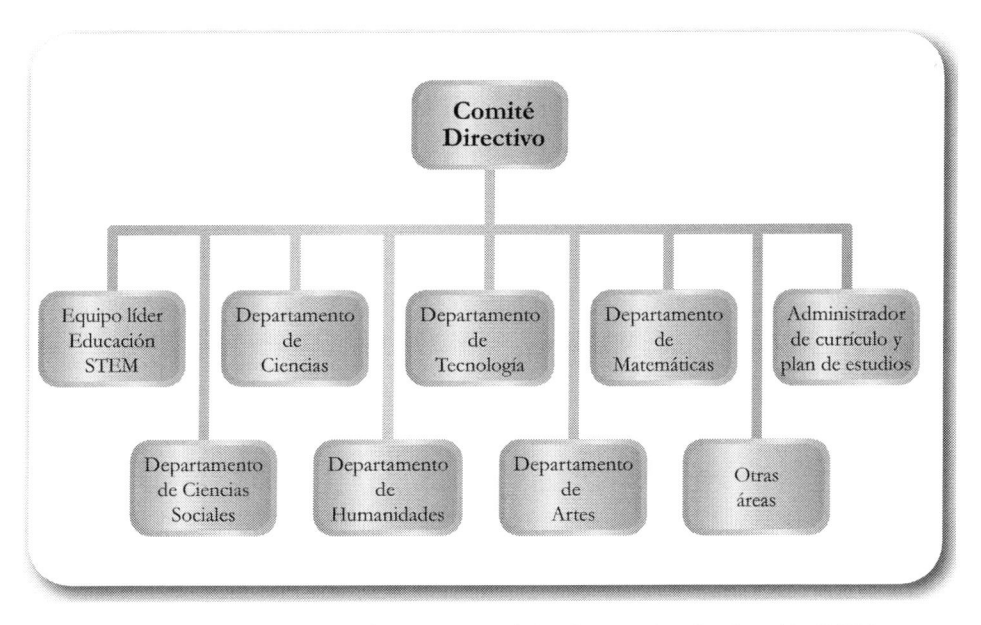

Figura 6.1 Estructura típica de un proyecto de implementación de educación STEM.

Contenido del proyecto: El lineamiento del proyecto debe ser establecido por el comité directivo e incluir los siguientes aspectos:

- *Grados que van a ser incluidos en el proyecto:* La decisión sobre los grados va de la mano de la realidad de la institución educativa y depende del grupo docente disponible. En este aspecto se presentan varias alternativas. Lo ideal es que los grados de educación primaria sean los que comiencen con el proyecto, para que de año en año se vaya incluyendo un grado nuevo e ir ampliando su rango hasta alcanzar la educación secundaria. Sobre esto no hay nada definitivo en la literatura, pero una buena consideración es comenzar con un proyecto ambicioso que incluya la mayor cantidad de grados posibles, pues no hay tiempo que perder.

- *Asignaturas involucradas:* Esta es también una decisión compleja, pero se recomienda que las asignaturas STEM (ciencias-tecnología-ingeniería-matemáticas) sean incluidas en su totalidad. Como lo mencionamos antes, considerar una estrategia basada en ABP (Aprendizaje basado en proyectos) puede ayudar en el desarrollo del proyecto.

- *Tiempo de desarrollo del proyecto:* Es necesario establecer varios hitos y considerar un tiempo adecuado para su realización. A continuación se muestra un ejemplo de actividades que se deben tener en cuenta. Los tiempos deben ajustarse a la realidad de cada institución. La tabla 6.2 nos muestra algunas actividades que se deben incluir en el cronograma del proyecto, pues la prioridad que la institución le dé al proyecto determinará el tiempo asignado a este. Los tiempos incluidos son solo una sugerencia porque cada caso debe analizarse por separado.

- *Puesta en marcha:* Luego de las actividades iniciales, la institución educativa deberá dejar un esquema en funcionamiento. Las asignaturas y sus docentes deberán contar con espacios para el trabajo interdisciplinario de planeación, evaluación y revisión del éxito de las actividades STEM. Los representantes del equipo líder deberán asistir a los docentes para solucionar dudas y hacer las modificaciones convenientes.

Actividades en el proyecto	Comentarios	Involucrados	Tiempo de ejecución
Capacitación del equipo líder	Fuente externa de capacitación.	Equipo líder	30 días
Análisis del currículo y los planes de estudio	Determinación de las asignaturas y temas a dictar.	Administración de currículo y grupo líder.	30 días
Entrenamiento de docentes	Se capacitan a los docentes de los grados y asignaturas determinados.	Docentes y Equipo líder.	15 días
Preparación y elaboración de unidades y actividades iniciales.	Material curricular	Docentes bajo la supervisión del Equipo líder	30 días
Actividades como plan piloto	Primeras actividades con estudiantes.	Docentes bajo la supervisión del Equipo líder	15 días
Evaluación del plan piloto	Se hace con fines de ajustar la forma en que se llevan las actividades. Se debe informar de los resultados al comité directivo.	Equipo líder y docentes	15 días

Tabla 6.2 Ejemplo de cronograma de actividades.

Preparar, informar e involucrar a la comunidad educativa

La educación STEM es un tema nuevo, y para lograr que un proyecto de esta envergadura tenga éxito se requiere de una estrategia para preparar, informar e involucrar a la comunidad educativa. Se recomienda hacer un proceso de divulgación importante para lograr que las personas relacionadas con el cambio en la institución se identifiquen y se comprometan con el proyecto. Consideraremos el papel de los diversos grupos de personas:

- *Grupo directivo:* El grupo directivo debe estar plenamente informado del desarrollo del proyecto para la puesta en marcha en la institución. Ellos deben tomar las decisiones más importantes y acordar la manera en que el resto de la comunidad educativa debe ser informada.

- *Administradores escolares:* Se recomienda informar previamente al grupo de personas que participan en la administración de la institución, para que sus actividades sean planeadas y programadas de acuerdo con el proyecto de educación STEM.

- *Planta docente de la institución:* Todos los docentes de la institución deben estar enterados de los cambios que se presentarán con motivo del proyecto de educación STEM. El siglo XXI trae nuevos retos y por ello los profesores deberán considerar que su papel en la educación tendrá dimensiones nuevas, que contribuirán a mejorar su desempeño profesional.

- *Padres de familia:* La transformación en la forma de enseñar y aprender que brinda la educación STEM implica un cambio en el día a día de los estudiantes. Los padres de familia van a notar cambios fundamentales, como son los tipos de tareas, las investigaciones, las actividades en el colegio y la forma de ver los temas académicos. Por esta razón deben estar informados de los cambios y de cómo la educación STEM afectará positivamente el aprendizaje.

- *Otros involucrados internos:* Las estructuras en las instituciones educativas no siempre son iguales. Es posible que la organización interna requiera informar a otros, como pueden ser los demás departamentos y en caso de no ser parte del proyecto se debe informar a la asociación de padres de familia.

- *Otros involucrados externos:* Según las condiciones del país y de la región, puede ser necesario informar previamente a otras organizaciones, como las secretarías de educación o alguna entidad del estado.

Capacitar y entrenar al equipo docente

Como lo hemos indicado en capítulos anteriores, el siglo XXI trae nuevos retos y transformaciones muy grandes en la forma de vivir y trabajar de los ciudadanos. Hay una demanda muy importante de nuevos docentes, que deberán estar en la capacidad de enfrentar nuevas situaciones y ser partícipes de las soluciones que requieren los problemas del mundo, preparados para aportar en la formación de los futuros ciudadanos.

La capacitación y entrenamiento de los docentes en servicio será la inversión más importante que deberá hacer la institución educativa. Se debe procurar que las bases académicas sean sólidas, bien fundamentadas y lograr que los profesores se identifiquen con su nuevo rol en la institución. El equipo líder será el responsable de darle apoyo a la institución educativa en todo momento, sobre todo en el entrenamiento de la planta docente de la institución. El equipo será también el encargado de aportar soluciones a las nuevas situaciones durante el desarrollo y maduración del proyecto. Este proceso de entrenamiento va a presentar situaciones nuevas a los profesores, y por lo tanto podrán aparecer barreras previsibles para abordar el cambio. Por ejemplo, la inclusión de la tecnología y la ingeniería en la enseñanza de las ciencias o la forma de hacer la integración entre las asignaturas STEM y las demás. Probablemente los docentes que estén en servicio no estarán preparados para trabajar en forma integrada, y mucho menos para incluir la ingeniería dentro de sus actividades académicas. Para superar esta situación, una práctica útil es establecer proyectos piloto, en los que los docentes puedan apreciar las bondades de la educación STEM.

El interés por las asignaturas STEM a nivel mundial es creciente, y esto ha dado como resultado que se esté midiendo el desempeño de los estudiantes sobre sus habilidades de aprendizaje interdisciplinario. Es el caso de las pruebas del *Programme for International Student Assessment PISA* (Programa para la evaluación internacional de estudiantes) dirigido por la OCDE, Organización para la Cooperación y Desarrollo Económicos, que ha considerado hacer las mediciones de la preparación de los estudiantes en las asignaturas STEM. Esta iniciativa nos indica cómo se transforma la educación y cómo el docente debe prepararse adecuadamente para contribuir a la nueva formación de los estudiantes. No es un asunto de probabilidades, es una situación en la que se va a demandar a los profesores su habilidad para diseñar y desarrollar actividades interdisciplinarias, trabajando de la mano con sus colegas. (Purzer, Strobel, Cardella, 2014).

Programar las unidades didácticas y elaborar nuevas actividades educativas

Previamente se realizó un análisis y modificación del PEI de la mano del currículo y el plan de estudios. Estos cambios nos indican un plan de estudios clasificado por asignaturas y que incluye todos los temas que se van a dictar en cada grado. Con esta información es posible modificar o crear unidades didácticas de aprendizaje.

Un trabajo importante será lograr unidades didácticas iniciales que contengan entre sus objetivos de aprendizaje los temas seleccionados durante la etapa de análisis del currículo y del plan de estudios. También se deberán tener en cuenta las asignaturas integradas, y cómo estas contribuyen a un aprendizaje más profundo.

Desarrollar la instrucción en STEM en la institución educativa

Para lograr hacer un cambio notorio y medible en la institución educativa, proponemos una combinación de actividades que cubran los temas más importantes del plan de estudios. La figura 6.2 muestra cómo las asignaturas van llevando mes a mes actividades del tipo *Aprendizaje Basado en Lecciones (ABL)*. Estas son actividades cortas, que pueden durar entre una y tres horas, que integran varias asignaturas y que contribuyen a fijar los conocimientos y conceptos, con actividades relevantes para los estudiantes y con experiencias del tipo "manos a la obra". Este aprendizaje será más profundo y aportará los conceptos y conocimientos para nuevos temas del año en curso y para cursos superiores.

La instrucción en STEM en una institución educativa estará centrada en los proyectos, actividades del tipo *Aprendizaje Basado en Proyectos (ABP)*, que son de más larga duración, entre cuarenta y sesenta horas. Ahora los resultados de la evaluación de las asignaturas resultarán del desempeño de los estudiante en estos proyectos ABP. Nótese que ya no evaluaremos cuántos datos sabe el estudiante, sino cómo se desempeña integralmente en las áreas interdisciplinarias. El resultado que esperamos es estudiantes con conocimientos de larga duración como bloques estructurales de un conocimiento mejor fundamentado.

En la figura 6.2 se presenta un modelo combinado de estos dos tipos de actividades y cómo desarrollan sus actividades ABL las asignaturas de ciencias, tecnología y matemáticas. En la figura también se propone que las demás asignaturas introduzcan este modelo y que cada actividad tenga como columna vertebral el proceso de diseño en ingeniería. Esto contribuye fundamentalmente a convertir el modelo en una instrucción transdisciplinaria.

La institución educativa y la educación STEM

	1	2	3	4	5	6	7	8	9	10
			ABP					**ABP**		
Ciencias	ABL	ABL	ABL	ABL	ABL	ABL	ABL	ABL	ABL	ABL
Tecnología-Ingeniería	ABL	ABL	ABL	ABL	ABL	ABL	ABL	ABL	ABL	ABL
Matemáticas	ABL	ABL	ABL	ABL	ABL	ABL	ABL	ABL	ABL	ABL
Ciencias Sociales	ABL	ABL	ABL	ABL	ABL	ABL	ABL	ABL	ABL	ABL
Humanidades-Inglés-Literatura	ABL	ABL	ABL	ABL	ABL	ABL	ABL	ABL	ABL	ABL
Artes-Música	ABL	ABL	ABL	ABL	ABL	ABL	ABL	ABL	ABL	ABL
Otras asignaturas	ABL	ABL	ABL	ABL	ABL	ABL	ABL	ABL	ABL	ABL

Figura 6.2 Ejemplo de la combinación de actividades ABL + ABP

La formación de los docentes debe incluir la manera de desarrollar el contenido para poner en práctica la instrucción en STEM. La institución educativa debe preparar, elaborar y ejecutar sus actividades, y por lo tanto los docentes deberán comprender los fundamentos académicos que determinan este tipo de aprendizaje. Sobre este tema hablaremos en detalle en un capítulo posterior.

Las modalidades para la realización de estas actividades pueden ser diversas. Es posible que la institución educativa cuente con especialistas para el diseño de este material académico, o puede presentarse el caso en que cada docente esté en capacidad de desarrollar este contenido, o bien considerar material curricular elaborado por terceros.

Considerar el material curricular disponible en el mercado para desarrollar las prácticas en la educación STEM

A medida que la educación STEM sea más utilizada en todos los países, habrá una producción y una oferta mayor y diversa de material curricular preparado por compañías expertas en el tema. Vemos que en los Estados Unidos ya hay una gran oferta de materiales curriculares especializados y también de herramientas tecnológicas que aportan en gran manera a la programación, desarrollo, ejecución y evaluación de la instrucción.

Una buena alternativa, cuando ya se tiene en marcha un proyecto en educación STEM, es considerar lo que el mercado ofrece. También hay comunidades en el sector de la educación que comparten sus experiencias con actividades sorprendentes y que descubren nuevas alternativas en la planeación y ejecución de actividades STEM.

Conclusiones

Hemos analizado la importancia de incluir la educación STEM en una institución educativa. Se han mostrado los beneficios y lo que persigue esta forma de educación. Una institución educativa debe considerar que los cambios del mundo con respecto a las asignaturas STEM son muy grandes y que los estudiantes deben estar preparados para afrontar los problemas del mundo, pero en especial los propios de su país, región y comunidad. Un ciudadano preparado podrá contribuir activamente en todo tipo de situaciones, inclusive en aquellas que no sean parte de su profesión, porque los retos del siglo XXI competen a todos.

El paso más importante para comenzar con la educación STEM es elevar la tecnología como asignatura al nivel de las matemáticas y las ciencias. Para entender cómo se debe incluir la tecnología como asignatura, recomendamos revisar el capítulo 3, los estándares de tecnología STL. En este se puede apreciar la nueva visión de cómo enseñar tecnología.

El siguiente paso es incluir la ingeniería en el aula. Hemos comentado que la forma más sencilla es comenzar por la asignatura de tecnología, pero creemos que todas las asignaturas pueden incluirla, en especial ciencias y matemáticas.

Se ha planteado una forma de implementar la educación STEM. Somos conscientes de que no tenemos todas las respuestas y que las instituciones educativas son diferentes en su visión y objetivos, así como por su historia e identidad. Las recomendaciones que hacemos son generales, pero es posible que se presenten aspectos no considerados y puedan originar ideas para acometer un proyecto en educación STEM.

En los primeros capítulos de este libro se han expuesto los fundamentos teóricos para considerar la educación STEM como una alternativa. El mundo ha abrazado los principios que componen esta forma de educación. Son muchos los especialistas que han contribuido a darle forma y a poner en práctica una solución para la formación de los estudiantes, acorde a las necesidades del siglo XXI.

Más adelante se podrá encontrar un capítulo en donde se describe cómo se lleva a la práctica la educación STEM, y se indicará a los docentes cómo cambia su rol y cómo podrán lograr desarrollar actividades inspiradoras para profesores y estudiantes.

Referencias

Bybee R. W., (2013), *The Case For STEM Education Challenges and Opportunities*, p 29, NSTA Press.

Mc Donald, C. V., (2016). *STEM Education: A review of the contribution of the disciplines of Science, Technology, Engineering and Mathematics, Science Education International,* Vol 27, Issue 4, p 530-539.

Ministerio de Educación, Gobierno de Chile, 2015, *Bases Curriculares 7º básico a 2º medio.* Unidad de Currículum y Evaluación Ministerio de Educación, República de Chile.

Purzer Ş., Strobel J., Cardella M.C., (2014) *Engineering in Pre-College Settings: Synthesizing Research, Policy, and Practices,* Purdue University Press.

Capítulo 7
Cómo llevar la educación STEM a la práctica

Confiamos en que el lector al llegar a este capítulo haya entendido los principios fundamentales de la educación STEM, pero quizás todavía tenga dudas sobre cómo se lleva a la práctica esta forma de educación. El objetivo de este capítulo es describir de forma detallada la manera de preparar y ejecutar unidades y actividades STEM. Con esta información es posible entender cómo se desenvolvería una clase con este sistema en una institución educativa.

El nuevo docente

El enunciado puede parecer extraño para algunos, en especial por la característica de transformación que lleva implícita. Estamos en un mundo que se transforma de muchas maneras, especialmente en tecnología, y esta hace que nuestras actividades diarias adquieran otras dimensiones, y el rol de docente no es la excepción. Los estudiantes de hoy serán los responsables de enfrentar las situaciones y problemas del mañana, que demanda un ciudadano que esté preparado para ello. Este ciudadano debe formarse bajo la responsabilidad de un docente listo para asumir los retos de la educación del siglo XXI.

La educación STEM responde a algunos cuestionamientos que muchos de nosotros nos hemos hecho durante nuestra vida. Recordemos los días de colegio y universidad, cuando asistimos a clases en donde lo único que nos pedían era la memorización de información, lo único que nos evaluaban era la cantidad de datos retenidos, y por ello obtuvimos buenas o malas calificaciones. ¿Nos acordamos de esa información hoy en día? ¿De los elementos de la tabla periódica, de las partes de la célula, de cómo despejar ecuaciones en química, los hitos históricos relevantes de nuestro país, la forma en que se definía un problema en filosofía? Es posible que algunos los recuerden, pero la gran mayoría no recordamos estos datos.

Hoy la información está en la red de internet, y con un solo clic es posible tener la información detallada sobre cualquier tema. Ya no es relevante memorizar, como antes lo era. Hoy, con la disponibilidad de información, vemos que los estudiantes no hacen más que una labor de copia cuando realizan una consulta. Se les pide un trabajo de un tema específico y la tarea se ha centrado en traer la información que se encuentra en la red. Muchas instituciones educativas han tomado medidas para evitar estas situaciones, sin embargo el problema persiste y debemos darle un nuevo significado a lo que implica enseñar y aprender.

Todos hemos tenido una experiencia en nuestra carrera estudiantil en la que algún concepto nos quedó profundamente grabado en nuestra mente. En muchos casos esa experiencia se dio por varios factores: Un profesor con buen humor, una experiencia fuera del colegio, como una visita a un parque, a una industria, a un laboratorio de ciencias, que se salió de lo común, un trabajo en equipo que se logró llevar con éxito en alguno de los cursos superiores, etc. Muchos de esos factores son esenciales para el aprendizaje, y la educación STEM trae muchos elementos que propician estas situaciones. El Dr. Rodger Bybee habla de los *teachable moments* (momentos de enseñanza), que ocurren cuando el docente hace algo inesperado que toma por sorpresa al estudiante. Este último espera que el profesor haga algo o que muestre algo, pero inesperadamente el docente cambia el curso de las cosas con algo diferente. Puede ser algo tan simple como una pregunta, una demostración u otra cosa. Lo más importante es lograr la atención, la curiosidad y el interés del estudiante, y mantener esta situación por el mayor tiempo posible. (Bybee 2015) Los elementos de la educación STEM promueven los "momentos de enseñanza" porque le dan relevancia a lo que los estudiantes aprenden, y esa relevancia puede darse a través de las experiencias de las asignaturas STEM, hacen que el estudiante aprenda en una forma más profunda. Esas condiciones las crean los docentes en el aula, un docente nuevo, que participa en esta relación de enseñanza aprendizaje de forma diferente de la tradicional.

Algunas de las satisfacciones más grandes que puede tener un docente son que sus estudiantes aprendan de forma profunda, que los conocimientos permanezcan, y que se despierte la curiosidad por continuar el camino del aprendizaje. La educación

Cómo llevar la educación STEM a la práctica

STEM tiene estos objetivos, y para que un docente logre poner en práctica esta forma de enseñar y aprender, debe cambiar la forma de entender cómo reciben los estudiantes el conocimiento. La dinámica de una clase tradicional es aquella donde toda la instrucción está centrada en el docente. Ahora la función docente es acompañar al estudiante como guía o mentor, y la dinámica de la asignatura se fundamentará en una instrucción centrada en el estudiante.

Ideas inspiradoras

En la reunión de profesores de California conocida como *Better Together – California Teachers Summit* del año 2017, se realizó una sesión de preguntas con representantes de diferentes instituciones educativas escolares y universitarias del estado. El evento fue muy inspirador, ya que en él los profesionales de la educación expresaron sus impresiones sobre la puesta en marcha de los nuevos estándares de ciencias de preescolar a grado 12 - NGSS. Hemos extractado algunas ideas que confiamos en que un docente pueda tener en cuenta al momento de aplicar la educación STEM:

- El mundo real es interdisciplinario y exige del ciudadano utilizar todos los conocimientos que tiene para solucionar los problemas de la vida. Por esto el estudiante necesita tener, desde su formación escolar, una experiencia interdisciplinaria.

- Para enseñar en forma innovadora es necesario tener las herramientas adecuadas. El uso de la tecnología como herramienta hace más fácil la manera de enseñar de una forma significativa.

- El trabajo en equipo entre colegas es la clave para el éxito en la docencia. La flexibilidad del docente a la hora recibir u ofrecer apoyo de o hacia sus compañeros debe ser una constante para el desarrollo académico en la institución educativa.

- Uno de los objetivos que se persiguen con la instrucción en las asignaturas es hacer crecer el amor de los estudiantes por la ciencia, las matemáticas, la tecnología y la ingeniería. Para ello se requiere desmontar los estereotipos que se tienen de estas disciplinas.

- La nueva experiencia en el aula permite que el estudiante pregunte en forma natural, de tal manera que su experiencia en clase sea divertida y no se sienta temeroso.

- El profesor será el responsable del rumbo del aprendizaje de sus estudiantes.

- Las actividades en las disciplinas STEM no tienen una única respuesta, y muchas de ellas no cumplirán con las especificaciones del problema, pero a través del proceso de diseño en ingeniería se enseñará a los estudiantes que fallar es parte del camino del aprendizaje, no una situación de fracaso, y la posibilidad de revaluar las decisiones para incluir otras alternativas y llegar a una solución que cumpla con lo especificado es uno de los elementos de mayor valor en esta nueva forma de aprender.

- El nuevo rol del docente implica no ir al rescate de los estudiantes, y por eso en el desarrollo las actividades mantendrá su posición como guía o acompañante al utilizar preguntas del tipo: ¿Por qué? ¿Cómo? ¿Cómo lo resolviste? ¿Con qué evidencia se puede explicar esto? De esta manera los estudiantes profundizarán en su aprendizaje.

- Se debe comenzar por lo sencillo y de forma divertida.

- Todos los estudiantes deben participar en la clase, con el objeto de que la educación STEM sea incluyente.

- Es una oportunidad fantástica para el profesor, especialmente si vemos en esta transformación una forma de desarrollo profesional.

- Los profesores deben ser buenos estudiantes, deberán adoptar la costumbre de un aprendizaje constante.

(California Department of Education, The California State University, Association of Independent Colleges and Universities AICCU, New Teacher Center, 2017)

Desarrollo profesional

El marco de referencia para la enseñanza de las ciencias desde educación preescolar hasta el grado 12, prácticas, conceptos transversales e ideas fundamentales, que fue la base para la generación de los nuevos estándares de ciencias NGSS, cita lo siguiente:

"El marco de referencia y los estándares subsecuentes no van a proveer ninguna mejora en la educación de ciencias de K-12 a menos que los otros elementos del sistema educativo, como son el currículo, la instrucción, el desarrollo profesional y la evaluación, cambien de tal manera que estén acordes con la nueva visión…"

(National Research Council of the National Academies, 2012)

El desarrollo profesional de la planta docente de las instituciones educativas debe ser una prioridad para lograr niveles más altos de calidad de la educación. Esta es una decisión que deben tomar los directivos y los docentes de todo colegio. No se trata únicamente de concebir un plan de formación anual de docentes para cumplir con un requerimiento del sistema de gestión de la institución. Se trata de que ambas partes acepten que sin el desarrollo profesional es muy difícil mantener un nivel de calidad aceptable para la instrucción, y mucho menos dar pasos firmes en la innovación en la educación. Si bien la educación STEM es algo nuevo para el mundo, y en mayor grado para Latinoamérica, su implementación tiene un ingrediente de urgencia, y en muchos casos podríamos decir que ya no se trata de innovar, sino de corregir el camino para poder afrontar las necesidades actuales.

El nuevo docente es aquel que entiende que su rol ya no es el de impartir conocimientos (entiéndase datos), porque los datos están al alcance de todos, sino el de aquel que va a acompañar al estudiante en su camino de formación para abordar temas que son importantes tanto para el uno como para el otro, y que simultáneamente van a mantenerse en un proceso de formación constante. El nuevo docente estará en la búsqueda de nuevos conocimientos y de mejorar su actividad. Se trata de una participación como tutor, guía o mentor, su actitud será siempre crítica y no permanecerá dentro de una rutina constante, mediante una receta o solución que alguna vez tuvo éxito entre sus estudiantes. Así como el mundo es cambiante para el estudiante, el docente también deberá acoplarse a los cambios.

Las habilidades del siglo XXI son necesarias para todos los ciudadanos, no solo para los futuros sino para los actuales. La formación que todos tuvimos fue enfocada hacia el desarrollo una fuerza laboral diferente, que se quedaba estática luego de alcanzar cierto grado de conocimiento. Ahora todos debemos desarrollar las habilidades para una sociedad eminentemente tecnológica. Como lo mencionamos en el capítulo 1, estas son: adaptabilidad, comunicaciones, habilidades sociales, resolución de problemas no rutinarios, autogestión, autodesarrollo y pensamiento sistémico.

Principios básicos para poner en práctica la educación STEM

Creemos que existen unos principios que pueden ser piezas clave en el momento de poner en práctica esta manera de enseñar, y recomendamos que el docente siempre los tenga en mente al desarrollar actividades con sus estudiantes.

Las actividades STEM deben hacerse intencionalmente. Es importante que las actividades se desarrollen pensando en fusionar las asignaturas No todas las asignaturas se pueden integrar en todos los casos, los objetivos de cada actividad indicarán la relevancia del grado de integración.

La educación STEM no es el currículo ni el plan de estudios. Se trata de la forma en que los contenidos son presentados a los estudiantes. No es un ingrediente más, sino la forma en que se presentan académicamente. Las decisiones sobre cómo se presentarán los temas a los estudiantes pueden hacer que el currículo se adapte a estas nuevas situaciones y se decida qué tanto de cada tema o a qué aspectos debe darse prioridad.

Enfocarse en la integración. Al desarrollar las actividades, se debe buscar que se logre cumplir con un conjunto de objetivos que buscan llevar a los estudiantes de un aprendizaje superficial (solo datos) a profundizar en los conceptos. Esta profundización se logra más fácilmente con la integración de las asignaturas. Por ejemplo: Ciencias y matemáticas, ciencias y tecnología, matemáticas e ingeniería, etc.

Establecer la relevancia. Los estándares curriculares, el plan de estudios y las actividades de instrucción indicarán cuáles contenidos se presentarán a los estudiantes, y al final se evaluará su desempeño dentro de los temas relacionados con estos contenidos. Sin embargo se debe lograr dar relevancia a estos contenidos con problemas de la vida real y asuntos cotidianos. Los temas incluidos deben responder a problemas reales del mundo, del país o de la región. Siempre se deberá indicar cómo es que los nuevos conceptos contribuyen a lograr desempeñarse en situaciones reales. Para la selección de los temas se deben tener en cuenta los criterios anteriores, y adicionalmente deberá considerarse que para profundizar en el aprendizaje las actividades demandarán más tiempo en su desarrollo. Por lo tanto será necesario descartar algunos temas y concentrarse en otros.

El desarrollo de las habilidades del siglo XXI como prioridad en la ejecución de las actividades. Como se ha mencionado, el solo conocimiento no ayuda a desarrollar una fuerza laboral acorde a las necesidades actuales. Se requiere lograr la capacidad del ciudadano para desenvolverse adecuadamente en los diferentes ámbitos personales y profesionales.

Desafiar a los estudiantes. Es importante mantener el interés de los estudiantes en el desarrollo de las actividades, y a través de constantes desafíos se logrará que su curiosidad se mantenga activa. Sin embargo, hay que mantener un equilibrio entre evitar que se aburran o que se den por vencidos por una exigencia extrema.

Mezclarlo todo. Es recomendable que los estudiantes puedan desenvolverse en actividades que les permitan encontrar soluciones y construir modelos, y también demostrar el conocimiento adquirido. Al exponerlos a todos estos principios se potencializa el proceso de aprendizaje. Es muy común que cuando el estudiante ha logrado comprender conceptos nuevos, quiera demostrar los resultados y que se le reconozca el logro alcanzado.

(Vásquez, Sneider, Comer, 2013).

Otros autores traen recomendaciones adicionales al momento de poner en práctica la educación STEM. Estas son algunas de ellas:

Buscar una oportunidad de descubrimiento. Más que la práctica en sí misma, se debe buscar que los estudiantes se mantengan en un constante descubrimiento, porque esto motiva el aprendizaje.

Mantenga sus manos en los bolsillos. Esta es una actitud que el docente debe procurar conservar en todo momento. En muchos casos los docentes, ante cualquier complicación de sus estudiantes en el desarrollo de una situación, acuden al rescate de estos. Por más incómoda o compleja que pueda ser la situación que enfrenten en el desarrollo de la actividad, es mejor no acostumbrarlos a que el profesor está como única vía de escape. Por esta razón se dice en forma figurada, "mantenga sus manos en los bolsillos". Es muy satisfactorio para los estudiantes salir solos de las dificultades. (Traig, 2015)

Las preguntas son la respuesta. Esta es una práctica que será el día a día en el desarrollo de la educación STEM. Por la forma en que hemos llevado la dinámica de las clases y las prácticas, los estudiantes están acostumbrados a recibir la aceptación por parte de los profesores a medida que avanzan. Supongamos la siguiente situación: Tenemos un grupo de estudiantes en una clase de ciencias y la actividad está centrada en que los estudiantes comenten sobre un tema, y a menudo el estudiante busca los ojos del profesor para recibir aceptación a cada afirmación. También a medida que desarrollan una actividad práctica, esperan que el docente les indique si lo elaborado en cada paso es correcto o aceptable. En este punto la recomendación en la docencia para la educación STEM es evitar al máximo incurrir en rescatarlos de esa situación. No permita que su instinto de guiarlos lo desvíe de este objetivo, no interfiera en la solución, solo pregunte si ya vieron las alternativas o si pueden revisar otro punto que no tuvieron en cuenta. Los estudiantes avanzan a través de la guía del docente mediante preguntas de este que despierten la curiosidad, para que verifiquen si con sus conocimientos están logrando una solución aceptable. Un buen conjunto de preguntas hará que la actividad avance a través del trabajo en equipo y a través de la profundización de los conceptos. Las respuestas saltarán a la vista, y así podrán seguir avanzando en el tema de la clase. Las preguntas son del tipo: ¿Tú qué piensas de esto? ¿Ya probaron esto o aquello? ¿Qué evidencia apoya tu afirmación? ¿Habrá otra explicación adicional? (Traig, 2015)

El conocimiento previo de los estudiantes es una herramienta poderosa. Antes de comenzar una actividad es recomendable establecer el nivel de conocimiento de los estudiantes. Cada estudiante llega a una clase con su propio marco de referencia, con su propia concepción del mundo. Este conocimiento previo debe ponerse a funcionar en las actividades en tres etapas: a) Hacer que los estudiantes expresen los conceptos sobre un tema específico, tal cual los tienen. Esta alternativa es muy útil para que el profesor pueda saber en qué nivel de conocimiento se encuentra el grupo. b) Que los estudiantes tomen una posición. Es muy útil que los estudiantes defiendan sus ideas frente a un tema específico y las debatan en el grupo. Es posible que algún miembro del grupo cuestione una idea, y es el momento en que los estudiantes deben sustentar su conocimiento con evidencias tangibles. c) Darle a los estudiantes tiempo para que le encuentren sentido a las ideas. Más importante que hacer un resumen de lo que los estudiantes debieron aprender es que al final de la actividad ellos puedan exponer lo aprendido, a través del aporte de las ideas de los demás estudiantes evalúen si su comprensión ha sido completa. La profundización en el aprendizaje forjará los conocimientos previos de las futuras actividades. (Traig, 2015)

Fallar es parte del camino del aprendizaje. Es muy común que se encuentren estudiantes que viven una vida estudiantil basada en la competencia y pretendan tener controlado todo su proceso de aprendizaje. En estilos de enseñanza enfocados únicamente en la entrega de contenidos y su verificación, que con pruebas de selección múltiple, esto les permite ser eficientes y lograr el objetivo para ser los mejores (Traig, 2015). Pero, como hemos dicho, estos esquemas de enseñanza que se apoyan en la memorización y no permiten profundizar en el aprendizaje, y lo que hoy la sociedad necesita son personas que aporten soluciones con nuevas ideas y descubran posibles alternativas. El aprendizaje debe parecerse a la vida de las personas, donde fallar es parte de ella. Equivocarse no es un fracaso, es una forma de aprender el camino. La educación STEM ofrece a los estudiantes actividades que les permiten analizar los problemas e intentar soluciones nuevas. En la toma de decisiones siempre habrá un grado de riesgo al escoger una opción, pero qué mejor que los estudiantes entiendan que a través de cada falla se abre una oportunidad nueva de aprendizaje. Cuando todo sale bien, el análisis no se hace de manera profunda y es cuando menos nos detenemos a reflexionar sobre algo. Fallar no es una acción premeditada, es una oportunidad de descubrimiento, que se logra en la medida en que se hace un proceso de análisis de resultados, y es la clave para descubrir nuevas formas de acometer una tarea y lograr soluciones que no habíamos ni siquiera considerado. Los desarrollos más innovadores de la humanidad han tenido fallas. Son los casos recientes de la empresa SpaceX, compañía estadounidense especializada en la fabricación de cohetes espaciales, que durante el desarrollo de su modelo de cohete Falcon 1 sufrieron pérdidas totales de sus prototipos. Y es así, que en varias entrevistas que se han hecho al presidente ejecutivo y director de ingeniería Elon Musk, este ha comentado que el presupuesto de la compañía tenía previsto cuatro intentos de despegue. Los tres primeros lanzamientos fueron fallidos, y únicamente el cuarto cohete fue un éxito. Es notable que la compañía SpaceX tiene como política corporativa mostrar al público no solo sus éxitos, sino también sus fallas. El propio Elon Musk, a través de las redes sociales, muestra en qué se equivocó el equipo de trabajo. (SpaceX, 2017) Las actividades desarrolladas en la educación STEM deberán contar con suficiente tiempo para hacer la reflexión necesaria y el análisis de los errores cometidos. El docente deberá considerar que la fase de revisión es definitiva, y si no se desarrolla de forma consciente para permitir a los estudiantes reflexionar sobre lo acontecido, la actividad queda incompleta. Tengamos en cuenta que esta etapa de revisión es clave para el desarrollo de habilidades de pensamiento crítico, solución de problemas, creatividad y colaboración.

Actividades siempre nuevas. Una situación muy desalentadora para los docentes es que cuando están desarrollando una actividad con los estudiantes algunos ya la conocen, y esto impide dar mejor uso al aprendizaje. Una recomendación es mantener siempre un "repertorio" nuevo, no solo para evitar esta situación, sino para que los profesores se mantengan en la misma dinámica de descubrimiento y aprendizaje que sus estudiantes. Sabemos que mantener un conjunto de actividades siempre nuevas no es una tarea fácil, y en esos casos, en los que algunos estudiantes ya conozcan la actividad, es mejor tenerlos como asistentes de clase, para que ellos desempeñen un nuevo rol y aprovechen la oportunidad para aprender desde otra perspectiva.

Desarrollo de unidades y actividades STEM

Generalidades

Las unidades de aprendizaje STEM son un elemento fundamental para la programación de la instrucción en un período académico. Van desde el planteamiento de los objetivos y el compendio de actividades, hasta la instrucción y la evaluación. Los objetivos de las unidades de aprendizaje responden a las directrices del currículo, e indican de forma clara los temas que debe dictarse a los estudiantes y qué conceptos deben quedar afianzados como fundamento de futuros conocimientos.

Estructura y clasificación de las actividades STEM

Recordemos la definición compacta de lo que es la educación STEM, (ver el capítulo 1):

"La educación STEM es un acercamiento interdisciplinario al aprendizaje que remueve las barreras tradicionales de las cuatro disciplinas (Ciencias-Tecnología-Ingeniería-Matemáticas) y las integra al mundo real con experiencias rigurosas y relevantes para los estudiantes." (Vásquez, Sneider, Comer, 2013).

Consideramos que una implementación efectiva se puede lograr a través de la combinación de dos tipos de actividades interdisciplinarias:

- Aprendizaje Basado en Proyectos – ABP
- Aprendizaje Basado en Lecciones - ABL

Ambos tipos de actividades se enfocan en la solución de problemas y se apoyan en los conocimientos previos y en los nuevos que aportan las asignaturas involucradas. Las actividades ABP o proyectos son de larga duración, pueden tomar varias semanas en su desarrollo, y las actividades del tipo ABL, que son de corta duración, pueden tomar unas cuantas sesiones para completarse. Estas actividades deben cumplir los diversos aspectos fundamentales que las definen, y que denominaremos "especificaciones de una actividad STEM". Estas son las siguientes:

1. *Pregunta esencial.* Esto es lo que motiva la curiosidad de los estudiantes, los inspira a buscar el nuevo conocimiento y relaciona los temas de aprendizaje con aspectos de la vida real. Debe estar construida con el ánimo de ser inquietante, misteriosa, interesante y atractiva, para garantizar la participación de los estudiantes durante la actividad.

2. *Objetivos del aprendizaje STEM.* Son la razón de ser de la actividad y pueden ser conceptos y experiencias nuevas, que buscan el mejor desempeño del estudiante, y serán parte del andamiaje conceptual del estudiante para su desempeño en futuras actividades. Se desprenden de los estándares curriculares, el currículo y el plan de estudio, buscan lograr un aprendizaje de largo plazo, con el objeto de que los conceptos permanezcan en ellos el resto de su vida.

3. *Conocimientos previos.* Son los conceptos y experiencias que han tenido los estudiantes, y sirven como parámetro que indica al docente el punto de desarrollo académico.

4. *Nuevos conceptos fundamentales.* Del conjunto de objetivos es importante que se destaquen los conocimientos más importantes que aporta la actividad. Por esta razón se debe establecer de antemano los puntos clave para un aprendizaje más profundo y duradero. Pueden ser uno o varios conceptos, que serán la base para los futuros conocimientos, y por tanto se debe garantizar que hayan quedado bien comprendidos. (Vásquez, Sneider, Comer, 2013).

5. *Resultados.* En una actividad STEM siempre se deberá llegar al final con un producto o resultado, por ejemplo, un modelo, un informe o un video. Se recomienda que siempre haya un espacio para que los estudiantes presenten sus resultados a los interesados, que pueden ser sus compañeros, docentes, directivos, padres de familia, etc.

6. *Asignaturas involucradas.* La integración es fundamental para la educación STEM, por ello debemos concebir desde el momento de la planeación de la actividad cuáles asignaturas se involucrarán, de tal manera que la combinación de estas contribuya al cumplimiento de los objetivos de aprendizaje STEM y sea posible coordinar con todos los docentes los aspectos conceptuales relevantes para el desarrollo de los objetivos académicos.

Es muy usual ver en los colegios que cuando se desarrollan actividades basadas en proyectos o investigaciones se da más importancia a los resultados de la actividad. No debemos confundir el resultado con los objetivos de aprendizaje STEM. No queremos decir que los resultados deben dejarse de lado o no valorarlos, por el contrario, estos van a ser lo que finalmente los equipos de trabajo producen: un modelo físico o virtual, un informe o una presentación, y serán una evidencia del alcance del proceso del proyecto. Sin embargo, no podemos dejar de lado las demás especificaciones de la actividad. Los objetivos del aprendizaje STEM son de la mayor importancia dado que con ellos es como los conceptos se van a fijar de forma definitiva en el estudiante, y los nuevos conceptos fundamentales son realmente la base de una formación sólida.

Siempre que se desarrolle una actividad STEM, se debe partir de establecer estas especificaciones, puesto que serán la base para su diseño, ejecución y evaluación.

La ingeniería como columna vertebral de las actividades STEM

Una forma muy útil de construir una actividad STEM es a través del proceso de diseño en ingeniería, porque este brinda al estudiante la posibilidad del desarrollo de las habilidades STEM. Recomendamos revisar el capítulo 4 del presente libro. Tomemos como ejemplo el proceso de diseño en ingeniería de cinco pasos:

1. *Hacer preguntas.* Se toma como punto de partida el enunciado de la pregunta esencial, y a través del proceso de preguntas se logra entender su significado, se lo descompone en partes analizables y así se hacen evidentes el alcance y las restricciones de la actividad. Esta fase contribuye al pensamiento crítico, la investigación y la colaboración.

2. *Imaginar.* Es el primer paso de la creación de la solución, y tiene por objetivo suscitar ideas para las posibles soluciones. Se destacan como habilidades la solución de problemas, la creatividad, la comunicación y la colaboración.

3. *Planear.* Es el segundo paso de la creación de la solución. Es el momento en donde ya se ponen en firme las características de la solución. También reconocemos como habilidades en esta fase la solución de problemas, la creatividad y la comunicación.

4. *Crear.* Es el tercer paso de la creación de la solución. En este momento se convierten en realidad las soluciones a través de prototipos. La solución cobra vida, y se analizan los resultados del diseño. Las habilidades desarrolladas son la solución de problemas, la creatividad y la colaboración.

5. *Mejorar.* Como lo mencionamos anteriormente esta es una fase definitiva en una actividad STEM. Es el momento de la reflexión y el análisis, de enfrentar un posible fracaso o fallo en el diseño y descubrir cómo mejorarlo. En esta etapa el docente debe dar tiempo suficiente al estudiante para completar su análisis. Es aquí donde más se aprende porque permite que se afiancen los conocimientos. Las habilidades que se desarrollan son el pensamiento crítico, la solución de problemas, la creatividad, comunicación y la colaboración.

El proceso de diseño en ingeniería contribuye al desarrollo de las habilidades STEM y permite que los estudiantes enfrenten los problemas con la visión de los ingenieros. El nivel de integración de las asignaturas aumentará, dado que no solo se incluirán las asignaturas originalmente propuestas como puede ser ciencias y matemáticas o ciencias y tecnología, sino que se le suma ingeniería al conjunto interdisciplinario.

Aprendizaje Basado en Lecciones - ABL

Generalidades

La forma tradicional de enseñanza y la entrega de información que el estudiante debe memorizar o reconocer se centran en el docente. Para lograr un aprendizaje más profundo es necesario incluir una actividad interdisciplinaria del tipo "manos a la obra". Se les conoce como actividades basadas en problemas y denominadas *Problem Based Lessons* – PBL (Lecciones basadas en problemas). Las llamaremos **A**prendizaje **B**asado en **L**ecciones – ABL. Estas actividades están estructuradas bajo el proceso de diseño en ingeniería y brindan experiencias que permiten un aprendizaje más duradero.

Las actividades del tipo ABL están enfocadas en la solución de problemas y su duración se limita a unas cuantas sesiones, que puede durar entre dos y cuatro horas cada una. Consideremos las siguientes recomendaciones para desarrollar una actividad del tipo ABL.

- *Exponga claramente los alcances de la lección.* Además los estudiantes se sentirán más animados si se les explica la forma en que se va a evaluar la actividad y lo que se espera de ellos. De esta manera tendrán mayor sentido los pasos de la actividad y se sentirán identificados con ella. Recuérdeles siempre la razón de la pregunta esencial y los objetivos de aprendizaje STEM que se quiere alcanzar.

- *La colaboración es definitiva en el trabajo en equipo.* Distribuya de la mejor manera posible a los estudiantes, según su criterio. Es importante formar equipos con estudiantes de diferentes aptitudes. Sin embargo no es forzoso mantener los mismos grupos todo el tiempo, es posible hacer cambios, pero con el criterio de mantener habilidades diferentes en cada grupo. Los estudiantes deben aprender a trabajar en equipo y saber explotar los beneficios de la colaboración.

- *Mantenga el control del flujo de trabajo de los estudiantes.* Todo el tiempo será necesario controlar diversos puntos de la actividad. Ellos deben saber que se tienen que esforzar para cumplir las metas en unos tiempos específicos, de esta forma se logrará hacer más eficiente la actividad.

- *Divida a los estudiantes por roles durante la actividad.* Esto los mantendrá siempre con una responsabilidad específica y no tendremos estudiantes aislados, que no hacen parte del proceso. Recordemos que la educación STEM es incluyente y que la actitud del estudiante siempre debe ser activa y participativa.

(Vásquez, Sneider, Comer, 2013).

Ejemplo de actividad ABL: La montaña rusa

Para entender de forma sencilla cómo sería una actividad ABL vamos a describir en detalle una actividad que conocimos de la profesora Donna Migdol, docente de 5° y 6° grados en el Ocean Side School District en Nueva York.

Especificaciones de la actividad:

1. *Pregunta esencial:* ¿Cómo sería nuestra montaña rusa, para que sea divertida y segura a la vez?

2. *Objetivos de aprendizaje STEM:* Comprender los conceptos de energía cinética y energía potencial dentro de un sistema. Entender los conceptos de las tres leyes de Newton sobre el movimiento.

3. *Conocimientos previos:* Los estudiantes deben haber recibido los conceptos básicos de las tres leyes del movimiento de Newton y el principio de la conservación de la energía, antes de esta actividad. Las formas de presentar estos conocimientos puede variar y el docente puede usar el método que guste: una clase magistral, una lectura, una investigación, una película. No se restringe la forma.

4. *Nuevos conceptos fundamentales:* Al finalizar la actividad, los estudiantes deberán entender correctamente cómo funciona la transferencia de energía en un sistema y que la energía no se crea ni se destruye.

5. *Resultado:* Construirán un modelo de montaña rusa mediante canales de espuma y rodarán una canica que hará las funciones de carro. Durante el trayecto es posible que se necesite disminuir la velocidad de la canica y para ello podrán utilizar papel de lija o bandas o cintas de caucho.

Asignaturas involucradas:

- Ciencias
- Tecnología
- Ingeniería
- Matemáticas

Acciones previas. Los siguientes aspectos deben ser desarrollados antes de comenzar con la actividad:

- Formar los grupos. Se debe seleccionar los miembros de cada grupo para que se conozcan y compartan sus ideas sobre el tema previamente a la actividad. Los criterios para la formación de los grupos puede fundamentarse en las habilidades de cada estudiante.

- Indicar las restricciones de la actividad. Los estudiantes deberán conocer la forma en que se les evaluará y las restricciones que tienen. El modelo debe garantizar que la canica o esfera de cristal que hará la función del carro de la montaña rusa no se saldrá del carril y que se detendrá al final de la ruta. También contarán con un presupuesto limitado para la compra de materiales.

- Los estudiantes deben ser conscientes de los pasos del proceso de diseño en ingeniería para que entiendan claramente los objetivos de cada fase de la actividad.

Ahora, basándonos en el proceso de diseño en ingeniería, se procederá a cumplir con las fases de definición del problema, desarrollo de soluciones y optimización de la solución. Utilizaremos el proceso de diseño en ingeniería de cinco pasos recomendado para estudiantes de 3º a 8º.

1. *Definir el problema, hacer preguntas.* A partir de la pregunta esencial, los estudiantes deben descomponerla en partes manejables, para que entiendan qué problema es el que se quiere resolver. Esto se hace haciendo preguntas al docente y a sus compañeros. A través de este proceso de preguntas y comentarios con sus compañeros, entenderán lo que deben construir: Un modelo de montaña rusa con materiales entregados por el profesor y que cumpla la condición de que la canica se mantenga en el carril y se detenga al final de la ruta. También deben entender que tienen un presupuesto limitado y que deberán hacer uso racional de los materiales.

2. *Imaginar, primera etapa.* En esta etapa la profesora Migdol lo hace con un proceso de contribución. Cada grupo selecciona un representante, se sientan en mesa redonda y cada estudiante va indicando lo que sabe sobre las tres leyes de Newton y cómo influyen en la construcción y el funcionamiento de la montaña rusa. Esta etapa es importante porque cada uno de los estudiantes se apoyará en lo que sus compañeros han dicho anteriormente, y complementará el concepto que se está discutiendo. Al mismo tiempo, la profesora Migdol evalúa qué tanto saben los estudiantes sobre los conocimientos previos necesarios para ejecutar la actividad. En caso de que haya problemas de

concepto, se utilizará la estrategia de preguntar si están seguros de este o aquel concepto, y se verá quién puede contribuir a complementar o corregir un concepto mal entendido. Otro aspecto importante y que caracteriza a la educación STEM es que en la actividad el conocimiento no pasa por el docente sino que se realiza de estudiante a estudiante, y que ellos son los que realmente solucionan el problema. En esta fase se destaca la habilidad de comunicación. Si los estudiantes no participan, el conocimiento que tienen no se comparte ni puede ser evaluado por el docente. El respeto por las ideas de los compañeros es una característica importante en esta fase, porque logran entender que el aprendizaje depende de ellos y no del profesor.

3. *Imaginar, segunda etapa*. En esta fase los estudiantes hacen un dibujo a mano alzada de la montaña rusa que quieren diseñar, en el que deben indicar todo tipo de comentarios, medidas, características y otros aspectos. El docente puede aprovechar este tiempo para recordarles conceptos sobre la forma de la montaña rusa y otros temas relevantes. En esta etapa también se evalúa qué tanto saben y qué tanto les hace falta para tener los conceptos claros. Los estudiantes deben entender que su dibujo es la forma de comunicar sus ideas a sus compañeros, y que mientras más información tenga más claro es el diseño. Luego de hacer los dibujos, el grupo debe elegir cuál de estos será el que se va a construir, y deben llegar a un consenso a través del pensamiento crítico y de la colaboración.

4. *Planear, primera etapa*. Ahora van a llevar lo que indica el dibujo elegido a una simulación por computador. Su encuentran en internet muchos tipos de simuladores gratuitos y con ellos pueden intentar ver cómo funciona su diseño inicial. En esta simulación tienen la oportunidad de corregir su diseño a medida que el simulador les indique que no se violan las restricciones de la actividad. Deben anotar qué pasó en cada simulación y el por qué de este comportamiento. En este momento se puede desarrollar el pensamiento sistémico, dado que al modificar una variable (el peso, la forma y cantidad de bucles, las alturas) entenderán cómo se afecta el sistema completo. El profesor deberá indicar claramente que la simulación no es un juego, sino que se utiliza como parte del proceso de ingeniería, y que es así como los ingenieros piensan para lograr mejorar sus diseños. En el proceso de diseño, se desarrolla el pensamiento crítico, el pensamiento sistémico y el trabajo en equipo.

5. *Planear, segunda etapa*. Luego de probar su diseño inicial en el simulador y ver qué mejoras se hicieron a sus ideas iniciales se pasa a establecer qué materiales

se deben adquirir para la construcción del modelo. Acordémonos de que se tiene un presupuesto limitado y que no deberá excederse. Los grupos hacen una lista de materiales con cantidades y valores unitarios y calculan cuánto presupuesto se requiere. En este momento pondrán en consideración las ventajas y desventajas, y tomarán las decisiones de si cambian el diseño o se arriesgan a gastar el dinero del presupuesto. Mientras más restricciones tengan los estudiantes, se volverán mejores solucionadores de problemas. Pueden escoger entre una canica pequeña y una grande, por ejemplo, y cuándo se acerquen al docente para recibir los materiales este les hará reflexionar si han comprendido bien cómo afecta el tamaño de la canica el comportamiento del modelo. Deberán tener claras las ecuaciones que describen el movimiento y de cómo la masa interviene en el desplazamiento dentro de la montaña rusa. Así como en la vida real los proyectos requieren recursos para poderse llevar a cabo, los estudiantes aplican los conocimientos en matemáticas para hacer el cálculo de su presupuesto.

6. *Crear.* Ya con los materiales en su poder, proceden a construir su modelo. Deben respetar las medidas que se propusieron en sus dibujos y llevarlas fielmente a la realidad a través de la construcción. Como parte del proceso de diseño, los grupos se dividen internamente por roles, como pueden ser: el que mide el largo del carril y los diámetros de los bucles, el que toma nota de todas las ideas que vayan surgiendo, como gran descubrimiento una buena pregunta o una modificación necesaria, etc. El rol les permite ajustar su forma de aprender, y es un aspecto importante para que el docente evalúe su aprendizaje. Otro rol es el de quién lleva las cuentas del presupuesto y verifica que no se queden sin recursos para comprar materiales para las modificaciones.

7. *Mejorar.* Esta etapa ya es parte de la forma de optimizar la solución. Cuando ponen en práctica su modelo y hacen las pruebas, es cuándo salen a relucir los aspectos del aprendizaje que no han sido entendidos correctamente y los errores en el desarrollo del modelo. En el proceso de revisión encontrarán que hay cosas que no funcionan bien, y es el mejor momento para revisar los conceptos. Una falla normal en esta actividad es pensar que se puede incrementar la energía o disminuirla, en vez de entender que siempre se transforma en otro tipo de energía. Como lo hemos mencionado, esta etapa es quizás una de las más importantes y a la que más tiempo se le debe asignar, porque es cuando los conceptos deben quedar correctamente entendidos. Al hacer las correcciones, los estudiantes profundizan en su nivel de aprendizaje y por lo tanto su conocimiento será más duradero.

El proceso de diseño hace que los estudiantes se vuelvan más receptivos a los problemas y quieran resolverlos, de tal manera que soliciten al profesor cada vez más retos en su clase. Con este ejemplo vemos cómo la educación STEM desarrolla solucionadores de problemas para toda la vida. Los estudiantes aprenden no solo conceptos de ciencias, matemáticas y tecnología, sino que adquieren hábitos de pensamiento que les invitan a entender que la vida real está relacionada con la solución de problemas a través de la aplicación de conocimientos que antes parecían aislados y desconectados.

Destaquemos la contribución de este tipo de actividad en la formación de los estudiantes:

- Los estudiantes aprenden a descomponer un problema en partes analizables para poder encontrar una solución viable y óptima.

- A través de la guía del docente, el conocimiento pasa de estudiante a estudiante y no a través del profesor.

- La actividad permite que todos los estudiantes contribuyan y que ninguno se quede por fuera del grupo. En la formación tradicional es muy común tener estudiantes que no participan y pasan desapercibidos. En este tipo de actividades todos participan y comunican lo que saben y piensan.

- A través del dibujo a mano alzada los estudiantes comunican de forma precisa sus ideas y se esfuerzan por ser claros al expresar su conocimiento.

- Con el uso de la simulación por computador se desarrolla el pensamiento sistémico, dado que aprenden cómo afecta el cambio de una parte del sistema a la totalidad.

- Durante la simulación se hacen mejoras al diseño, y esto contribuye al desarrollo del pensamiento crítico, la colaboración y la comunicación.

- Tener una restricción de presupuesto ayuda a desarrollar el pensamiento crítico, sus conocimientos de matemáticas y al mismo tiempo profundizar en ellos, de tal manera que los conceptos de la ciencia respalden sus decisiones.

- La actividad obliga a la participación de todos los miembros del grupo, mediante la división de responsabilidades.

- En la revisión y mejora del modelo es cuando más aprenden, dado que ponen a prueba sus conocimientos y profundizan en ellos.

Otras ideas para nuevas actividades del tipo ABL

Un solo ejemplo es algo limitado para aquellos lectores que estén interesados en comenzar con esta forma de educación. Por eso presentamos a continuación una breve lista de actividades, con sus respectivas especificaciones, como ideas base para el desarrollo de otras actividades. Veremos que las disciplinas involucradas y el enfoque de cada actividad puede variar ampliamente, y esto es lo que hace a la educación STEM más incluyente y que conecta los conocimientos necesarios que debe tener cada ciudadano con los problemas reales de las comunidades.

1. Actividad "Shades of Gray (water)" – Aguas residuales

Se presenta a los estudiantes el concepto de "aguas residuales" y la reutilización de estas dentro del hogar. Calcularán la cantidad de agua residual que produce la familia en un día. Graficarán sus resultados y buscarán la forma de reducir el consumo de agua en casa.

Especificaciones de la actividad:

1. *Pregunta esencial:* ¿A dónde va el agua de la ducha (regadera)? La idea de esta pregunta es despertar la curiosidad del estudiante para mantener la expectativa de aprendizaje de temas que le son familiares e importantes en su vida diaria.

2. *Objetivos de aprendizaje STEM:* El tema del consumo de energía y recursos naturales es una prioridad para todos los ciudadanos. El estudiante debe conocer cómo funciona el sistema eléctrico y de agua de su hogar, para así entender la importancia del consumo racional de energía y de agua potable de las comunidades. La eficiencia es un concepto fundamental de la ingeniería, y es importante que el estudiante conozca cómo los sistemas son susceptibles de mejora. También es importante que el estudiante entienda qué pasa con el agua residual de su hogar, cómo es tratada en su comunidad y con qué tipos de tecnologías. Se incluyen los conceptos de agua potable y no potable, así como la forma de hacer gráficas del uso del agua en casa.

3. *Conocimientos previos:* Los estudiantes deben conocer previamente el ciclo y las formas del consumo del agua por el ser humano.

4. *Nuevos conceptos fundamentales:* Los estudiantes deberán conocer cómo funciona la alimentación de agua de una casa, los diseños de las tuberías internas y el sistema de desagües del hogar. Deberán diferenciar entre agua potable y no potable, y entre aguas lluvias y aguas negras. Es importante que con estos nuevos conocimientos los estudiantes logren sensibilizarse sobre el uso

racional del agua en casa, y de cómo nuestras costumbres diarias afectan el medio ambiente.

5. *Resultado:* Se espera un informe oral y escrito sobre sus descubrimientos y recomendaciones para el uso eficiente del agua en el hogar. También se les puede pedir un modelo de sistema de reutilización de las aguas residuales.

6. *Asignaturas involucradas:*

    - Ciencias
    - Tecnología
    - Ingeniería
    - Matemáticas
    - Humanidades - Lenguaje

(National Academy of Engineering 2018)

2. Actividad "El semáforo"

La programación es una actividad importante para el desarrollo del pensamiento computacional, el pensamiento crítico y la solución de problemas. El semáforo es un elemento de la vida diaria que nos ayuda a que la vida de una ciudad fluya de la mejor manera posible y contribuye a fomentar la convivencia ciudadana. Los estudiantes de los grados de primaria no conocen lo que hay detrás del funcionamiento de un semáforo ni cómo se concibe su programación. Esta actividad contribuye de forma efectiva a la comprensión de estas tecnologías. Para ella es posible utilizar a Sphero, una esfera robot programable, que se controla con dispositivos móviles. Cuenta con aplicaciones de programación gratuitas y permite también la conducción libre.

Especificaciones de la actividad:

1. *Pregunta esencial:* ¿Para qué son esas luces (rojo, amarillo y verde) en la calle de la ciudad?

2. *Objetivos de aprendizaje STEM:* Los cruces de las vías tienen semáforos que coordinan el paso de los vehículos y estos cuentan con una secuencia de tiempos y colores. Es importante que los estudiantes entiendan cómo cambian los colores del semáforo y cuánto tiempo tarda cada ciclo. También es importante que los estudiantes aprendan los pasos usando un programa de computador con todos sus aspectos: Los ciclos, los comandos, los tiempos,

etc. Esta es una actividad que debe realizarse en equipos de tal manera que cada equipo se encargue de una luz del cruce.

3. *Conocimientos previos:* Los estudiantes deben conocer previamente cómo está establecido el código de colores para los semáforos, y cómo son estos en las ciudades y en los diversos países del mundo.

4. *Nuevos conceptos fundamentales:* Los estudiantes aprenderán el concepto del semáforo en la ciudad, cómo está establecido el tiempo de duración de cada cambio de luz y cómo contribuye esto al movimiento del tráfico en la ciudad. A través del robot Sphero se brindan los conceptos de programación, y de control de ciclos y comandos que contribuyen a desarrollar el pensamiento computacional.

5. *Resultado:* Se debe construir un cruce de dos vías, por ejemplo, con cinta de enmascarar, y ubicar las luces de los semáforos en cada esquina para que hagan el cambio respectivo. El cruce debe quedar operativo con los ciclos de colores programados por los estudiantes. Otros estudiantes conducen los robots respetando las señales de tránsito.

6. *Asignaturas involucradas:*

- Tecnología
- Ingeniería
- Matemáticas

(Multilink Ingeniería, 2015)

3. Actividad "Arepas, qué ricas las arepas"

Hoy en día es común que las personas en general no saben de dónde viene la comida a su mesa. Se desconocen tanto la clasificación del tipo de alimento y la fuente de producción, como la cadena logística que permite que ese alimento llegue a la mesa en nuestro hogar. Un ejemplo de ello son las "arepas". Es un alimento común que consumimos a diario, más en algunos países que en otros. Veamos cómo esta actividad puede aportar al conocimiento de los estudiantes y dejar a los estudiantes algunos conceptos de forma profunda. A primera vista puede parecer una actividad común y corriente que hoy en día se desarrolla en las aulas de clase, pero la diferencia radica en la forma de desarrollarla y en destacar los aspectos fundamentales que persigue la educación STEM: a) Instrucción en tecnología, b) desarrollar las habilidades del siglo XXI a través del proceso de diseño y c) despertar la innovación y la inventiva.

Especificaciones de la actividad:

1. *Pregunta esencial:* ¿Por qué mi desayuno tiene arepa amarilla y no blanca? De esta pregunta curiosa de un niño en su casa se desprenden muchas nuevas inquietudes que se nos presentan a todos en nuestro día a día. ¿A qué se debe el color de la arepa? ¿Es un tipo de maíz diferente? ¿Qué clases de maíz existen? ¿Depende el tipo de arepa de la zona en donde vivimos?

2. *Objetivos de aprendizaje STEM:* Esta actividad puede partir desde la asignatura de tecnología, de ciencias sociales, de humanidades o de ciencias. El ciudadano de hoy debe conocer la identidad cultural de los alimentos que se consumen, su fuente de producción y la forma en que se produce a nivel artesanal e industrial. En esta actividad se pretende que los estudiantes conozcan los tipos de maíz que existen, cómo es su proceso industrial, qué tipo de productos se elaboran y también el trasfondo cultural que originó este tipo de alimentos. Muchas veces la industria de un producto de consumo masivo se ha desarrollado considerablemente y es necesario que se conozcan estos avances.

3. *Conocimientos previos:* Orígenes de la arepa y su influencia en la sociedad latinoamericana. Zonas de influencia indígena en los países latinoamericanos.

4. *Nuevos conceptos fundamentales:* Tipos de maíz que existen, sus orígenes, formas de producción, y maquinaria que se usa actualmente para la producción de arepas. Igualmente, la importancia de la cadena de frío para la conservación de un producto en el almacenamiento y transporte, qué tecnología se usa actualmente para ello y cómo mejora las posibilidades para la entrega de un producto de calidad a la mesa de nuestro hogar. Esta actividad presenta este concepto a través de la cadena logística de distribución del producto.

5. *Resultado:* Presentación de arepas producidas por los grupos del salón de clase acompañada por una presentación de la clasificación del maíz para la producción de productos alimenticios, explicación de los orígenes de este alimento, su producción industrial actual y la cadena logística detrás de su distribución.

6. *Asignaturas involucradas:*

- Ciencias
- Tecnología

- Ingeniería
- Ciencias sociales
- Humanidades

4. Actividad "La ciencia y los súper poderes"

Los superhéroes son parte de la vida de las sociedades y vienen de los relatos ancestrales y las mitologías. Hacen parte de la infancia y en muchos casos llegan a permanecer en el interés de las personas durante toda la vida. Esta actividad tiene por objetivo fundamental hacer que con un tema tan cotidiano como este se encuentre la oportunidad para desarrollar conceptos de diferentes disciplinas del conocimiento y lograr que permanezcan en la mente durante muchos años.

Especificaciones de la actividad:

1. *Pregunta esencial:* ¿Cuál es la ciencia detrás de los súper poderes?

2. *Objetivos de aprendizaje STEM:* Es posible darle a esta actividad muchos enfoques diferentes. Es importante que el docente líder de la actividad, a través del apoyo de sus colegas, pueda determinar cuál será el beneficio al incluir el tema de los súper héroes en una actividad STEM. Vamos a tomar la iniciativa con un enfoque, pero deseamos dejar en claro que son posibles otras combinaciones de objetivos, que permitan ahondar en conceptos académicos importantes para los estudiantes. En las ciencias, un tema importante es la herencia, por lo tanto la actividad deberá lograr profundizar en el concepto del ADN, y qué mejor ambiente que a través de la familia y los orígenes de los súper héroes. En ciencias también se debe profundizar en los conceptos de fuerza, arrastre, resistencia, calor, velocidad, etc. de los súper héroes, a través del análisis de casos en los que puede verse cómo el personaje aplica una palanca o utiliza alguna ayuda, y lograr analizar cuándo los escritores de las series se alejan de la realidad de la física y entran en el área de la fantasía. Para esto último es interesante que en humanidades se analice el tema del "comic" como forma literaria y cómo este género de literatura incluye personajes mitológicos y de ficción. Un objetivo en tecnología es analizar los casos en que el hombre ha desarrollado súper poderes para el manejo de grandes pesos, volúmenes, velocidades y sus procesos automatizados, que hacen posible al ser humano la realización de acciones similares a las de los súper héroes. ¿Cómo funciona una retroexcavadora? ¿Cómo se manejan grandes pesos y volúmenes en los puertos?

3. *Conocimientos previos:* Los conceptos de ADN y la herencia deben haber sido presentados anteriormente. También se debe tener presente por parte de los estudiantes los conceptos de jalar y empujar, así como el conocimiento de las fórmulas para aplicar una fuerza a través de la palanca.

4. *Nuevos conceptos fundamentales:* El objetivo es que se logre un aprendizaje más profundo en temas como la herencia y el ADN, la aplicación de fuerzas de diferentes formas, entender cómo el hombre a través de la tecnología hace el papel de súper héroe y cómo funcionan estas tecnologías. La importancia de la fantasía, la ficción y la mitología en el desarrollo de las sociedades son otros conceptos fundamentales que se pueden desarrollar.

5. *Resultado:* Informe con la historia de un súper héroe, con todos sus poderes detallados y una explicación de su funcionamiento. Debe incluir el árbol genealógico y la herencia por parte de sus padres y abuelos y qué características se heredaron a través del ADN. También se debe indicar en el informe qué tecnologías reemplazarían los poderes del súper héroe y una breve descripción de su funcionamiento.

6. *Asignaturas involucradas:*

    - Ciencias
    - Tecnología
    - Ingeniería
    - Matemáticas
    - Humanidades

(Traig, 2015)

Aprendizaje Basado en Proyectos – ABP

Generalidades

Una de las herramientas más poderosas con que se cuenta actualmente para desarrollar una enseñanza transdisciplinaria es el ***Project Based Learning – PBL***, (Aprendizaje basado en Proyectos - ABP). El ABP ha sido utilizado en la formación escolar desde preescolar hasta grado 12 en los colegios y está fundamentado en el marco de referencia del constructivismo. (Purzer, Strobel, Cardella, 2014).

Ha demostrado dar excelentes resultados, y para la educación STEM se convierte en herramienta fundamental de la instrucción. Los aspectos más importantes que aporta el ABP en la instrucción los podemos enumerar a continuación:

- El docente no es la fuente principal de conocimiento, es un guía en el proceso de aprendizaje. Esto es parte de su nuevo rol, por el cual la clase no es centrada en el profesor sino en el estudiante.

- Da autonomía al estudiante en su proceso de aprendizaje. En el desarrollo de la habilidad de "autogestión y autodesarrollo", el ABP proporciona al estudiante la posibilidad de escoger temas de profundización que sean importantes para él, y tendrá la posibilidad de tomar decisiones para el desarrollo de la actividad.

- La motivación es parte fundamental del ABP. El estudiante se interesa más y se despierta su curiosidad por ahondar en la investigación y en el aprendizaje de nuevos conceptos.

- Esta situación de autonomía propicia el desarrollo del pensamiento crítico y la solución de problemas en los estudiantes.

- Durante el desarrollo del proyecto, estudiantes y docentes descubren qué conocimientos previos se requieren y cuáles hacen falta, y por ello ambos toman una actitud activa ante el proceso de aprendizaje.

- La dinámica del proceso de una actividad ABP desarrolla en el estudiante el hábito de aprendizaje constante, que al final se convierte en una necesidad para toda su vida.

- La relación estudiante-profesor se convierte en la de dos aliados que comparten el proceso educativo. Esto cambia fundamentalmente la relación tradicional de una clase centrada en el docente, donde este último era quien entregaba los conocimientos, y el estudiante asumía una posición receptora, pasiva. (Purzer, Strobel, Cardella, 2014).

Así como lo vimos en las actividades del tipo ABL consideremos las siguientes recomendaciones para llevar una actividad del tipo ABP.

- El proyecto lo liderará un docente, en especial el responsable de la asignatura que lleva la mayor cantidad de objetivos involucrados. A este lo llamaremos "docente líder del proyecto", y lo acompañarán los docentes de las otras asignaturas involucradas.

- Los proyectos deben ser el centro de la instrucción, de acuerdo con estos se evaluará al estudiante. El proyecto debe ser central y no periférico, de tal manera que todas las actividades converjan en el proyecto. Por esta razón los estudiantes deben conocer claramente la forma en que se les evaluará y qué criterios se tendrán en cuenta para calificar su desempeño.

- Para el buen desarrollo del proyecto, este debe poderse dividir en partes administrables, de tal manera que las tareas de los equipos del proyecto sean claramente identificables y den como resultado una evidencia de desempeño. Una buena forma de identificar estas partes es hacer nuevas preguntas, que se desprenden de la pregunta esencial, de tal manera que las nuevas tareas provean mayor claridad en la investigación y solución de problemas.

- La mejor forma de escoger los temas de los proyectos es sugerir aquellos que sean más atractivos para los estudiantes y que estén conectados con la vida diaria propia y de la comunidad. En algunos casos los temas de ciencias y matemáticas podrán parecer extraños a la vida cotidiana, pero a través de la educación STEM se pueden derrumbar los estereotipos que existen alrededor de las asignaturas STEM, y con ello lograr que no solo sean relevantes para los estudiantes.

- Los proyectos concluyen con un modelo, producto o desempeño. Las actividades basadas en proyectos deben tener una meta clara, la de producir algo o mostrar el desempeño de los estudiantes alrededor de los nuevos conceptos fundamentales que trae la actividad.

- Los proyectos deben lograr la participación de todos los estudiantes y para esto es importante asignar responsabilidades y roles dentro de cada grupo. Un aspecto importante para el éxito del proyecto es aprovechar las habilidades de cada estudiante.

- Mediante un cronograma general se debe indicar a los grupos las etapas del desarrollo del proyecto. El docente debe administrar los grupos controlando el flujo de trabajo y advirtiendo las fechas límite para cumplir cada etapa del proyecto.

- Los proyectos pueden apoyarse a través de la asesoría de los docentes de las asignaturas, que contribuyen con conocimientos y prácticas. Los estudiantes deben tener la opción de consultar a sus profesores para que les guíen en las actividades que deben desarrollar. Mantener siempre "las manos en los bolsillos", actitud mencionada anteriormente, de tal manera que sean ellos los que lleguen a las conclusiones para la toma de decisiones.

(Vásquez, Sneider, Comer, 2013).

Ejemplo de actividad ABP: El sistema solar a escala

Esta actividad del área de ciencias es una evolución de la construcción de modelos del sistema solar, pero va más allá del simple entendimiento del orden de los elementos que componen el sistema y de la memorización de nombres de estrellas, planetas, lunas y otros objetos estelares.

Especificaciones de la actividad.

1. *Pregunta esencial:* ¿Cómo se vería el sistema solar a escala en nuestro barrio?

2. *Objetivos de aprendizaje STEM:* Comprender cómo son en realidad las distancias y tamaños de los elementos que componen el sistema solar y cómo estas grandes magnitudes imponen retos a la especie humana para alcanzar estos mundos, lunas y estrellas, para explorarlos y quizás en un futuro no muy lejano, habitarlos. Otro objetivo importante es entender el por qué de los aspectos físicos de estos objetos y su estructura fisicoquímica.

3. *Conocimientos previos:* Los estudiantes deben tener conocimientos básicos de los componentes del sistema solar y de las teorías básicas de la astronomía sobre su clasificación, ubicación y composición.

4. *Nuevos conceptos fundamentales:* Al finalizar la actividad los estudiantes deberán haber desarrollado habilidades de pensamiento crítico, pensamiento computacional, ubicación espacial, manejo de grandes cifras y unidades, dominio del lenguaje científico para el área de la astronomía y ciencias relacionadas, comprender que los viajes espaciales ya no son un asunto de un área especializada exclusivamente y que la comunidad en general debe estar enterada de los próximos viajes al espacio y de cómo la especie humana puede volverse una especie interplanetaria. También deberán desarrollar habilidades para construir los modelos y conocer técnicas de pintura y soluciones prácticas para encontrar materiales de bajo costo, que permitan la construcción de estos modelos.

5. *Resultado:* Construirán un modelo a escala exacta del sistema solar en un sitio o espacio abierto. Los tamaños y distancias deberán cumplir a cabalidad con la escala que los estudiantes calculen y definan. Se construirá con materiales de bajo costo como cartón, papel, plastilina, alambre, canicas, palos de escoba, poliestireno expandido (Icopor, Telgopor, plumavit, poliespuma, espumaflex, poliespán, o equivalente). Según la cantidad de espacio disponible se deberá elegir hasta qué planeta se podrá llevar a cabo el modelo. El resultado debe incluir un informe escrito, y de fotografías o videos. Quizás se puede pedir un

informe en forma de video correctamente editado, titulado y comentado para que los estudiantes lo compartan con la comunidad educativa.

6. *Asignaturas involucradas:*

- Ciencias.
- Tecnología
- Ingeniería
- Matemáticas
- Artes
- Humanidades – lengua castellana – idioma extranjero - inglés

Acciones previas. Los siguientes aspectos deben ser desarrollados antes de comenzar con la actividad:

- Formar los grupos. Previamente a la actividad se deben seleccionar los miembros de cada grupo para que se conozcan y compartan sus ideas sobre el tema. Los criterios para la formación de los grupos pueden fundamentarse en las habilidades de cada estudiante.

- Indicar las restricciones de la actividad. Los estudiantes deberán conocer la forma en que se les evaluará y las restricciones que tienen. El modelo debe garantizar que fue construido a escala y por tanto todos los tamaños y distancias deben ser medidos y registrados. El docente líder del proyecto aprobará el sitio y las condiciones de su realización.

- Los estudiantes deben ser conscientes de los pasos del proceso de diseño en ingeniería para que entiendan claramente los objetivos de cada fase de la actividad.

La dinámica de un proyecto debe ser tal que les permita a los estudiantes la suficiente autonomía. En coordinación con las directivas de la institución se debe lograr que los estudiantes tengan espacios para reunirse, investigar, hacer pruebas y desarrollar las actividades correspondientes. También debe disponerse del tiempo adecuado para que el docente líder del proyecto y otros atiendan a los grupos y estos puedan hacer consultas y mostrar sus avances.

El docente líder del proyecto debe establecer previamente con los estudiantes un cronograma de trabajo y unas fechas para control de avance. También debe

Cómo llevar la educación STEM a la práctica

indicarles claramente cómo serán las evaluaciones y los aspectos que se van a medir. La evaluación de una actividad STEM será tema de un capítulo posterior.

Hemos comentado anteriormente que el proceso de diseño en ingeniería es una forma útil de brindar orden en la actividad, y esta es la forma más efectiva de garantizar el desarrollo de las habilidades del siglo XXI. Veamos cómo sería la actividad dividida en los pasos del proceso de diseño en ingeniería. Recordemos que una actividad STEM no va a terminar en una única alternativa, es posible que los grupos se decidan por soluciones diferentes. El proceso de diseño en ingeniería se encuentra detallado en el capítulo 4.

1. *Definir el problema, hacer preguntas.* El primer paso es organizar a los grupos para que se reúnan y analicen la pregunta esencial y la descompongan en partes manejables, y a través de preguntas el grupo y el docente puedan aclarar el alcance y las restricciones que el proyecto tiene. El docente líder debe asistir a los estudiantes a través de reuniones para evaluar qué información y conceptos tienen los estudiantes y qué aspectos hay que desarrollar. Eventualmente el docente líder puede apoyarse en sus colegas para reforzar los conocimientos que sean necesarios para continuar con el proyecto.

2. *Imaginar.* Esta etapa se concentra en la recolección de información. Los estudiantes deberán recopilar la mayor cantidad de información posible sobre el sistema solar y a los diferentes elementos que lo componen. Se requieren el tamaño, radio, diámetro y ecuador de cada elemento, información sobre la distancia entre el sol y los planetas, de tal manera que puedan complementar los datos básicos. Adicionalmente los estudiantes deberán profundizar en la composición química y los aspectos que diferencian a unos elementos de los otros. Por ejemplo, las atmósferas y su composición, los rangos de temperatura, la forma física y su ubicación en el sistema solar. Otro aspecto importante de esta etapa es que los estudiantes realicen un proceso de lluvia de ideas para definir cómo se llevará a cabo el montaje del modelo a escala, para ello recomendamos revisar el capítulo 4. Deben discutir la forma de elaborar los elementos del sistema solar, su montaje y el registro de información detallado que se va a llevar.

3. *Planear.* En esta etapa se debe calcular el tamaño del modelo, que será el definitivo para su construcción. El docente de tecnología o el de matemáticas puede asistir a los estudiantes en la utilización de una hoja de cálculo y la forma de hacer las iteraciones necesarias para definir la escala apropiada. Es definitivo en este momento que el docente líder se mantenga "con las manos en los bolsillos". Este procurará que los grupos se concentren en una actividad

de análisis y pensamiento crítico. ¿Qué escala tomar de base? ¿Quizás un Sol de 20 cm, una Tierra de 1 cm? ¿Cómo afecta la construcción del modelo la escala escogida? ¿Cómo llegar a una escala adecuada a través del uso de la hoja de cálculo? En esta etapa los estudiantes deben poder entender con qué unidades se miden las distancias astronómicas y cuál es la más adecuada para el modelo. Tal vez consideren conveniente consultar con el docente de matemáticas con respecto al cálculo de proporciones y con su profesor de arte la manera de construir los planetas, el Sol y la Luna. Con esto podrán hacer un listado de materiales detallado. La precisión es un aspecto clave del pensamiento matemático, dado que uno de los objetivos es que el modelo sea lo más exacto posible. Al final de esta etapa deben contar con tres listas fundamentales: a) La lista de tamaños de los planetas a escala, b) la lista de las distancias entre planetas a escala y c) una lista de materiales para construir los elementos.

4. *Crear.* En este momento se hace la construcción del modelo: la fabricación de los planetas, el Sol y la Luna. También deben adaptar los soportes y elementos de fijación. Esto puede tardar varias semanas mientras se preparan los elementos para su instalación. El día del montaje, cada grupo deberá contar con cinta métrica y decámetro para medir las distancias y revisar los tamaños de los elementos del sistema solar. La división del trabajo por roles es fundamental en una actividad ABP. Se debe contar con estudiantes que ayuden a transportar y montar los elementos, otros que tomen medidas, otros que tomen nota de las dificultades y nuevas ideas que vayan surgiendo, y por supuesto, con un estudiante coordinador que administre acciones, tiempos y suministros en esta etapa de la actividad. También deben contar con un equipo de "medios de comunicación" que tome fotografías, grabe videos y haga entrevistas a sus compañeros, para registrar las opiniones en cada momento del montaje. Para esta parte de la actividad es posible que inviten a estudiantes de otros cursos, docentes de otros grados, directivas de la institución e inclusive a padres de familia, para que compartan la experiencia. En las figuras 7.1 y 7.2 se muestra un ejemplo de datos tabulados como resultado del análisis de la escala para la construcción del modelo. Se muestra solo una posible solución. Cada grupo debe presentar sus resultados, ya sea a través de un video, una presentación o una publicación en página de internet. En el proceso de construcción y montaje es en donde se pone de relieve el aspecto espacial, y los estudiantes podrán sorprenderse de las grandes distancias que separan a los elementos del sistema solar.

5. *Mejorar:* Como lo hemos mencionado anteriormente, esta etapa provee la mayor oportunidad de aprendizaje para el estudiante. Es quizás el momento

en que el docente debe hacer mayor énfasis y disponer de tiempo suficiente para el análisis y las actividades de diseño y una posible nueva ejecución. Quizás no sea viable volver a construir el modelo, pero sí debe hacerse un proceso de análisis por parte de cada grupo, para verificar si se cumplieron las condiciones y si de alguna manera hacer las cosas de forma diferente podrían mejorar el modelo, y por ende al aprendizaje. Es aquí en donde se presenta una oportunidad de desarrollo de las habilidades de pensamiento crítico, solución de problemas, comunicación y colaboración. Esta fase es de gran provecho para el equipo docente y para los estudiantes y marca una diferencia fundamental con la forma tradicional de hacer las cosas. Es la etapa en la que se muestra a los estudiantes que fallar no es fracasar, sino que es una oportunidad para profundizar en los conocimientos.

El producto final de esta actividad será un reporte o informe que debe incluir el registro fotográfico, el registro de mediciones y el resumen de aspectos a mejorar, como resultado del proceso de diseño.

Destaquemos la contribución de este tipo de actividad en la formación de los estudiantes:

- La comprensión del problema es un aspecto fundamental y debe convertirse en hábito de pensamiento en los futuros ciudadanos.

- La dinámica de aprendizaje está centrada en el estudiante. Estos cuentan con mayor libertad en su proceso de aprendizaje, aunque apoyados por el equipo docente.

- La participación de todos los estudiantes es definitiva, porque es la manera de lograr un conocimiento más profundo para todos. Cada participante se ve obligado a contribuir en el desarrollo de la actividad, con el aporte de ideas y posibles soluciones para cumplir con el resultado del proyecto.

- Mediante el cálculo de escalas, los estudiantes practican sus conocimientos de manejo de grandes cifras, de unidades científicas, y se asegura que tengan un conocimiento básico de una hoja de cálculo, que les permita programar y realizar iteraciones para la selección de la escala. Aprender a manejar una hoja de cálculo no es solamente un objetivo del aprendizaje, sino también un acercamiento al pensamiento computacional.

- La tecnología involucrada dependerá del tipo de solución escogida por los grupos. Para una buena selección, el docente de tecnología puede asistir a los estudiantes en la búsqueda, selección y manejo de los recursos tecnológicos necesarios, como la grabación, edición y publicación de un video documental, que pueden requerir nuevos conocimientos de los estudiantes.

- Vale la pena destacar que el momento de la selección de la escala es el más importante en toda la actividad. El criterio para decidir cuál será el tamaño de los elementos del sistema solar y su posibilidad de construcción promueve el pensamiento crítico y la solución de problemas.

- El tamaño de los elementos ayuda a desarrollar la creatividad, los conocimientos de matemáticas y la búsqueda de soluciones prácticas para la construcción y el montaje del modelo.

- La actividad obliga la participación de todos los miembros del grupo a través de la división de responsabilidades.

- La etapa de mejora es definitiva para que los estudiantes comprendan qué conceptos estaban equivocados y qué otras soluciones pueden darse.

- El respeto por las ideas de los demás y la valoración de los aportes de todos es fundamental en la formación del futuro ciudadano. Esto desarrolla el sentido de tolerancia y respeto por las opiniones de los demás compañeros de clase.

Cómo llevar la educación STEM a la práctica

ELEMENTO DEL SISTEMA SOLAR	DIMENSIONES	REFERENCIA	TAMAÑO REAL	UNIDAD	TAMAÑO A ESCALA	UNIDAD	TAMAÑO A ESCALA	UNIDAD	ESCALA CALCULADA
SOL	RADIO	NINGUNA	696.000	km	109,13	cm	0,0010912512	km	
	DIÁMETRO	NINGUNA	1.392.000	km					
	ECUADOR	NINGUNA	4.373.097	km					
MERCURIO	RADIO	NINGUNA	2.439	km	0,38	cm	0,0000038241	km	
	DIÁMETRO	NINGUNA	4.878	km					
	ECUADOR	NINGUNA	15.325	km					
VENUS	RADIO	NINGUNA	6.050	km	0,95	cm	0,0000094857	km	
	DIÁMETRO	NINGUNA	12.100	km					
	ECUADOR	NINGUNA	38.013	km					
LA TIERRA	RADIO	NINGUNA	6.378	km	1,00	cm	0,0000100000	km	1: 1.275.600.000
	DIÁMETRO	NINGUNA	12.756	km					
	ECUADOR	NINGUNA	40.074	km					
LA LUNA	RADIO	NINGUNA	1.737	km	0,27	cm	0,0000027234	km	
	DIÁMETRO	NINGUNA	3.474	km					
	ECUADOR	NINGUNA	10.914	km					
MARTE	RADIO	NINGUNA	3.394	km	0,53	cm	0,0000053206	km	
	DIÁMETRO	NINGUNA	6.787	km					
	ECUADOR	NINGUNA	21.322	km					
JUPITER	RADIO	NINGUNA	71.492	km	11,21	cm	0,0001120916	km	
	DIÁMETRO	NINGUNA	142.984	km					
	ECUADOR	NINGUNA	449.197	km					
SATURNO	RADIO	NINGUNA	60.268	km	9,45	cm	0,0000944936	km	
	DIÁMETRO	NINGUNA	120.536	km					
	ECUADOR	NINGUNA	378.675	km					
URANO	RADIO	NINGUNA	25.554	km	4,01	cm	0,0000400659	km	
	DIÁMETRO	NINGUNA	51.108	km					
	ECUADOR	NINGUNA	160.561	km					
NEPTUNO	RADIO	NINGUNA	24.786	km	3,89	cm	0,0000388617	km	
	DIÁMETRO	NINGUNA	49.572	km					
	ECUADOR	NINGUNA	155.735	km					

Figura 7.1 Actividad ABP. Sistema Solar, tamaños de los elementos y escala seleccionada.

DESDE	HASTA	DISTANCIA REAL	UNIDAD	DISTANCIA A ESCALA	UNIDAD	DISTANCIA A ESCALA	UNIDAD
SOL	MERCURIO	58.344.000	km	45,74	m	0,0457	km
SOL	VENUS	107.712.000	km	84,44	m	0,0844	km
SOL	LA TIERRA	149.597.871	km	117,28	m	0,1173	km
SOL	MARTE	227.392.000	km	178,26	m	0,1783	km
SOL	JUPITER	777.920.000	km	609,85	m	0,6098	km
SOL	SATURNO	1.427.184.000	km	1.118,83	m	1,1188	km
SOL	URANO	2.870.824.000	km	2.250,57	m	2,2506	km
SOL	NEPTUNO	4.496.976.000	km	3.525,38	m	3,5254	km
SOL	CINTURÓN DE KUIPER	4.500.000.000	km	3.527,75	m	3,5278	km
SOL	DISCO DISPERSO	15.000.000.000	km	11.759,17	m	11,7592	km
SOL	NUBE DE OORT	150.000.000.000	km	117.591,72	m	117,59	km
SOL	HELIOPAUSA	1.500.000.000.000	km	1.175.917,22	m	1.175,9172	km
TIERRA	LUNA	384.400	km	30,13	cm	0,00030135	km
		ESCALA	1:	1.275'600.000			

Figura 7.2 Actividad ABP. Sistema Solar, distancias entre elementos según la escala seleccionada.

Otras ideas para nuevas actividades del tipo ABP

De la misma manera como se presentó en las actividades del tipo ABL nos parece pertinente presentar otros ejemplos de cómo podrían desarrollarse otras actividades de un proyecto de educación STEM.

1. Actividad "El estado del tiempo en el planeta X"

Esta actividad está basada en el ejemplo mencionado en el libro *STEM Lessons Essentials, Integrating Science, Technology, Engineering, and Mathematics* (Lecciones esenciales en STEM, integración de ciencias, tecnología, ingeniería y matemáticas). Este ejemplo destaca varios aspectos importantes de la formación basada en la educación STEM. Con la pregunta esencial logramos despertar la curiosidad de los estudiantes para llevarlos a entrar en un terreno que no resulta atractivo normalmente para la mayoría de los estudiantes. La meteorología es una parte de la ciencia que se ha convertido en una herramienta absolutamente necesaria para el desarrollo de las naciones. La industria, las aerolíneas, las fuerzas armadas e inclusive la persona que viaja, depende de la confiabilidad de un buen reporte meteorológico. En esta actividad se hace una conexión de las asignaturas involucradas con la vida real.

Especificaciones de la actividad:

1. *Pregunta esencial*: ¿Cómo haría un meteorólogo un reporte del estado del tiempo del planeta X?

2. *Objetivos de aprendizaje STEM:* Como hemos mencionado anteriormente, los objetivos pueden darse desde diferentes disciplinas. Por ejemplo, en ciencias un objetivo puede ser que los estudiantes se den cuenta de que los planetas son sitios reales, que tienen sistemas atmosféricos propios con dinámicas ambientales diferentes a las de la Tierra, y que las leyes de la física y la química se cumplen de igual manera en esos sitios. Los estudiantes deberán dominar las unidades de medida y los conceptos usados en meteorología. En artes, los estudiantes desarrollarán técnicas para producir imágenes de planetas que podrían parecer reales. También podrán desarrollar un set de televisión en donde se presenta el estado del tiempo de ese planeta. En matemáticas los estudiantes podrán desarrollar modelos para resolver problemas reales y acompañarán al docente de ciencias en el uso de la precisión y de conceptos y unidades correctas para la presentación del estado del tiempo. En humanidades, y en especial en el empleo de la lengua castellana, el estudiante deberá hacer un uso correcto del idioma para la presentación de reportes escritos y para la presentación en vivo del reporte del tiempo del planeta X.

En tecnología, los estudiantes podrán conocer las ayudas, equipos y métodos que se usan actualmente en Meteorología, e imaginar cómo se usarían en el planeta X. Adicionalmente conocerán la variedad de disciplinas que contribuyen al conocimiento en el ámbito de la Meteorología. El proceso de diseño en ingeniería será fundamental para los hábitos de pensamiento de los estudiantes.

3. *Conocimientos previos:* Los estudiantes deben conocer previamente qué son los fenómenos atmosféricos, cómo afectan el clima de nuestro planeta, los conceptos básicos de temperatura, presión, influencia de los vientos en la dinámica atmosférica, etc.

4. *Nuevos conceptos fundamentales:* La actividad tiene como objetivo despertar la curiosidad del estudiante por la explicación de algo tan cotidiano como es el clima. Deben conocer el régimen de lluvias del país o la región, cuándo y dónde nieva, y cómo mejoran las nuevas tecnologías el conocimiento de estos fenómenos. También deben aprender cómo afecta el clima la vida de los seres que habitan un planeta, y entender cómo, aunque los meteorólogos no son reconocidos debidamente por el público general, son importantes para el bienestar de los habitantes de un país. Es importante abrir a los estudiantes la perspectiva de nuevas carreras profesionales, y que se den cuenta de que hay profesiones nuevas, que están por desarrollarse en un futuro cercano.

5. *Resultado:* Se pedirá a los grupos que desarrollen un video en un set de televisión construido por ellos para hacer el reporte del clima en el planeta X. Esto irá acompañado por un informe escrito que cubra los elementos básicos de un reporte meteorológico.

6. *Asignaturas involucradas:*

    - Ciencias
    - Tecnología
    - Ingeniería
    - Matemáticas
    - Humanidades – Lenguaje
    - Artes

(Vásquez, Sneider, Comer, 2013).

2. Actividad "Manejo de residuos domésticos"

Es sorprendente que los habitantes de las ciudades hayan perdido con el tiempo la sensibilidad por las realidades de su comunidad y de la ciudad o región en donde se reside. Así, los adultos y los niños viven en una cotidianidad aislada que no les muestra los orígenes, la producción y la distribución de los productos de uso diario, y de la misma forma, el destino que tienen al final de su vida útil o al momento de desecharlos. Es común ver que los niños no saben de dónde provienen sus alimentos, la vestimenta o inclusive los electrodomésticos. A esto se le considera analfabetismo tecnológico. Ya hemos mencionado que la instrucción en tecnología en los colegios e instituciones educativas debe transformarse para cubrir temas que son relevantes para la ciudadanía y que amenazan el futuro de las próximas generaciones. Cuando se le pregunta a un estudiante sobre el destino de la basura, una respuesta común es: "Lejos". Por esta razón, y con el ánimo de darle a la actividad un manejo STEM, recomendamos trabajar este proyecto con los estudiantes en ciencias y tecnología.

Especificaciones de la actividad:

1. *Pregunta esencial:* ¿Qué pasa con los desechos que pongo en el bote de basura?

2. *Objetivos de aprendizaje STEM:* Entre los aspectos de ciencias que los estudiantes deben conocer está el del destino final de los productos perecederos y no perecederos. Los estudiantes deben tener muy claro que un problema de orden mundial y que urge resolver es que el hombre está produciendo muchas cosas que tienen periodos muy largos de descomposición, y esto afecta a los habitantes de cualquier ciudad o región. Por esta razón, se debe hacer énfasis en que todo material extraído y modificado por el hombre tiene un momento de creación y un momento de destrucción. En ciencias también es importante analizar los procesos químicos que ocurren con la descomposición de los materiales. En el área de tecnología hay una gran variedad de temas que son oportunos para desarrollar en este contexto. Los productos tienen un ciclo de vida y a veces su desecho no es acorde a las posibilidades de su descomposición. Esto ocasiona volúmenes muy altos de desechos que tienen largos plazos de descomposición, y sin embargo, las industrias productoras hacen caso omiso de su responsabilidad con el medio ambiente. Otro aspecto referente a la tecnología son los procesos logísticos relacionados con la recolección de basuras y los lugares previstos para la disposición de estos residuos. Otro punto importante para dejar en la mente de los estudiantes es la diferencia entre los residuos del hogar, los residuos industriales, los residuos hospitalarios y los residuos de construcción. Cada uno de ellos tiene exigencias y procesos muy diferentes.

3. *Conocimientos previos:* En ciencias, es importante que los estudiantes puedan establecer la diferencia entre productos perecederos y no perecederos, y conocer por qué y cómo se descomponen o no los diferentes materiales de que están hechos.

4. *Nuevos conceptos fundamentales:* Conocer en detalle que los problemas del medio ambiente son de la mayor importancia para una comunidad. Los estudiantes deben estar al tanto de la situación mundial y local con respecto a la disposición de residuos de toda índole. Este es un muy buen ejemplo de que un problema como este tiene factores de muchas disciplinas, y por eso este proyecto ayuda a que varias asignaturas trabajen en forma integrada. Ciencias, tecnología, ingeniería, matemáticas, ciencias sociales, humanidades y artes tienen oportunidad con este tipo de temas para darle a su instrucción el contexto necesario y atraer el interés de los estudiantes para lograr un conocimiento más duradero. Los futuros ciudadanos deben ser personas que participen activamente en la sociedad aportando soluciones a los problemas. El cuidado del medio ambiente es responsabilidad de todos, los problemas que hoy se viven son un asunto que a cada estudiante debe interesarle, y debe ser consciente de que le corresponde participar en las soluciones que se desarrollen en su comunidad.

5. *Resultados:* Podemos pensar en muchos tipos de resultados de este proyecto: Pueden ser una presentación, un esquema, un video explicativo o un trabajo del tipo monografía. Todos estos son muy comunes en un proyecto tradicional en un colegio. ¿Qué tal sería desarrollar una solución viable para presentar al consejo de la ciudad o al alcalde o el gobernador? ¿Qué tal un proyecto que sea la base de un desarrollo de varios cursos de secundaria y continuado en una facultad universitaria, para que una organización privada o estatal ponga en práctica una nueva solución?

6. *Asignaturas involucradas:*

    - Ciencias

    - Tecnología

    - Ingeniería

    - Matemáticas

    - Humanidades – Lenguaje

    - Artes

Esta actividad está basada en el ejemplo *"Where is away?"* (¿Dónde es allá?) Mencionado en el libro *STEM Lessons Essentials, Integrating Science, Technology, Engineering, and Mathematics* (Lecciones esenciales en STEM, integración de ciencias, tecnología, ingeniería y matemáticas). (Vásquez, Sneider, Comer, 2013).

Conclusiones

Los nuevos escenarios que se presentan en el mundo, y que se caracterizan por las condiciones del desarrollo tecnológico, la globalización y la necesidad de los países de desarrollarse económicamente, hacen que veamos la realidad de forma distinta. Debemos comenzar por cuestionarnos a nosotros mismos sobre el papel que juega el desarrollo profesional en este nuevo mundo y por darnos cuenta de que las condiciones de vida para la humanidad serán diferentes, tanto para los adultos como para los niños. Si los futuros ciudadanos van a experimentar condiciones diferentes de vida y la sociedad va a demandar de ellos nuevas habilidades, se requiere de un nuevo docente que esté preparado para estas nuevas condiciones. Por lo tanto, es necesario que haya una transformación en la manera de prepararse y desempeñarse como docente. La contribución de los profesores a la sociedad es primordial y definitiva en la formación de buenos ciudadanos, y la educación STEM propone que el rol del docente evolucione de acuerdo con las necesidades de hoy. El profesor ya no debe ser aquel que solo imparte información, sino el guía del aprendizaje del estudiante. Los nuevos retos son muy inspiradores para el docente, y le sugieren que su aprendizaje debe ser continuo y que debe mantenerse activo en su actividad pedagógica.

Hemos expuesto los principios y recomendaciones para llevar a cabo unidades y actividades STEM de una forma diferente, a través de la búsqueda de una enseñanza interdisciplinaria. Hemos descrito dos tipos de actividades que pueden ayudar al docente en el desarrollo del programa académico. Estas se diferencian por su alcance y duración, según aprendizaje basado en lecciones o basado en proyectos. Ambos son actividades basadas en la solución de problemas a través de una pregunta esencial y centrada en el estudiante.

La ingeniería se destaca por ser la columna vertebral de una actividad STEM y desarrolla hábitos de pensamiento fundamentales, como son la solución de problemas, el pensamiento crítico, la investigación, la colaboración, la comunicación y la creatividad.

Hemos descrito los parámetros que definen una actividad STEM, y estos son: La pregunta esencial, los objetivos de aprendizaje STEM, los conocimientos previos, los nuevos conocimientos fundamentales, la descripción del resultado y las asignaturas que se involucran. También establecimos la diferencia entre el resultado y los objetivos de aprendizaje STEM.

Desarrollar la educación STEM no requiere de grandes inversiones en últimas tecnologías para la educación, requiere de una transformación de la forma de enseñar y aprender, que desarrolle las habilidades del siglo XXI. Es posible apoyarse en soluciones tecnológicas para hacer más fácil la forma de cumplir con los objetivos del aprendizaje STEM, por lo tanto, el uso de la robótica, la programación y otras tecnologías son de gran ayuda para el personal docente. Es posible incluir material curricular elaborado por terceros, que pueda facilitar el desarrollo de un proyecto STEM en una institución educativa.

La documentación sobre la educación STEM es muy amplia, es posible encontrar ejemplos de actividades en libros, revistas especializadas y videos. El mundo se está moviendo en torno a esta nueva forma de enseñar y aprender, y vemos cómo muchas universidades del mundo incluyen especializaciones en la educación STEM. Estamos convencidos de que la transformación se debe dar pronto, e incluir la formación de los nuevos docentes, quienes serán los futuros profesores del siglo XXI.

Referencias

Bybee R. W., (2015), *5E Instructional Model, Creating Teachable Moments,* NSTA Press.

California Department of Education, The California State University, Association of Independent Colleges and Universities AICCU, New Teacher Center (2017) Better together, California Teachers Summit.

Multilink Ingeniería (2015), *Colombia STEM Sphero Project,* Guía del docente.

National Academy of Engineering (2018), *Link Engineering Educator Exchange. Linking PreK-12 to expertise and content.* www.linkengineering.org

National Research Council of the National Academies, (2012), *A Framework for K-12 Science Education, Practices, Crosscutting Concepts, and Core Ideas,* 2012, National Academies Press.

Purzer Ş., Strobel J., Cardella M.C., (2014), *Engineering in Pre-College Settings: Synthesizing Research, Policy, and Practices,* Purdue University Press.

SpaceX, (2017), *How not to land an orbital rocket booster,* SpaceX YouTube channel, https://youtu.be/bvim4rsNHkQ

Traig, J., (2015), *Enthralling and Effective Lesson Plans for Grades 5-8. STEM to Story,* 826 National.

Vasquez J. A., Sneider C., Comer M., (2013), *STEM Lesson Essentials, Grades 3-8 Integrating Science, Technology, Engineering and Mathematics,* Heinemann.

Capítulo 8
Evaluación de actividades STEM

Para los estudiantes la evaluación ha sido siempre un motivo de preocupación durante su proceso de formación, pues siempre se ha entendido que la nota final indica a los padres, profesores y directivos el nivel de conocimiento del estudiante. En la educación STEM la relación del estudiante con la nota final tiene un enfoque diferente, y en este capítulo vamos a analizar en qué consiste. Lo analizaremos desde el nivel del salón de clase, con el fin de ayudar al docente a efectuar un buen sistema de evaluación de actividades y proyectos STEM.

La educación STEM, una aventura divertida en el aprendizaje

La forma tradicional de enseñanza establece fronteras claramente determinadas entre el currículo, la instrucción y la evaluación. Estas etapas están demarcadas de tal manera que el estudiante percibe cuándo está en un período de normalidad académica y cuándo está en un periodo de evaluaciones. Estudiantes, profesores, directivas y padres de familia acostumbran hablar del "período de exámenes".

Con la educación STEM, la evaluación estará tan embebida en la instrucción, que el estudiante se mantendrá todo el tiempo en un estado constante de instrucción-evaluación. Desde el principio de una instrucción en STEM, notará que el proceso de aprendizaje es diferente. Hay dos razones por las que esto se puede apreciar: a) porque la evaluación se hace durante toda la instrucción y b) porque se hace dentro de un ambiente de curiosidad e interés por lo que se estudia, y cuando un tema de estudio se convierte en algo interesante para el estudiante, la evaluación pierde esa percepción de ser un motivo de preocupación, ya que toda su experiencia estará sumergida en una aventura por la curiosidad y el conocimiento.

Estructura general de la evaluación de una actividad STEM

Una buena estrategia de evaluación nos informa cómo están aprendiendo los estudiantes y cómo podemos monitorear y ajustar la instrucción para cumplir con sus necesidades reales.

Para comenzar, consideramos que una definición de evaluación puede entenderse de la siguiente manera:

"La evaluación hace referencia a la forma de medir los resultados del currículo y la instrucción y los avances de los estudiantes relacionados con competencias importantes. Incluirá métodos formales, tales como pruebas estatales estandarizadas de larga escala y también procedimientos menos formales en la clase". (National Research Council of the National Academies, 2012)

Para que se den las condiciones deseables para construir un buen sistema de evaluación, debemos considerar dos marcos de referencia que mencionamos a continuación.

1. Un buen ambiente de aprendizaje para los estudiantes que provee experiencias de tipo holístico deberá ser:

    a) *Centrado en el conocimiento*. Estar basado en lo que queremos que los estudiantes aprendan y estén en capacidad de hacer.

    b) *Centrado en el aprendiz*. Conectará las fortalezas, los intereses y las preconcepciones con las actividades y tareas y les permitirá identificarse como personas dentro de una evolución de aprendizaje.

    c) *Centrado en la evaluación*. El sistema de evaluación estará diseñado para que ofrezca muchas oportunidades para monitorear el avance y hacer evidente el progreso durante la instrucción.

2. Una estructura de planeación de unidades y actividades STEM que busque hacer evidente a los estudiantes lo que aprendieron y son capaces de hacer. De esto se desprenden las siguientes preguntas que nos debemos hacer durante el diseño y planeación de actividades STEM :

    a) ¿Los estudiantes aprendieron los conceptos?

    b) ¿Cómo docente, cómo lo puedo saber?

    c) ¿Qué tan profundo es su conocimiento?

    d) ¿Qué tan bien pueden aplicar los estudiantes este conocimiento?

(Vásquez, Sneider, Comer, 2013).

Una evaluación con enfoque en la educación STEM

Las unidades y actividades STEM se caracterizan por su especificación. Como vimos en el capítulo 7 las especificaciones de una actividad STEM son:

1. Pregunta esencial.

2. Objetivos de aprendizaje STEM

3. Conocimientos previos

4. Nuevos conceptos fundamentales

5. Resultados

6. Asignaturas involucradas.

La evaluación de una actividad STEM pretende hacer la medición sobre estas especificaciones y responder a las preguntas sobre si los estudiantes aprenden y son capaces de aplicar sus conocimientos. Lo más importante es evaluar los objetivos de aprendizaje STEM que han sido seleccionados y construidos en el período de planeación de la unidad didáctica, cuyo propósito es cubrir los temas indicados en el currículo, y corresponden al grado en el que se trabaja. Estos objetivos son la esencia para la construcción del conocimiento del estudiante, en relación con los estándares curriculares y el desempeño en las pruebas estatales.

Adicionalmente, es necesario evaluar los nuevos conceptos fundamentales, que serán el fundamento de un aprendizaje progresivo. Los resultados de las actividades también deben ser medidos, y es importante establecer un criterio amplio que considere los aspectos primordiales de la actividad,

En el desarrollo de la instrucción tendremos tres momentos clave que se establecen como puntos de medición importantes, antes de la actividad, durante la actividad y al finalizar la actividad.

Las herramientas corrientemente utilizadas para evaluar a los estudiantes siguen siendo las conocidas, Podemos utilizar por ejemplo:

- Listas de chequeo
- Rúbricas
- Pruebas rápidas en clase
- Mapas
- Auto evaluaciones
- Evaluaciones entre estudiantes
- Organizadores gráficos
- Mapas conceptuales
- Portafolios,
- Conferencias
- Informes
- Modelos físicos

Cada una de estas deberá seleccionarse de tal manera que sea lo más efectivo para cumplir con las formas de evaluación que mencionamos a continuación.

Evaluación de diagnóstico

Siempre que el docente comienza una actividad, debe tener en cuenta que el grupo de estudiantes no está preparado de forma igual y que cada uno tiene en su mente una constelación de conceptos, capacidades, aptitudes y condiciones diferentes. Las experiencias previas que cada uno de ellos tiene han contribuido a construir su propio marco de referencia y su forma propia de entendimiento de los fenómenos y conceptos. El docente debe buscar evidencias que indiquen el estado de ese conocimiento, para determinar qué tan preparados están los estudiantes para desarrollar la actividad.

Esta evaluación, que siempre será previa a la instrucción, establece el grado de conocimiento y se enfocará en reconocer posibles conceptos erróneos que puedan existir. ¿Cómo hacerlo? Es necesario que cada estudiante exprese lo que sabe. La clase tradicional no consideraba necesaria esta etapa, el docente daba por existente el conocimiento únicamente con que los estudiantes hubieran aprobado los cursos anteriores.

Un buen ejemplo es el que vimos en la actividad de "La Montaña Rusa", en el capítulo 7, en la etapa "Imaginar" del proceso de diseño en ingeniería. La profesora Donna Migdol utilizó la estrategia de contribución que se apoya en una conversación entre los estudiantes, que describen de forma espontánea los conceptos sobre el tema de estudio. En ese caso se trataba de la energía cinética, potencial y las tres leyes de Newton. Como lo hemos mencionado anteriormente el conocimiento ya no lo imparte el docente sino que está centrado en el estudiante. Luego de establecer los conceptos de forma clara para el grupo de estudiantes, se comenzó con la actividad.

Esta forma de evaluación no tiene el objetivo de asignar una calificación, sino lograr establecer el punto de desarrollo de los conceptos de los estudiantes, y a partir del resultado, lograr hacer las correcciones a las deficiencias que puedan presentarse dentro del grupo.

Evaluación formativa

Esta forma de evaluación se hace durante la instrucción. Tiene por objeto monitorear constantemente el desarrollo de la instrucción y busca medir algunos aspectos importantes del proceso. Tanto en una actividad corta como en un proyecto, el docente debe poder corregir la forma en que se está llevando el proceso, y por lo tanto debe estar haciendo mediciones intermedias para lograr mejorar los aspectos en donde se presenten deficiencias. Algunas veces estas se presentan por la forma en que la actividad se va desenvolviendo, y de no reforzar o modificar algún aspecto, es posible que no se logren los objetivos del aprendizaje STEM. Puede darse el caso de que la actividad sea muy sencilla para los estudiantes y estos se aburran, o por el contrario, que sea muy difícil y los estudiantes se den por vencidos.

Otro aspecto de la evaluación formativa es asistir a los estudiantes en el proceso de aprendizaje. Es aquí en donde se destaca el nuevo rol del docente como tutor o acompañante. Una recomendación importante que se hizo en el capítulo 7 fue la de mantener controlado el flujo de trabajo de los estudiantes. Este control ayuda también a hacer mediciones sobre la forma en que los grupos de trabajo van avanzando en sus tareas. Esto permite al docente guiar, o en algunos casos destrabar, el proceso de aprendizaje.

Evaluación sumativa

Al finalizar la unidad de aprendizaje STEM se hace necesario dar a los interesados un informe del estado de conocimiento y capacidad del estudiante. Se otorga, entonces, una medición cuantitativa o cualitativa, compuesta en algunos casos por una nota o grado, y en otros por una descripción del desempeño del estudiante, como puede ser superior, suficiente, aceptable, deficiente, etc.

En la figura 8.1 podemos ver cuándo se presentan los tipos de evaluación durante el tiempo de la instrucción.

Actividad 1   Actividad 2   Actividad 3   Actividad 4   Actividad 5   Actividad n

▲ *Evaluación de diagnóstico:* hace un diagnóstico, determina cuán preparados están los estudiantes y establece el punto de conocimiento. Adicionalmente ayuda a emparejar el nivel de la clase.

⇔ *Evaluación formativa:* esta forma de evaluación se da con la instrucción Tiene por objetivo monitorear constantemente cómo se desarrolla la instrucción y busca medir algunos aspectos importantes del proceso.

⇡ *Evaluación sumativa:* hace una medición cuantitativa o cualitativa del avance de los estudiantes sobre los conceptos fundamentales tratados.

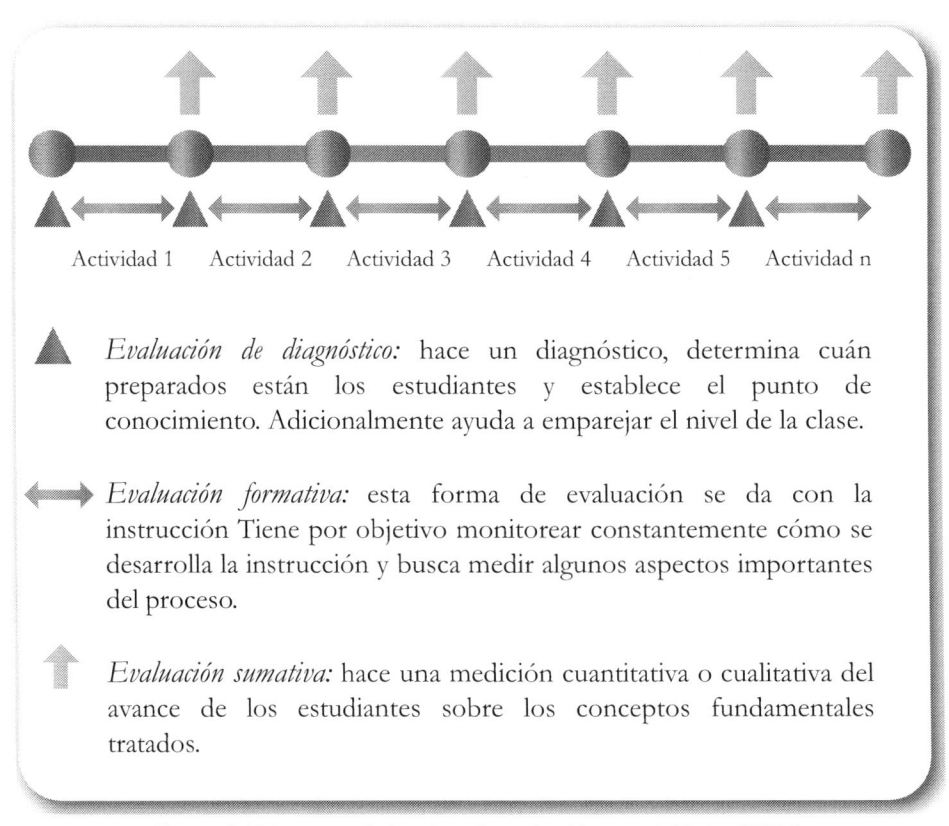

Figura 8.1 Momentos de los tipos de evaluación en actividades STEM.

Recomendaciones para desarrollar una buena evaluación

Para una correcta y adecuada evaluación es importante poner en práctica estas recomendaciones para lograr desarrollar unidades y actividades STEM efectivas.

- El estudiante debe entender desde el principio de la unidad la forma y el criterio de evaluación. Es muy recomendable que se le expongan al estudiante las "reglas de juego". Así, este sabrá qué se espera de él y que deberá esforzarse por lograr cumplir con los requerimientos de la actividad. Al indicar desde el principio las condiciones de las actividades estaremos garantizando que no vamos a perder tiempo valioso, y al presentar los resultados no nos encontraremos con sorpresas o malentendidos.

- Deben exponerse a los estudiantes los criterios de evaluación. Si desde el inicio de las actividades nos acostumbramos indicar cómo serán considerados los grados de desempeño, por ejemplo a través de rúbricas, será más fácil que el estudiante entienda, no solo lo que se les pide, sino el grado de calidad que será aceptable.

- Se debe dar al estudiante una forma apropiada de demostrar sus conocimientos, pues los objetivos de aprendizaje y los resultados de una actividad STEM son de diferente índole. Por esto se debe escoger la forma más adecuada para que el estudiante demuestre su nivel de conocimiento y desempeño. En algunos casos podrá darse con un informe, en otros con una presentación, en otros con un debate. Por lo tanto, en la planeación de una actividad debe haber la suficiente flexibilidad para realizar la evaluación.

- Sacar provecho de la evaluación diagnóstica. Los resultados obtenidos en una evaluación diagnóstica indicarán al docente el camino adecuado para abordar las actividades STEM. Así, los estudiantes estarán agradecidos, dado que la aclaración de conceptos previamente al desarrollo de una actividad hará que los objetivos de aprendizaje STEM se logren en mayor medida. Por ejemplo, si para una actividad es necesario conocer el manejo de una hoja de cálculo, es importante que el docente dedique algo del tiempo para que los estudiantes dominen esta herramienta.

- Los estudiantes deben ponerse sus propios retos. Hacer que los estudiantes se autoevalúen y que se fijen metas o retos es muy importante a la hora de buscar el mejor desempeño.

- En el camino hacia la nota final, es importante dar la oportunidad a nuevas evidencias. Las nuevas evidencias de conocimiento y desempeño deben primar sobre las antiguas. El estudiante debe encontrar opciones de evaluación que ayuden a mostrar su conocimiento.

(Vásquez, Sneider, Comer, 2013).

La evaluación formativa a través del proceso de diseño en ingeniería

La evaluación formativa tiene por objetivo que las mediciones contribuyan al buen desenvolvimiento de la actividad STEM. Hemos descrito en el capítulo 4 cómo el proceso de diseño en ingeniería es la forma más directa de incluir la ingeniería en el aula, y cómo puede ayudar a establecer puntos de medición para la evaluación formativa, de tal manera que el docente pueda hacer un monitoreo más preciso, sin dejar de lado las bondades ya expuestas de los hábitos mentales que provee un pensamiento de ingeniero.

Veamos cómo podemos establecer estos puntos a través del proceso de diseño en ingeniería. Tomemos el proceso de diseño de cinco pasos.

La tabla 8.1 muestra algunos de los aspectos a tener en cuenta durante el desarrollo de la actividad, y da algunas ideas para lograr una adecuada evaluación formativa.

Etapa	Aspectos importantes de la etapa	Punto de verificación	Puntos a evaluar
Hacer preguntas	Los estudiantes deben poder descomponer la pregunta esencial en partes analizables.	Correcto entendimiento del núcleo del problema	¿Están entendiendo los estudiantes la razón fundamental del problema o se están yendo por las ramas?
Imaginar	Desarrollar varios tipos de soluciones al problema	Desarrollo de un proceso creativo adecuado.	¿Están siendo efectivos el método de lluvia de ideas o se están utilizando modelos adecuados para expresar de manera eficiente las ideas?
Planear	Desarrollo de diagramas y modelos gráficos que expresen las características de la solución.	Se comunican las ideas de manera adecuada.	¿Se incluyen todas las especificaciones de la solución? ¿Quedan aspectos del problema sin resolver?

Etapa	Aspectos importantes de la etapa	Punto de verificación	Puntos a evaluar
Crear	Construir prototipos	Todos los miembros del equipo deben tener actividades asignadas.	¿Los miembros del equipo están colaborando de forma eficiente al desarrollo del prototipo? ¿Los estudiantes tienen dificultades en convertir el plan en un modelo real?
Mejorar	Encontrar la mejor solución posible. Corregir las desviaciones del diseño. Comunicar los resultados	En esta etapa es donde más profundo pueden llegar los conceptos de los estudiantes.	¿Están aprovechando esta etapa los estudiantes? ¿Los estudiantes hacen un análisis completo de los conceptos? ¿Hay conceptos no entendidos correctamente?

Tabla 8.1 Puntos de evaluación formativa en el proceso de diseño en ingeniería.

Aspectos importantes para la evaluación de proyectos

El desarrollo de actividades del tipo "Aprendizaje basado en Proyectos-ABP" se caracteriza por el aporte integrado de varias asignaturas. Es importante tener en cuenta que, aunque la evaluación formativa y sumativa deben medir el cumplimiento de los objetivos de aprendizaje STEM, también deben cumplir con los objetivos específicos que cada asignatura tenga en el desarrollo de los contenidos y conceptos propios. Cabe aclarar que en la planeación de una actividad es posible incluir los objetivos de las demás asignaturas integradas, y por lo tanto, al hacer el diseño de la evaluación de la actividad de forma conjunta con el grupo de docentes involucrados, se determinará la manera de establecer cada objetivo. De otro lado, en los proyectos es importante hacer una evaluación del resultado final de estos, en especial cuando se trata de un prototipo o de un modelo. Para lograr esta evaluación puede ser muy útil el desarrollo de una rúbrica que mida diversas características del producto final. La tabla 8.2 muestra un ejemplo de rúbrica para la evaluación de un producto.

Aspecto a evaluar	4	3	2	1	Puntuación
Presentación general	Los terminados del producto son de alta calidad. Los detalles del producto son ejemplares.	Los terminados del producto son de buena calidad. No se prestó suficiente atención a los detalles.	Los terminados del producto son aceptables. No se prestó atención a los detalles.	Los terminados del producto son de baja calidad. No se prestó atención a los detalles.	
El modelo refleja la solución planteada.	La funcionalidad del modelo demuestra la solución del problema a través de la solución planteada por los estudiantes.	La funcionalidad del modelo demuestra la solución del problema pero no todos los aspectos de la solución fueron implementados	La funcionalidad del modelo demuestra solo de manera superficial la solución del problema y no todos los aspectos de la solución fueron implementados	El modelo no demuestra la solución del problema.	
Cumplimiento de las especificaciones del producto	Se cumplen todas las especificaciones del producto.	Se cumplen parcialmente las especificaciones del producto. El equipo dejó una oportunidad de mejora abierta para su rediseño.	Solo se cumplen algunas especificaciones técnicas, el producto no deja oportunidad para modificaciones para completar las especificaciones técnicas	El producto no cumple las especificaciones técnicas es necesario hacer todo el proceso de diseño en ingeniería para desarrollar un nuevo modelo.	
Creatividad e inventiva	El modelo demuestra un alto grado de creatividad y de soluciones recursivas. Supera las especificaciones técnicas originales.	El modelo demuestra un alto grado de creatividad y de soluciones recursivas.	El modelo presenta la solución al problema. Hay poca evidencia de desarrollo creativo por encima de lo esperado.	El modelo presenta la solución al problema. No hay evidencia de desarrollo creativo por encima de lo esperado.	

Tabla 8.2 Ejemplo de rúbrica para la evaluación de un modelo como resultado final del proyecto.

Adicionalmente, una de las habilidades que busca desarrollar la educación STEM es el trabajo en equipo a través del desarrollo de la colaboración. El estudiante debe saber que el trabajo en equipo será medido y que debe involucrarse en todas las actividades del proyecto. Esta evaluación debe hacerse no solo al principio y al final del proyecto, sino a través de todo el desarrollo. No es pertinente tener equipos de trabajo en los que solo algunos de los estudiantes están activos, dado que el objetivo de la educación STEM es ser incluyente, y el desarrollo de las habilidades y la profundización de los conceptos son para todos los estudiantes. La evaluación de la participación es un recurso que pretende mantener a todos interesados en las actividades del proyecto. La tabla 8.3 presenta un ejemplo de rúbrica para la evaluación de la participación de los estudiantes.

La evaluación en tecnología e ingeniería

Hemos visto cómo se puede evaluar una actividad STEM en general, pero es importante indicar que la tecnología y la ingeniería en el aula son algo nuevo, importante en los nuevos ámbitos educativos. Sabemos que la tecnología implica una nueva instrucción en STEM, y que la ingeniería, más allá de ser una asignatura más, es la forma de conectar los saberes de las asignaturas del acrónimo, e inclusive las demás del currículo escolar. ¿Es necesario poner en marcha una forma distinta de evaluación para estas dos áreas de la educación? Los estudiantes que tengan la oportunidad de aprender de forma integrada dentro del ámbito y las condiciones de la nueva instrucción de tecnología e ingeniería deben ser evaluados con otra perspectiva. Por ello, los Estados Unidos han dado un paso importante en la evaluación de las habilidades y conocimientos de los estudiantes en estas áreas.

La *National Assessment of Educational Progress – NAEP* (Evaluación nacional para el progreso de la educación) puso en marcha desde el año 2014 un sistema de evaluación para las áreas de tecnología e ingeniería. Desde el año de 1969, la NAEP ha establecido las pautas para saber en qué grado de conocimiento se encuentran los estudiantes en las diversas asignaturas. Sin embargo, ya que se han presentado grandes transformaciones a partir de la llegada de la educación STEM y las aulas escolares han experimentado cambios, de igual forma la NAEP ha evolucionado también. Esta evolución ha llevado a desarrollar, entre otros métodos de evaluación, el *Technology and Engineering Literacy Assessment - TEL,* (Evaluación de la instrucción en tecnología e ingeniería), que incluye la forma en que la tecnología se ha desarrollado y cómo afecta a nuestra sociedad y al medio ambiente.

Criterios de evaluación	4	3	2	1	Puntuación
Cooperación (citar un ejemplo)	Trabajo en armonía con todos los miembros del equipo y apoyo de forma equitativa al grupo.	A veces trabajo en armonía con los miembros del equipo y apoyo de forma equitativa al grupo.	Trabajo en armonía con todos los miembros del equipo. Ellos hacen la mayor parte del trabajo.	No trabajo en armonía con el grupo de trabajo. Los demás miembros del equipo hacen el trabajo.	
Participación (citar un ejemplo)	Participo activamente y me mantengo concentrado en las tareas del equipo.	Casi siempre participo y me concentro en las tareas del equipo.	Participo en las actividades pero tengo dificultades para concentrarme en las tareas del equipo.	No participo en las actividades. Tengo dificultades para concentrarme en las tareas del equipo.	
Escuchar (citar un ejemplo)	Escucho atentamente a mis compañeros y hago preguntas referentes a sus ideas.	Escucho la mayor parte del tiempo a mis compañeros. No hago comentarios adicionales a sus ideas.	Algunas veces escucho las ideas de mis compañeros. Estoy ansioso por compartir mi conocimiento y algunas veces los interrumpo.	No presto mucha atención a lo que dicen mis compañeros. Tengo mis propias ideas y quiero ser escuchado siempre.	

Evaluación de actividades STEM

Criterios de evaluación	4	3	2	1	Puntuación
Hacer comentarios constructivos (citar ejemplo)	Hago comentarios constructivos siempre.	Casi siempre hago comentarios constructivos.	Hago comentarios constructivos solo en los casos en que me preguntan.	No hago comentarios constructivos.	
Liderazgo (citar un ejemplo)	Me gusta asumir el liderazgo del equipo con la intención de ayudar al grupo para asumir las tareas.	Casi siempre asumo el liderazgo del equipo con fines de ayudar a los demás a participar en las tareas.	Puedo asumir el liderazgo del equipo pero prefiero hacer las cosas por mí mismo.	Prefiero ser un miembro más del equipo. No me gusta asumir el liderazgo.	
Compromiso con el trabajo del equipo. (citar ejemplo)	Siempre estoy concentrado y no necesito que me llamen la atención para participar.	La mayor parte del tiempo estoy concentrado y a veces me llamen la atención para participar.	Me han llamado la atención para participar en las actividades.	Siempre me llaman la atención por no participar en las actividades.	

Tabla 8.3 Ejemplo de rúbrica para la evaluación de la participación de los estudiantes en el proyecto. (Basado en Vásquez, Sneider, Comer, 2013, p 133).

Esta nueva forma de evaluación está ligada a la educación STEM, dado que tiene un contexto interdisciplinario y establece el nivel de conocimiento de los estudiantes en cuestiones de tecnología e ingeniería, y de las formas en que la tecnología influye en sus vidas. La TEL no evalúa únicamente los conocimientos sobre las últimas tecnologías, sino que considera las tecnologías de la vida diaria, pues la tecnología y la ingeniería están involucradas en cada decisión que tomamos, en la forma en que nos movemos de un sitio a otro, en lo que se vende en la tienda cercana y hasta en la ropa que tenemos en nuestro armario. ¿Se dan cuenta de esto los estudiantes? ¿Entienden que la conexión entre tecnología e ingeniería afecta nuestras vidas cada día? Para ello se elaboró esta evaluación, con el objeto de medir cuánto saben y pueden lograr hacer los estudiantes en temas de tecnología e ingeniería. La prueba se lleva a cabo de forma electrónica y cada estudiante la ejecuta en un terminal de computador. Los siguientes son los escenarios en los que se desenvuelve la prueba:

- *Tecnología y sociedad:* Los estudiantes saben que los computadores y dispositivos móviles se desarrollan constantemente, ¿pero qué ocurre con los más antiguos? ¿Conocen los estudiantes la manera de desechar un equipo de esos sin influir negativamente en el ambiente?

- *Diseño y sistemas:* Los ingenieros hacen uso de procesos creativos y lógicos para el desarrollo de nuevas tecnologías de nuestra vida diaria. ¿Entienden los estudiantes la importancia de las diferentes formas de diseño con diferentes propósitos, inclusive en algo tan básico como la rueda?

- *Tecnologías de la Información y de las Comunicaciones -TICs:* Es aquí donde la tecnología y la ingeniería hacen su mayor aporte para crear, alcanzar, almacenar y comunicar información. ¿Tienen los estudiantes la capacidad de utilizar tecnologías poderosas de la información y las comunicaciones para recopilar, analizar y presentar información?

La prueba está diseñada para que los estudiantes sean expuestos a varios escenarios en los que se les asignarán diferentes tareas. La duración es de 60 minutos, los estudiantes deberán responder una serie de preguntas y cumplir con una variedad de tareas. Ejemplo: En un pueblo existe un problema por falta de agua y es necesario investigar por qué no hay este suministro. No es necesario que los estudiantes tengan conocimientos previos sobre bombas de agua, pero se espera que con la información suministrada puedan llegar a la raíz del problema y puedan encontrar una posible solución. Al principio se encuentran con un ingeniero que les puede dar información importante sobre cómo funcionan los pozos y las bombas. Luego los estudiantes intentarán encontrar la causa del problema, y a través de entrevistas a la gente del pueblo podrán conocer otros aspectos de la situación. Se pide a los estudiantes que utilicen esta información para saber si el problema se ha debido a un corte del suministro o a un daño en el sistema de bombas. Al final de esta investigación, ellos podrían llegar a la conclusión de que la bomba ha fallado y es necesario repararla. En internet encuentran el manual de reparación de la bomba y en este los diversos síntomas, con soluciones potenciales. Los estudiantes deberán considerar la información que se les entregó, que sea relevante a la tarea asignada, para poder localizar y reparar el problema de la bomba. Posteriormente, cuando ya hayan reparado la bomba, se les pedirá que propongan mecanismos de mantenimiento para prevenir posibles fallos. La importancia de una tarea como esta es medir qué tanto son capaces los estudiantes de utilizar habilidades para detección y solución de problemas. Esta es una de las tantas habilidades que TEL evalúa, y que incluye comunicación y análisis de información.

La prueba está diseñada con un tipo de tarea que incluye los siguientes escenarios:

1. Desarrollar una exposición en línea sobre el problema de la contaminación del agua en Chicago en el siglo XIX.

    - Áreas de contenido: Tecnología y sociedad, diseño y sistemas.

    - Métodos: Entender los principios tecnológicos a través del desarrollo de soluciones para alcanzar las metas, colaborar en el desarrollo y comunicar los resultados.

    - Tiempo de la actividad: 30 minutos.

2. Diseñar un carril de bicicletas seguro. La ciudad está tratado de convencer a los ciudadanos para que usen la bicicleta como una solución a los problemas de transporte. A través del diseño en ingeniería los estudiantes deberán diseñar el mejor carril de bicicletas que cumpla con una serie de condiciones.

    - Áreas de contenido: Diseño y sistemas.

    - Métodos: Desarrollar soluciones y alcanzar el objetivo.

    - Tiempo de la actividad: 18 minutos.

3. Evaluar y explicar cómo solucionar el hábitat de la iguana iggy. Los estudiantes aprenderán sobre las iguanas y sus necesidades básicas de tal manera que puedan encontrar solución a la jaula de alambre instalada en el salón de clase.

- Áreas de contenido: Diseño y sistemas.
- Métodos: Diseñar soluciones y alcanzar los objetivos.
- Tiempo de la actividad: 30 minutos.

(The National Report Card, 2014)

Este sistema de evaluación nacional en los Estados Unidos está dando un paso fundamental en la consolidación de la nueva instrucción en tecnología e ingeniería y por ende apoya firmemente la práctica de la educación STEM dentro del ámbito mundial.

Conclusiones

En el presente capítulo nos hemos enfocado en la forma en que un docente puede establecer un sistema de evaluación de actividades STEM. Se destaca sobre todo la forma en que la evaluación se fusiona con la instrucción, y a través del despertar de la curiosidad del estudiante se mantiene un interés constante por lo que aprende. Por lo tanto la evaluación será un momento importante para el estudiante, no solo porque obtendrá una calificación, sino porque tendrá la oportunidad de demostrar lo que sabe y puede hacer con este conocimiento.

Las técnicas y herramientas de evaluación no son diferentes a lo ya conocido, lo que es nuevo es el enfoque. El norte son las especificaciones de la actividad, los objetivos de aprendizaje STEM, los nuevos conceptos fundamentales, y las habilidades puestas en práctica y su desarrollo, como son la colaboración, la comunicación, la creatividad, entre otras.

Se hace énfasis en la definición de las tres etapas de evaluación, la de diagnóstico, la formativa y la sumativa. La principal de ellas es la etapa de evaluación formativa, porque se presenta en el momento de la experiencia educativa en la que el estudiante está viviendo su experiencia de entendimiento y de aprendizaje. El hecho de hacer una buena evaluación formativa garantiza que el estudiante tenga la oportunidad de vivir una experiencia única durante el aprendizaje y de lograr que los conceptos aprendidos sean más profundos, y por lo tanto más duraderos.

Otro aspecto fundamental de esta nueva forma de educación es que se le dan al estudiante oportunidades para demostrar su conocimiento. El momento en el que un estudiante estudia un tema en un grado específico no se repite durante su carrera escolar, y lo que el estudiante aprende en ese momento es parte del andamiaje de los nuevos conceptos futuros. Por esta razón, la evaluación no solo mide y otorga una calificación, sino que brinda oportunidades al estudiante para aprovechar al máximo este momento para construir su conocimiento.

Las pruebas TEL en los Estados Unidos, como ejemplo de una medición nacional enfocada en la enseñanza de la ingeniería y la tecnología, son otra evidencia de la importancia de la educación STEM en ese país.

Referencias

National Research Council of the National Academies, (2012), *A Framework for K-12 Science Education, Practices, Crosscutting Concepts, and Core Ideas,* 2012, National Academies Press.

Vasquez J. A., Sneider C., Comer M., (2013), *STEM Lesson Essentials, Grades 3-8 Integrating Science, Technology, Engineering and Mathematics,* Heinemann.

The National Report Card (2014), 2014 - *Technology and Engineering Literacy (TEL),* https://www.nationsreportcard.gov/tel_2014/#

Capítulo 9
Experiencias en instituciones educativas

Hemos tratado los diversos aspectos de la educación STEM, desde lo académico hasta las recomendaciones para poner en práctica esta forma de innovación en el sistema educativo. Sin embargo algunas de las preguntas que pueden surgir son: ¿Se ha comenzado a implementar la educación STEM en la realidad? ¿Qué dificultades se presentaron? ¿Qué nuevos retos se tienen? Este capítulo presenta una breve reseña de tres instituciones educativas que comenzaron con este enfoque interdisciplinario, y tiene el objetivo de inspirar a otros a dar el primer paso hacia una transformación educativa.

A nivel mundial se conocen muchas experiencias en torno a la educación STEM, son muchos los colegios que han adoptado esta forma de enseñanza, y en especial en los Estados Unidos, a partir de los estándares de tecnología y los nuevos NGSS, se ha dado una total revolución académica. Sin embargo, en Latinoamérica no es un tema difundido, y por lo tanto, hemos iniciado la búsqueda a nivel nacional de instituciones educativas que tuvieran ya un camino recorrido en la transformación de la educación y que contaran con las características de una educación STEM integrada. Para ello hemos hecho contacto con varias entidades que han participado en la transformación educativa que demanda el siglo XXI para lograr una forma más adecuada de enseñar y aprender.

Reformas educativas en la ciudad de Medellín

Una de las ciudades que se destaca en Colombia en la innovación en educación es Medellín, capital del departamento de Antioquia, ubicada en el Valle de Aburrá, en la cordillera central de los Andes.

Desde hace ya casi diez años se ha presentado en Medellín una transformación social muy importante. Décadas atrás fue una de las ciudades más afectadas por el narcotráfico, el conflicto armado y la desigualdad social. Sin embargo varias administraciones han trabajado por darle a la ciudad la oportunidad de progresar de una forma real y lograr ubicarse adecuadamente en el siglo XXI. Tenemos el caso de Proantioquia, una entidad sin ánimo de lucro, creada en 1975 por empresas antioqueñas, que tiene por objetivo la promoción de proyectos de desarrollo económico y como aspecto fundamental el mejoramiento de la gestión y la calidad de la educación. Estas iniciativas se coordinan de forma interinstitucional con otras organizaciones privadas y gubernamentales del departamento de Antioquia. (Proantioquia, 2018)

Actúa también de forma importante el Centro de Innovación y Negocios de Medellín, conocido como Ruta N, que busca contribuir a que se logren las condiciones necesarias para la innovación en la ciudad. Entre sus campos de acción se encuentran: a) formación del talento, b) acceso al capital, c) generación de la infraestructura y d) desarrollar negocios innovadores. (Ruta N, 2018)

Nos encontramos también con la participación activa de la Secretaría de Educación de Medellín, la cual ha contribuido de forma fundamental en la creación de colegios y el apoyo de iniciativas para la transformación de la educación.

Otra de las organizaciones que también se ha involucrado en este proceso de transformación es el Parque Explora. Este es un museo interactivo para la divulgación de la ciencia y la tecnología, que aparte de actuar como modelo de experiencias innovadoras en sus instalaciones, ha logrado superar sus fronteras y ha llegado con iniciativas innovadoras en educación a varias instituciones educativas estatales y privadas en la ciudad de Medellín. (Parque Explora, 2018)

Consideramos tres instituciones educativas que son un buen ejemplo de la educación STEM integrada:

1. IE Loyola para la ciencia y la Innovación.

2. IE Presbítero Antonio Jose Bernal.

3. IE Sol de Oriente.

En estos colegios, entrevistamos a directivos y docentes que nos contaron lo que han hecho y cómo se ha transformado la educación en sus instituciones. Todas ellas son instituciones del estado y que se caracterizan por estar situadas en comunidades vulnerables, con estudiantes que habían tenido limitación al acceso de la información y a las oportunidades de aprendizaje.

Descripción del modelo educativo implementado

Con el objetivo de lograr una descripción de los desarrollos académicos en cada institución educativa se utilizaron algunos de los criterios que caracterizan a la educación STEM, y que nos permiten entender su forma de implementación.

Como primer aspecto, la educación STEM busca acercar los problemas de la comunidad a cada estudiante para establecer una conexión con el mundo real a través de la transformación de la instrucción en ciencias, tecnología y matemáticas. Se incluye adicionalmente la ingeniería a través del proceso de diseño y el estímulo de preguntas por parte el estudiante en la búsqueda del desarrollo del pensamiento crítico.

El segundo punto que se observa en las iniciativas en educación STEM integrada es el trabajo interdisciplinario de las asignaturas, incluyendo, no solamente aquellas de los campos STEM, sino otras adicionales como artes, ciencias sociales, humanidades, educación física, etc. También se persigue el desarrollo de las habilidades para una sociedad eminentemente tecnológica. Se encuentra también el desarrollo de actividades por proyectos, que incentivan la investigación, la colaboración y el trabajo en equipo.

Un tercer aspecto que define a la educación STEM es despertar y desarrollar la creatividad, inspirar a los estudiantes para buscar nuevos diseños y soluciones a problemas, y convertirlas en opciones interesantes para la inventiva y la innovación.

Vamos a ver a continuación los casos mencionados y la forma en que estos aspectos de la educación STEM se han puesto en marcha.

Institución Educativa Loyola para la ciencia y la innovación

Aspectos generales de la institución educativa

Mediante la resolución 00003 de enero de 2010 de la Secretaría de Educación de Medellín se le dio vida a la institución. El 1° de febrero de ese mismo año comenzó actividades académicas con 110 estudiantes y 5 docentes. Ubicado en el barrio Toscana en la comuna 5 de Medellín, fue creado por un convenio entre la Secretaría de Educación de Medellín, la Fundación Loyola y el Servicio Nacional de Aprendizaje SENA. Entre los principales gestores del proyecto se encuentran el Dr. Felipe Gil, secretario de educación de Medellín, la Dra. Ana Lucía Hincapié, subsecretaria de educación de Medellín y el Dr. Darío Montoya, director del SENA.

Agradecemos al señor rector César Ceballos por permitirnos realizar la visita al colegio y recoger la información necesaria. Consideramos importante mencionar los nombres de los docentes que comenzaron la labor en la institución:

- Ullenid Jiménez Vásquez-lengua castellana
- Hernán Darío Villegas – ciencias sociales.
- Nora Orrego – matemáticas
- Clementina Buitrago –tecnología
- Ángela Garcés – ciencias naturales.

El modelo adoptado

La institución abarca los grados 6° a 11° y recibe a estudiantes seleccionados de diferentes instituciones educativas, tanto estatales como privadas. Desde los primeros años los estudiantes escogen un proyecto de investigación y lo desarrollan durante toda su carrera escolar.

Con el objetivo de llevar a cabo una nueva educación para un ser humano preparado para el siglo XXI se consideraron varios aspectos que debían definir esta iniciativa y conformar el modelo:

- El aprendizaje basado en proyectos
- La interdisciplinaridad
- El aporte de la tecnología en el aprendizaje de las ciencias.

- Uso de los laboratorios de biotecnología, diseño de software, video juegos y robótica.

- Enfoque en el emprendimiento y en el conocimiento de los aspectos financieros que lo rodean.

- Uso de las TIC para la planeación, ejecución, seguimiento y comunicación de resultados de los proyectos.

Se integran las asignaturas de ciencias, matemáticas, ciencias sociales, lengua castellana, artes, emprendimiento, tecnología y ética. Una de las características más importantes del modelo puesto en práctica es adaptar los proyectos centrales al currículo. Para el cumplimiento de los objetivos de los proyectos es más importante el resultado de los estudiantes a través de su año escolar que los obtenidos individualmente en cada asignatura.

El cambio también incluye un nuevo rol del docente en el aula. Se trabaja en la integración del currículo a partir de los proyectos, en los cuales el docente no se dedica a impartir conocimientos en forma de datos aislados sino a través del acompañamiento a los estudiantes en la búsqueda de sus objetivos académicos.

Características del modelo con referencia a la educación STEM

Aunque el modelo no es identificado por el colegio como "educación STEM", hemos podido reconocer las características que la definen. Comencemos por los tres pilares que definen la educación STEM.

- *Instrucción en ciencias, tecnología y matemáticas.* La Institución Educativa Loyola para la Ciencia y la Innovación cambió su forma de hacer la instrucción. No solamente hay una nueva experiencia de aula, sino que los estudiantes se enfocan en la investigación de los temas, y las prácticas en los laboratorios ayudan a la profundización de conceptos de ciencia y tecnología.

- *Desarrollo de las habilidades para una sociedad eminentemente tecnológica.* Se destaca dentro de las actividades de los estudiantes el uso de herramientas tecnológicas durante las fases de investigación, planeación, ejecución y comunicación. Se desarrollan las habilidades de pensamiento crítico, solución de problemas, investigación, comunicación, colaboración y creatividad.

- *Inventiva e innovación.* A través del emprendimiento como aspecto fundamental se ayuda a que los estudiantes perciban de forma directa las necesidades de su comunidad y se comprometan a desarrollar soluciones que permitan afrontar los retos de la vida.

La definición breve que mencionamos en el capítulo 1 se puede observar en el modelo que fue escogido por esta institución educativa. Analicemos estos aspectos fundamentales:

Acercamiento interdisciplinario. Es una de las características que definen el modelo. Ciencias, tecnología, matemáticas, lengua castellana, artes, ciencias sociales y otras, hacen parte de los proyectos de los estudiantes.

Remoción de las barreras tradicionales de las cuatro asignaturas. Ya no se dictan las clases aisladamente. El proyecto incluye dictar las asignaturas de forma integrada y los conocimientos necesarios de forma conjunta.

Integración al mundo real. La definición de los proyectos en la institución se ha centrado en temas de importancia para la comunidad. Desarrollo de materiales nuevos y soluciones biológicas, desarrollos de aplicaciones para diferentes tipos de plataformas informáticas y desarrollos en el ámbito de la robótica,

Experiencias rigurosas y relevantes para los estudiantes. La dirección de los grupos de proyectos se hace por medio de la supervisión de los docentes. Hay compromisos específicos dentro de los cronogramas de actividades que hace que los estudiantes entiendan que se requiere siempre de disciplina y esfuerzo para cumplir con los objetivos. Su relevancia está relacionada con los temas del interés de los estudiantes. En muchos casos son ellos los que proponen los temas de investigación y desarrollo. Esta característica hace que encuentren sentido a lo que aprenden y que el esfuerzo por alcanzar sus metas se vea reflejado en los resultados.

Resultados obtenidos

El estudiante experimenta un cambio muy grande cuando comienza sus actividades ya que estas modifican su concepción de la vida escolar. Un resultado inmediato que se percibe es cómo los estudiantes se mantienen interesados por el aprendizaje. Aunque la exigencia es alta, son notables la curiosidad y el afán de aprender cosas nuevas que se consideran fundamentales en el cumplimiento de los resultados de los proyectos.

La Institución Educativa Loyola para la Ciencia y la Innovación ha participado en eventos de gran importancia como la Feria Ondas en la ciudad de Bogotá, varias ferias de robótica y otras ferias nacionales e internacionales.

Muchos de los estudiantes que han pasado por el Loyola y estudian carreras profesionales, cuentan así con las herramientas necesarias para ser los futuros ciudadanos que demanda la sociedad actual.

Dificultades y retos

Toda iniciativa de este tipo presenta dificultades y retos. Los docentes que comenzaron con este proyecto educativo se formaron en gran medida por sí mismos, dado que era algo en lo que no tenían experiencia anterior. Ellos mismos determinaron los criterios y lograron adaptar adecuadamente el currículo a la formación basada en proyectos. La nueva modalidad de aprendizaje también presentó nuevos retos a los estudiantes y su adaptación no fue inmediata. Algunos se retiraron del colegio y otros siguieron firmes hasta lograr su diploma de bachilleres. Es importante destacar que los padres de familia apoyaron esta iniciativa y que esto también permitió que muchos de los estudiantes perseveraran en su esfuerzo para cumplir con las tareas y objetivos de los proyectos.

(Institución Educativa Loyola para la Ciencia y la Innovación, 2011)

Institución Educativa Presbítero Antonio José Bernal.

Aspectos generales de la institución educativa

Gracias a la Alcaldía de Medellín por hacer una apuesta política y la visión de construir colegios con parámetros de calidad a través de la coordinación de instituciones educativas públicas, la institución se concibió desde un principio como una estrategia en la que la ciudad debía ayudar a la transformación de una zona muy afectada por la problemática social del país.

Ubicada en Medellín, Colombia en la Comuna No 5, Castilla, comenzó a funcionar el 8 de febrero de 2008. La situación compleja que se vivía en esta zona de Medellín condujo a conformar un colegio nuevo con el objetivo de ser centro de actividades de la comunidad partiendo de la educación, y al mismo tiempo permitir que otras actividades de los habitantes de los barrios aledaños pudieran llevarse a cabo en el colegio. Este modelo, denominado "Aula Abierta", incluye el funcionamiento de la institución en varias jornadas y permite que otros proyectos del municipio utilicen sus instalaciones.

La población estudiantil es muy variada, y por lo tanto es posible encontrar estudiantes con dificultades de aprendizaje, como también algunos con excelentes capacidades. La institución escogió por ello un modelo que le permitiera formar un ciudadano que al recibir su grado de bachiller tuviera las herramientas necesarias para desarrollar cualquier tipo de carrera ya sea técnica o académica.

Actualmente el colegio cuenta con 2.000 estudiantes y 70 docentes y cubre los grados desde educación preescolar hasta grado once. Agradecemos al señor rector Hernán Darío Díaz, quien nos permitió una entrevista para conocer la experiencia que ha tenido este colegio en el tema de la educación STEM.

El modelo adoptado

Un importante grupo de docentes bajo la dirección del señor rector Hernán Díaz y con el apoyo de Oscar Tomás Mesa Cartagena, especialista en educación, y también docentes destacados como Gloria Urrea y John Alexander Toro, como líderes del grupo de investigación, se definieron los aspectos fundamentales que darían al colegio su base académica actual.

1. La institución se concibió como un colegio de alta calidad con instalaciones modernas, acordes con el volumen de estudiantes y la ubicación geográfica. El aprendizaje basado en problemas y proyectos de investigación son características fundamentales para la formación de los estudiantes. Los proyectos de investigación son obligatorios y de carácter interdisciplinario.

2. Se enfoca también en el desarrollo del liderazgo de los docentes para fomentar una mejor convivencia y mitigar situaciones de rivalidad entre los habitantes de la zona. Para esto se cuenta con la colaboración de los padres de familia y de líderes comunitarios de barrios aledaños.

Características del modelo con referencia a la educación STEM

En entrevista con el señor rector pudimos constatar que el modelo seleccionado tiene características de la educación STEM.

- *Instrucción en ciencias, tecnología y matemáticas.* La característica interdisciplinaria de los proyectos ha hecho que los docentes actúen en forma integrada a los contenidos de estos. Las clases magistrales son ahora una minoría, no se promueven y se realizan en los casos que lo amerite. Esta condición ha desarrollado una formación centrada en el estudiante.

- *Desarrollo de las habilidades para una sociedad eminentemente tecnológica.* Los diversos proyectos de ciencias, tecnología y matemáticas han aportado habilidades de comunicación, colaboración y solución de problemas en el aula.

- *Inventiva e innovación.* Esto ha sido una constante en el colegio. Se han desarrollado diversos tipos de proyectos en los que se han desarrollado nuevos materiales como el Fibalto, fibras naturales del bagazo de caña y rastrojo de pasto elefante como material de refuerzo en la fabricación de placas planas de fibro-cemento. También se desarrolló el proyecto MAD.EPS (Incorporación de residuos de poliestireno expandido como materia prima en la elaboración de maderas procesadas).

Y siguiendo con la consideración de lo que caracteriza a una educación STEM encontramos además:

Acercamiento interdisciplinario. La formación por proyectos ha desembocado en un trabajo interdisciplinario constante. Cada quince días se reúnen los docentes de cada grado y una vez al mes todos los docentes para elaborar la planeación. El trabajo integrado entre docentes ya se da de forma natural.

Remoción de las barreras tradicionales de las cuatro asignaturas. Ya no se dictan las clases aisladamente. El proyecto incluye las asignaturas de forma integrada y los conocimientos son entregados de forma conjunta.

Integración con el mundo real. Este es uno de los aspectos importantes del modelo adoptado. Los proyectos están basados en necesidades reales de la comunidad y esto hace que los estudiantes los entiendan como una necesidad propia de su ciudad y de su país.

Experiencias rigurosas y relevantes para los estudiantes. Esta es una característica importante en la institución. Los proyectos son parte central del currículo y se lleva un control preciso por parte de los docentes. Estos fijan a los estudiantes los tiempos de desarrollo y les indican la prioridad de una actividad sobre otra. La relevancia de los proyectos está conectada directamente con la pretensión de buscar soluciones a problemas reales, como la contaminación, el medio ambiente y las necesidades del tipo tecnológico, que invitan a los estudiantes a aprender de tecnología con un nuevo significado.

Resultados obtenidos

Los siguientes han sido algunos de los logros y reconocimientos que ha logrado la institución:

1. Reconocimiento de los procesos de investigación.

   - Invitación del proyecto Ondas al rector para hacer transferencia de la experiencia en el colegio Marymount de Medellín.

   - Invitación al Congreso Internacional del Distrito Lasallista Norandino " La investigación escolar como acercamiento entre la escuela y la universidad. Conferencia del rector Hernán Díaz con los rectores de la Universidad de La Salle, Universidad de Antioquia y de EAFIT con publicación en las memorias de proyecto FIBALTO y proyecto MAD.EPS ambos desarrollados en el colegio. Los estudiantes han dado continuidad a ellos después de egresados.

   - El proyecto FIBALTO fue uno entre siete proyectos colombianos presentes en el Intel ISEF en 2016 en Phoenix, Estados Unidos

   - El proyecto MAP:EPS logró tener continuidad en la Universidad de Medellín que a su vez compró la patente respectiva.

   - Se firmó el convenio para el proyecto "Piensa en Grande 2017", de la Fundación Telefónica y Socialab y se seleccionaron cuatro propuestas de Medellín. Una de estas pertenece a la institución y es producto del trabajo de la gestión por proyectos que se realiza en el proyecto "Mundos Naturales de Colombia".

   - Selección de proyectos para la Feria Ingeniatec del Sena en 2017, por estudiantes de diseño gráfico con la participación de un juego de seguridad informática y otro para la difusión de la mitología colombiana.

2. Reconocimientos por la Alcaldía de Medellín.

   - Primer puesto "Maratón Gráfica Alianza Futuro Digital"

   - Premio Experiencias Relevantes de Participación Ciudadana. Democracia Escolar

Dificultades y retos

El establecimiento del modelo implementado constituyó un trabajo muy importante por parte de las directivas y el grupo docente. No fue fácil su desarrollo y requirió de grandes esfuerzos y perseverancia, sin perder los objetivos propuestos, y han participado en él muchos integrantes de la comunidad educativa. Por una parte se encuentran el Ministerio de Educación y las secretarías de educación, que establecen la política pública e impulsan a las instituciones educativas a desarrollar proyectos de importancia nacional y regional. Por otro lado están las universidades que quieren desarrollar iniciativas nuevas, con el objetivo de mejorar los índices de calidad de las instituciones educativas. Adicionalmente se encuentran los proyectos interinstitucionales, que también contribuyen con prácticas y proyectos especiales. También ha contribuido a la implementación del modelo el grupo STEAMakers del Parque Explora.

La participación de todas estas entidades ha sido posible gracias a la coordinación de las directivas de la institución, con el propósito de mejorar el nivel de calidad de la educación sin alejarse de los principios definidos inicialmente.

Quizás uno de los retos más importantes fue afrontar una situación muy difícil por la naturaleza de la población de la zona, la falta de tolerancia y la descomposición social, y lograr transformar este grupo social para que conviva en paz y que sus hijos se formen en las ciencias, las artes y las humanidades con un enfoque nuevo de alta calidad. Se debe reconocer que tras diez años se pueden ver los frutos del esfuerzo en esta comunidad.

Institución Educativa Sol de Oriente

Aspectos generales de la institución educativa

Está ubicada en la comuna No. 8, denominada Villa Hermosa, en la ciudad de Medellín. Fue creada por resolución 16259 del 27 de noviembre de 2002 de la Secretaría de Educación de Medellín. Entre los principios que definen a la institución se destaca una formación de carácter holístico, enfocada hacia la investigación y la formación en tecnología. Mediante apoyo de varios acuerdos inter institucionales, entre ellos el proyecto "STEAMakers" del Parque Explora, se ha comenzado a adoptar la metodología del aprendizaje basado en proyectos con los grados sexto y séptimo.

A través de una serie de entrevistas con los docentes involucrados, fue posible establecer las características de esta iniciativa pedagógica. Agradecemos al señor rector Juan Diego Restrepo y del coordinador académico Julián Andrés Toro por permitirnos esta investigación.

El modelo adoptado

Llevó ocho meses el desarrollo y el comienzo del nuevo proyecto educativo en la institución. Se enfocó en el aprendizaje basado en proyectos y la interdisciplinaridad.

Se destacan tres proyectos iniciales en los grados 5°, 6° y 7° que describiremos a continuación:

Hábitos saludables: Proyecto de emprendimiento de las asignaturas de artes, ciencias naturales, ciencias sociales, matemáticas y tecnología. El objetivo era crear una bebida natural, endulzada con estevia o azúcar morena. Dirigido a los grados 6° y 7°, se inició con el desarrollo de actividades para profundizar en conocimientos previos en estadística, con el fin de que los estudiantes pudieran hacer encuestas entre sus compañeros sobre sus gustos por las bebidas. Se llevó a cabo una presentación por parte de los docentes mostrando las propiedades del jengibre, la panela y el limón. El grupo interdisciplinario de docentes mostró a los estudiantes la forma de preparar el producto de tal manera que se evidenciara la rigurosidad de los procesos de preparación, elaboración del empaque y etiquetas. Los estudiantes probaron el producto y apreciaron los detalles del empaque, entre ellos la razón de los colores y su función a través de la promoción de productos alimenticios. Se explicó cómo influye la tecnología en la publicidad en los medios de comunicación. Los equipos desarrollaron sus bebidas y las presentaron a un público previamente escogido, que incluía, entre otros, a sus compañeros, los docentes y las directivas.

Valores para el alma: Este fue un proyecto muy importante que basado en la realidad de los estudiantes, la situación social, la historia de la ciudad con respecto a la violencia, la falta de tolerancia y lo conocido como "matoneo". El objetivo era la inclusión, la familia, la conciencia, la humanidad y la capacidad de adaptarse al cambio. Se logró desarrollar elementos de conciliación entre pares, la autorregulación de los estudiantes, la perdurabilidad y la inclusión. Se desarrollaron aspectos que generaron espacios de reflexión. Las asignaturas involucradas fueron: inglés, español, proyecto de vida (ética y religión) y educación física. También se utilizó una estrategia interesante, que es el apadrinamiento de los estudiantes menores por parte de los estudiantes de los grados mayores, lo cual es importante porque desarrolla el sentido de la responsabilidad en los estudiantes. Aunque este no es un ejemplo de proyecto puramente STEM, sí tiene varias características importantes, como son la interdisciplinaridad y la conexión con la realidad de los estudiantes, que les invita a enfrentar problemas complejos de la vida como la convivencia, el respeto por los demás y la adaptabilidad, habilidades y actitudes necesarias para la vida.

Jardín de sueños: Este proyecto se desarrolló en 5° grado y su producto final fue lograr una mejor ambientación del colegio, que incluía nuevas decoraciones y limpieza de las instalaciones. Se involucraron las asignaturas de matemáticas, lengua castellana, proyecto de vida, arte, ciencias naturales y tecnología. Las matemáticas aportaron los conocimientos para las cuentas de materiales, en lengua castellana se redactaron los textos para los avisos, de modo que inspiraran a la comunidad cuidado de las instalaciones del colegio; ciencias naturales contribuyó con los conocimientos para la selección de hojas, el aprendizaje del cuidado de un jardín y los cultivos. Por el lado, de artes se contribuyó con el conocimiento de modelos para la fabricación de materas o canastas para las plantas decorativas, y al final se desarrolló una actividad de comunicación de los resultados a los docentes y padres de familia. En nuestra visita pudimos observar las materas hechas con tapas de refresco, ubicadas en los balcones del colegio.

Características del modelo con referencia a la educación STEM

Entre los aspectos que se pueden observar del proyecto de esta institución educativa podemos destacar:

- *La nueva instrucción en ciencias, tecnología y matemáticas.* Los proyectos conectados con la vida real y de forma colaborativa dan mayor relevancia a las asignaturas. Los estudiantes entienden que cada asignatura es importante para la vida y hacen uso eficiente de estos conceptos para desarrollar las actividades.

- *Desarrollo de las habilidades para una sociedad eminentemente tecnológica.* Vemos cómo se desarrollan habilidades necesarias para la vida y para el mundo del siglo XXI. La adaptabilidad, la solución de problemas, pensamiento crítico, la comunicación y la colaboración son algunas de las habilidades que se hacen notar en los proyectos desarrollados.

- *Inventiva e innovación.* Los proyectos como el de la bebida nutritiva desarrollan el emprendimiento y la creatividad, que son la base de una sociedad del siglo XXI. También vimos que en el proyecto del jardín de sueños están presentes la creatividad y el ingenio.

Otros aspectos que siempre hay que tener en cuenta cuando analizamos un modelo en educación STEM:

Acercamiento interdisciplinario. Todos los proyectos son interdisciplinarios. Esta práctica ha sido una característica importante de las actividades de los docentes del colegio. Ellos saben que es posible trabajar en forma integrada y que esto arroja resultados muy importantes para la formación de los estudiantes.

Remoción de las barreras tradicionales de las cuatro asignaturas. El estudiante nota ahora que el aprendizaje es interdisciplinario y que el conocimiento integrado es necesario para la vida.

Integración al mundo real. Los temas de los proyectos han sido escogidos basándose en las situaciones reales que viven los estudiantes. El proyecto de "Valores para el alma" es quizás uno de los de mayor conexión con la realidad de los estudiantes. Estas situaciones deben ser enfrentadas por los estudiantes, porque como hemos dicho en capítulos anteriores, ellos serán los responsables del planeta y de las realidades sociales.

Experiencias rigurosas y relevantes para los estudiantes. La exigencia del cumplimiento de metas en fechas específicas y con las calidades correspondientes es una constante en todos estos proyectos. Los estudiantes entienden que tienen responsabilidades en los proyectos y que su esfuerzo es necesario para el cumplimiento de las metas. También se incluyen temas que son parte de la vida diaria de los estudiantes como es una bebida, una disputa entre compañeros o vecinos, e incluso la presentación de las instalaciones de su institución.

Resultados obtenidos

Cuando se aplica esta forma de enseñanza, siempre se ven los resultados de inmediato. Los estudiantes encuentran al principio un cambio real de lo que es vivir un día en el colegio y que ahora aprender es divertido, y adquieren un sentido de pertenencia a la institución educativa. También los docentes han visto que esta alternativa da un nuevo sentido a su profesión, aunque les exige más, dado que deben estar en un constante aprendizaje. Sin embargo, los resultados, ver a los estudiantes aprendiendo de forma más duradera, hacen que los docentes sientan un grado importante de satisfacción.

Dificultades y retos

Al principio, la incertidumbre genera dudas en los docentes, pero a medida que se van desarrollando proyectos, se entiende cómo las características de esta forma de enseñar favorecen de manera importante el aprendizaje, ayuda a desarrollar la creatividad de los estudiantes, y tienen la satisfacción de lograr en sus alumnos un aprendizaje más profundo y duradero.

Conclusiones

Hemos presentado algunos casos de instituciones educativas que a pesar de las muchas limitaciones económicas y de estar ubicadas en zonas de alta complejidad social, a través del modelo de la educación STEM han podido desarrollar una nueva forma de enfrentar las situaciones de esa sociedad.

Una conclusión importante es que para comenzar no es necesario esperar a que se establezca una política oficial para el desarrollo de esta forma de educación. La iniciativa puede partir del docente, el directivo o cualquier miembro de la comunidad. Con el avance de la tecnología, el siglo XXI nos está presentando situaciones nuevas, y vemos como esta transforma la sociedad actual. Los nuevos retos profesionales y tecnológicos son algo del día a día, y es el momento de asumirlos para tener una ciudadanía preparada.

Creemos que los casos analizados pueden inspirar a muchos. Tal vez el comienzo no sea tan sencillo, pero a medida que se desarrollan las actividades STEM, será posible entender cómo desarrollar estos proyectos y actividades.

Por otra parte, están dadas las condiciones que ofrecen una oportunidad interesante para la empresa privada, porque es posible desarrollar material académico y educativo, asistir al grupo docente en sus actividades y hacer más sencilla la planeación y preparación de las unidades académicas.

A partir de ahora, usted puede ser el docente que haga la diferencia para el grupo de alumnos de su asignatura. Cada día se presentará mayor presión por un cambio en la forma de enseñar que incluya las características que hemos discutido en este libro. Le invitamos a participar activamente en esta transformación de la educación.

Referencias

Proantioquia, (2018), Página Web, https://www.proantioquia.org.co/quienes-somos-proantioquia

Institución Educativa Loyola para la Ciencia y la Innovación (2011), Página Web, https://proyectoscolegioloyola.webnode.es/quienes-somos/

Institución Educativa Sol de Oriente (2018), Página Web, http://www.iesoldeoriente.edu.co/

Institución Educativa Presbítero Antonio José Bernal (2018), Plataforma Michelangelo

Ruta N, (2018), Página Web, https://www.rutanmedellin.org/es/nosotros

Parque Explora, (2018), Página Web, http://www.parqueexplora.org/

10 Aportes de los museos y parques de ciencia a la educación STEM

Capítulo

La elección de una carrera profesional, ya sea una carrera técnica o el ejercicio de un oficio tiene muchos orígenes y motivos. En muchos casos, esta elección pudo ser el resultado de una experiencia que marcó la vida de una persona, que quizás no se dio dentro del aula de clase, sino en ambientes externos. En este capítulo queremos analizar las experiencias fuera de clase, que pueden hacer la diferencia en el proceso de aprendizaje, en especial cuando se trata de la educación STEM. Entre estas experiencias se encuentran las que pueden vivirse en los parques y museos de ciencia.

Experiencias extra curriculares

El aprendizaje no debe detenerse en el momento en que suena la campana e indica el final de la jornada escolar. Es en ese momento cuando el estudiante vuelve a dar espacio a sus ideas personales, que incluyen sus deseos, intereses, temores, curiosidades, sentimientos, pasiones, etc. Frecuentemente es fuera de clase cuando los intereses de cada persona toman prioridad y las ideas alrededor de este universo personal cobran forma. Mientras camina a casa o va en el autobús en el viaje de regreso, el estudiante sueña, interactúa con sus amigos y observa el mundo que le rodea, con un mayor interés que con el que participa en sus clases en el colegio. Son sus ideas, son sus sueños, son sus expectativas.

Por estas razones se ha considerado que las experiencias fuera del salón de clase tienen importancia en el proceso de aprendizaje. En muchos de los casos de experiencias extracurriculares no hay calificaciones, no está nada en juego, solo la curiosidad del niño o joven. Estos momentos no formales de aprendizaje son muy variados, pero algo que tienen en común es que se caracterizan por ser divertidos, sin la presión que ejerce el entorno escolar. Las experiencias de aprendizaje no formales tienen características propias, y entre ellas está el hecho de ser personalizadas, basadas en las necesidades, los intereses y experiencias anteriores del individuo. La característica de ser no formal ofrece la posibilidad de que el aprendizaje se dé a la medida en que el estudiante lo asimile, así como el nivel de interés que tenga en adquirir un determinado conocimiento.

Estos espacios pueden ser de los siguientes tipos:

- Experiencias en casa o con la familia.
- Visitas a bibliotecas.
- Paseos ecológicos.
- Visitas a museos.
- Visitas a parques.
- Experiencias vacacionales.
- Campamentos de verano.
- Momentos para juegos de video.
- Programas de televisión.
- Contenido digital.
- Deportes.
- Desarrollo de aficiones.

Todas estas experiencias serán adecuadas dependiendo de la forma en que se conduzcan. En algunos casos las hará solo, y en otros serán dirigidas por sus padres o familiares. El potencial para el aprendizaje informal en las áreas STEM es muy grande, y en esto juegan un papel destacado los museos y los parques de ciencias. También existen otros espacios propicios para la creatividad como lo son los conocidos "Maker Spaces", de los que hablaremos más adelante.

Museos y parques de ciencia

En las últimas décadas han cobrado importancia estos sitios, y esta se explica por el deseo de aprendizaje continuo de las nuevas generaciones. Es un hábito mental importante la búsqueda de nueva información y de profundización en temas que son atractivos para cada uno. La experiencia que puede tener un niño dentro de uno de estos espacios es invaluable, y es quizás una de las oportunidades más importantes para despertar su interés y su curiosidad. Los momentos de aprendizaje que pueden marcar la vida de las personas están caracterizados por ser situaciones en las que se pregunta sobre los problemas de la vida y del universo.

Los museos y parques de ciencia pueden contribuir en forma fundamental a la educación STEM, por cuanto conectan la ciencia con la tecnología, traen al estudiante la ingeniería de forma palpable y le dan sentido a las matemáticas. No solo hay tales instituciones en los Estados Unidos, sino que también existen en países de Latinoamérica.

El aprendizaje en museos de ciencias

La experiencia que se tiene en una instalación como estas difiere del aprendizaje formal en el contexto del aula, dado que los visitantes son libres de escoger qué actividad quieren observar o experimentar, cómo quieren moverse de una actividad a otra y cuánto tiempo mantenerse en cada una de ellas. También difiere de las experiencias extracurriculares dentro y fuera de las instituciones educativas, dado que estas cuentan con una intensidad horaria específica, controlada, y obliga a los estudiantes a recibir contenidos previamente determinados. Otra característica de las instituciones a las que nos referimos es el hecho de que los visitantes son de diferentes edades y con un conjunto de conocimientos e intereses muy variados. Los diseñadores de estas experiencias han considerado todas estas variables, deben esforzarse en la creación de nuevos espacios interesantes para las diversas categorías de visitantes, y deben utilizar diversas estrategias para atraer diferentes públicos en cada área del museo.

Se ha demostrado que el museo o parque de ciencia es un sitio en donde se presentan importantes oportunidades de aprendizaje en las áreas STEM, y es por eso que su aporte es de gran valor. El aprendizaje de la ciencia en estos espacios ha sido un área de estudio que se ha venido incrementando en las pasadas dos décadas y el resultado de estas investigaciones ha indicado cómo diseñar las diferentes exhibiciones para lograr cubrir los siguientes objetivos:

- *Desarrollo del interés en las ciencias:* Los museos han demostrado que apoyan el desarrollo del interés en la ciencia, y en muchos casos reacciones positivas sobre las ciencias y los fenómenos naturales.

- *Entendimiento del conocimiento científico:* Los visitantes se interesan más por el conocimiento científico, así sea de forma puntual sobre fenómenos científicos específicos.

- *Participación en el razonamiento científico:* Muchas observaciones han demostrado que los visitantes asumen con actitud científica los experimentos al preguntarse y tratar de explicar y entender el mundo que los rodea.

- *Reflexión sobre la ciencia:* Son pocas las ocasiones en que un visitante interactúa en una exhibición individual pero hay evidencia extensa que demuestra que cuando esto ocurre este reflexiona y piensa sobre la naturaleza de cada experimento y experiencia que encuentra en determinada sección del museo.

- *Interés por las prácticas de ciencia:* Los espacios que proveen experiencias prácticas en el museo logran que los visitantes trabajen en grupos, inclusive con visitantes desconocidos, con el objetivo de clarificar su experiencia y profundizar en los conceptos científicos.

- *Identificación con la industria científica:* Los visitantes encuentran de gran importancia a la experiencia y se interesan por los desarrollos que la industria científica hace para beneficio del ser humano.

(Purzer, Strobel, Cardella, 2014).

Museo de ciencias de Boston

Abrió sus instalaciones en 1864 con el nombre de *"New England Museum of Natural History",* (Museo de Historia Natural de Nueva Inglaterra). Es uno de los principales centros de ciencia del mundo y recibe alrededor de 1.5 millones de visitantes al año. En el año 2003 fue nombrado como presidente del museo el Dr. Ioannis Miaoulis, de origen griego, ingeniero mecánico y ex decano de la escuela de ingeniería de la Universidad Tufts. Es un educador innovador, apasionado por la ciencia y la ingeniería, y en el año 2001 defendió la introducción de la ingeniería en el currículo de ciencias y tecnología en los colegios públicos de Massachusetts. El Museo de Ciencias de Boston es una de las instituciones más comprometidas con la educación STEM y ha desarrollado múltiples experiencias y programas en estos campos. (Museum of Science, 2018)

En el año 2004 el Dr. Miaoulis encabezó la creación del *"National Center for Tecnological Literacy - NCTL"* (Centro nacional para la instrucción en tecnología), programa auspiciado por fondos privados y federales. Este programa está dirigido a la difusión del conocimiento en ingeniería y tecnología para personas de todas las edades y a inspirar a las nuevas generaciones de ingenieros, inventores y científicos. Fue el primer museo de ciencias que diseñó una estrategia integral y una infraestructura para fomentar la instrucción en tecnología, tanto en el museo como en los colegios a nivel nacional. En palabras del propio Dr. Miaoulis el NCTL tiene este objetivo:

> "La meta del NCTL es integrar la ingeniería como nueva disciplina en las instituciones educativas a nivel nacional e inspirar a la nueva generación de ingenieros e innovadores. Estamos haciendo alianzas con educadores, rectores, organizaciones y representantes de la industria a través de los Estados Unidos para introducir o modificar los estándares relacionados con la tecnología y la ingeniería, y así proveer recursos curriculares de vanguardia. Trabajando juntos podemos construir un mejor mundo para las generaciones venideras."

El NCTL es una de las iniciativas más importantes que se han dado en los Estados Unidos y ha cambiado la perspectiva de la instrucción en tecnología e ingeniería, comprometida con la educación STEM. El objetivo más importante del museo es analizar y ampliar el currículo de ingeniería desde preescolar a grado 12.

Bajo el NCTL se creó el proyecto *"Engineering is Elementary® -EiE"* (La ingeniería es elemental), que integra ingeniería y la tecnología con las ciencias, lenguas, artes, ciencias sociales y matemáticas a través de libros de cuentos y actividades del tipo "manos a la obra". Este desarrollo ha permitido que los docentes de primaria puedan utilizar este material curricular para enseñar conceptos de tecnología e ingeniería a niños de grados 1º a 5º.

Adicionalmente el museo cuenta con otros proyectos de amplio reconocimiento como son:

- *Building Math* (Construyendo las matemáticas): Este proyecto fue creado con la Universidad de Tufts y provee prácticas innovadoras para la integración de la ingeniería con las matemáticas, para ayudar a los estudiantes de educación media a desarrollar el pensamiento algebraico. Al menos 2.000 profesores y 95.000 estudiantes han sido alcanzados por este proyecto.

- *Currículo para estudiantes de educación secundaria:* El NCTL ha creado también un currículo para la educación media, que cumple con estándares nacionales y del estado de Massachusetts y comprende diez áreas que incluyen construcción, transporte, comunicaciones, energía, ciencias aeroespaciales y bioingeniería.

- *Engineering the Future* (Ingeniería para el futuro): *Ciencia, tecnología y el proceso de diseño en ingeniería* es un curso de duración de un año, diseñado para mostrar a los estudiantes cómo pueden influir en el desarrollo de la tecnología como trabajadores, consumidores y ciudadanos. Este currículo está dirigido a estudiantes de los últimos años de la educación secundaria, y se compone de actividades de diseño del tipo "manos a la obra" y retos de construcción. Se caracteriza por presentar a los estudiantes problemas auténticos de ingeniería y los anima a explorar cómo afectan a la sociedad la ingeniería y la tecnología.

(National Center for Technological Literacy, 2018)

Con estos programas, el Museo de Ciencias de Boston abarca todo el espectro de la educación escolar.

Museo de ciencias e industria de Oregón

Este museo ha tenido gran éxito con su actividad especial llamada Engineer It!, que en español podríamos traducirlo como ¡Diséñalo! Está ubicado en la sala de turbinas, dentro de la cual se encuentran varias exhibiciones con enfoque en ingeniería estructural, diseño de edificios en zonas de alto riesgo sísmico, ingeniería aeroespacial y su relación con los viajes al espacio. ¡Diséñalo!, ha sido una de las actividades del museo que mayor acogida ha tenido, puesto que invita a los visitantes a involucrarse en diseños basados en agua, viento, estructuras, fuerzas y puentes. Esta exhibición ha sido presentada fuera del museo en varias ciudades de los Estados Unidos. (Purzer, Strobel, Cardella, 2014).

Berkeley's Lawrence Hall of Science

Es el único centro de ciencias de alto nivel en una división de investigación universitaria. Pertenece a la Universidad de California en Berkeley, y ha sido desarrollado con el propósito de fomentar el aprendizaje de ciencias, especialmente para personas que tengan acceso limitado a las ciencias, y para difundir la educación STEM. Su exhibición *"Ingenuity in Action"* (Ingenio en Acción), brinda retos de diseño distribuidos en tres grupos:

- *Diseña y conduce:* Es una actividad para construir vehículos y probarlos en varias rampas.

- *Vuela alto:* Es una actividad para construir paracaídas que soportan varios pesos dentro de un tubo con corriente de aire.

- *Puentes:* Esta actividad ofrece a los visitantes diversas opciones de diseño para construir un puente, como la construcción de un puente con un vano específico, un puente que pueda soportar un peso específico o uno que resista un terremoto.

(Purzer, Strobel, Cardella, 2014).

Uno de los aportes más importantes de este centro de ciencias es su compromiso con los Estándares de Ciencias de la Próxima Generación – NGSS. Se desarrollan proyectos y materiales curriculares que son probados en sus instalaciones con el objetivo de apoyar a las instituciones educativas para su correcta implementación. (The Lawrence Hall Of Science, 2018)

Real World Science

Es una red de museos en el Reino Unido para acercar a los estudiantes y docentes al estudio de las ciencias. Considera problemas globales a escala local y conecta las investigaciones científicas actuales con los currículos, a través de Inglaterra, Irlanda del Norte, Escocia y Gales. Está dirigido a estimular a estudiantes y profesores para que visiten las colecciones científicas, acrecienten la aplicación de la educación STEM, promuevan la instrucción en ciencias, den apoyo a nuevas iniciativas y aumenten el alcance de estos museos de ciencia para la sociedad británica. Entre los museos asociados se encuentran:

- Museo de historia natural de Londres
- Museo del condado de Dorset
- Museos de Glasgow
- Museos de Stoke-on-Trent
- Great North Museums: Hancock en New Castle
- Museos y Galerías de Leeds
- Museo Nacional de Cardiff
- Museo de Peterborough
- Wollaton Hall en Nottingham
- Museo de Ulster

Museo de ciencias de Minnesota - SMM

Fue creado en 1906, originalmente con el nombre de Instituto de Ciencias y Letras de San Pablo, se enfoca en temas de educación en tecnología, ciencias, historia natural y matemáticas. Su proyecto más importante es "Engineering Studio" (Estudio de ingeniería), en donde los visitantes aprenden a través del diseño y construcción de soluciones, y afrontan retos mediante el uso de herramientas reales. Son varias exhibiciones que abarcan temas como aire, viento, luz, electricidad, y su objetivo fundamental es adentrar a los visitantes y estudiantes en el proceso de diseño en ingeniería, integrado con los campos STEM. (Purzer, Strobel, Cardella, 2014)

Parque Explora

Se define como un museo interactivo para la apropiación y divulgación de la ciencia y la tecnología. Está ubicado en Medellín, Colombia, y su arquitectura hace parte de las nuevas características urbanísticas de la ciudad. Fue creado en el año 2007 con recursos de la Alcaldía de Medellín, con el objetivo de consolidar un espacio para la cultura científica y tecnológica de la ciudad. Es una corporación privada sin ánimo de lucro, y ha contado con el apoyo, entre otras instituciones, de la Secretaría de Educación de Medellín, la Universidad de Antioquia, la Corporación Ruta N, Proantioquia, el Jardín Botánico, la Agencia para la Educación Superior– Sapiencia y Comfama.

Dentro de sus objetivos fundamentales está promover la cultura científica, el pensamiento crítico, y el aprendizaje autónomo y constante. El parque no es un simple inventario histórico de la ciencia, sino que se ha constituido en un laboratorio que busca estimular la curiosidad a través del asombro ante la realidad y lograr despertar la responsabilidad de las personas ante la vida y el medio ambiente.

A través de los años, ha logrado crear experiencias de aprendizaje que sean memorables y busca que se le considere como un sitio de encuentro social. Para ello se ha creado la figura de los "mediadores", quienes estimulan las conversaciones y la curiosidad en cada exhibición o experiencia. Cuando el visitante se acerca al sitio de la experiencia, se encuentra no solo con la información propia del fenómeno físico o científico, sino con una conversación con personal del parque, que promueve el conocimiento más profundo del fenómeno en cuestión y complementa la experiencia con aspectos que a simple vista no son evidentes para el visitante.

En entrevista con su director, el Dr. Andrés Roldán, este nos comentó que uno de los destinos que puede tener un museo es morir en el olvido, y por lo tanto es necesario informar constantemente sobre las actividades de la institución. El Parque

Explora ha hecho un trabajo muy importante al establecerse como un faro de ciencia para los habitantes de la ciudad y del país. A través de las redes sociales y otros medios digitales, se promueven muchos tipos de eventos y actividades permanentes, de tal forma que los amigos de la ciencia y la tecnología estén informados de las actividades durante todo el año.

El parque no se limita a las actividades en sus instalaciones, sino que promueve la creación de experiencias de aprendizaje en forma externa. Con este propósito, llega a las aulas de los colegios a través del Proyecto de Ciencias de Medellín. Se han creado los grupos "Maestros amigos del Parque Explora", quienes traen al parque a estudiantes de los colegios de la ciudad, para que con sus experiencias se estimule su curiosidad y que sus inquietudes se conviertan en proyectos científicos. Dentro de esta dinámica, el parque mantiene su propósito de hacer de la escuela un laboratorio permanente.

Desde hace unos años, se organizan competencias escolares de ciencia entre los colegios de la ciudad, y sus actividades finales se llevan a las instalaciones del parque. Son eventos centrados en el estudiante, y los resultados son difundidos por los medios de comunicación con un despliegue máximo. Los finalistas tienen la oportunidad de participar en ferias de la ciencia a nivel internacional. En los últimos años, estos han participado en la feria Intel International Science and Engineering Fair (Intel ISEF) en los Estados Unidos.

Una de las razones por las que nos acercamos al Parque Explora es su trabajo con instituciones educativas a través del proyecto STEAMakers. Este proyecto se desarrolló con el objetivo de que los rectores y docentes trabajen en torno al estudiante. Nació del simposio "¿Cómo se conecta la educación con el ecosistema de ciencias y tecnología?", en el año 2013. A través del apoyo de Proantioquia, la Corporación Ruta N, la Secretaría de Educación de Medellín, Comfama y la Agencia para la Educación Superior–Sapiencia se le dio forma al proyecto, y en 2016, luego de una misión en la Universidad de Texas, Estados Unidos, con el objetivo de acercarse a un modelo real de educación STEM, se seleccionaron 23 docentes de 11 instituciones educativas, que participarían en el plan piloto. El criterio de selección se basó en los resultados de la feria de las ciencias, y resultaron favorecidas aquellas instituciones que se destacaron por su participación. Se ha logrado implementar el modelo de la educación por proyectos y el trabajo interdisciplinario en un gran número de instituciones educativas en Medellín.

Uno de los modelos que también se incluyeron en STEAMakers fue el que lleva la organización HI TECH HI en los Estados Unidos, que cuenta con un pequeño centro público que atiende a 450 estudiantes, y que sirvió como ejemplo para algunas instituciones educativas en Medellín. En HI TECH HI se han incluido ciertos elementos de la cultura organizacional, que se vuelven críticos y relevantes para llevar a cabo los proyectos.

Otra actividad externa del parque se dio en el año 2017, con un nuevo proyecto con la Corporación Ruta N. Se llama Generación N, es operado por el Parque Explora y pretende beneficiar a más de 1.500 estudiantes de la educación básica y media (grados 3° a 11°), quienes se formarán en las áreas STEM. Busca respaldar a los docentes e instituciones educativas que quieren obtener nuevas formas de acercar a los estudiantes al conocimiento. Se busca la integración, el trabajo interdisciplinario y la aplicación de actividades STEM del tipo Aprendizaje Basado en Proyectos. Este proyecto busca que la evaluación del estudiante no sea a través de notas sino a través del mérito por lo conseguido, bajo la pregunta: ¿Tú qué haces y qué has hecho?

El Parque Explora ha sido un muy buen ejemplo de cómo las actividades fuera del aula escolar complementan el aprendizaje, ya que no solo actúa dentro de sus instalaciones, sino que se interesa en soluciones para la prosperidad de nuestras sociedades.

Maloka

Ubicado en Bogotá, Colombia, fue fundado el 4 de diciembre de 1997. Maloka se creó como un conjunto de iniciativas de apropiación social de la ciencia, la tecnología y la innovación. Surgió por la colaboración de los científicos Nohora Elizabeth Hoyos Trujillo y Eduardo Posada Flores, la Asociación Colombiana para el Avance de las Ciencia ACAC, Colciencias, el Instituto Distrital de Cultura y Turismo IDTC, la organización Ardila Lülle y la contribución de diferentes aliados de los sectores público y privado.

Es uno de los parques de ciencias de América Latina que se destaca por experiencias científicas en las áreas de biología, física, astronomía e historia natural, entre otros. Cuenta con un domo de proyección en 2D y 3D de alta resolución, el séptimo a nivel mundial y su contenido se actualiza constantemente. (Maloka, 2018)

Entre los aspectos que fundamentan la visión del parque se encuentra el concepto de uno de sus más importantes asesores, el Dr. Rodolfo Llinás:

> "La mejor educación es aquella que se da en contexto. La diferencia entre saber y entender es gigantesca, es la misma que entre describir y utilizar. La utilización de las metodologías educativas enmarca la diferencia entre saber y entender. Repetir datos y obedecer instrucciones nos lleva a una generación de esclavos y no de homo sapiens-sapiens. Y recordemos que

es el homo sapiens-sapiens y no el *homo delirans* (el de los cuentos) el que al final heredará la tierra…

…Estas estrategias pedagógicas hay que implementarlas tanto en la escuela como en los sitios diseñados para optimizar los contenidos. Los museos de ciencia y tecnología, como Maloka, son espacios diseñados para la conceptualización de principios de aprendizaje basados en interacción directa con los principios de entender/utilizar." (Maloka 2018)

De esta forma podemos ver cómo se está estableciendo un punto importante de aprendizaje extracurricular en la ciudad de Bogotá, con un enfoque claro hacia las actividades que logren un conocimiento más profundo en los campos de las ciencias, la tecnología, la ingeniería y las matemáticas.

Prácticas de ingeniería en espacios fuera del aula

La relación de la creatividad y la ingeniería

El papel que desempeña la ingeniería en la educación STEM es fundamental para la formación del estudiante. Hemos visto a lo largo de este libro su importancia en el aprendizaje de las ciencias y las matemáticas, y cómo contribuye también al desarrollo de importantes habilidades, como son el pensamiento crítico, la solución de problemas y especialmente la creatividad.

Veamos la siguiente definición de creatividad relacionada con el método científico y con el proceso de diseño en ingeniería:

"Es un proceso que identifica la dificultad, busca soluciones, hace suposiciones o formula hipótesis sobre las deficiencias, prueba y comprueba estas hipótesis, hace modificaciones, las prueba y finalmente comunica los resultados. "

Otra manera de ver la creatividad en el proceso de diseño en ingeniería, y en especial en el aspecto de la innovación, es la siguiente según Stenberg y Lubart:

"a) Una habilidad artificial para ver los problemas de nuevas maneras y escapar los límites del pensamiento convencional. b) La habilidad analítica de reconocer cuál de las ideas vale la pena perseguir y cuáles no. c) La habilidad práctica y contextualizada para saber cómo convencer a otros y lograr vender el valor de nuestras ideas." (Sternberg, 2006, p. 88)

Es evidente que la creatividad es parte esencial de la ingeniería y da muchas oportunidades a los estudiantes para involucrarse en el proceso de diseño. Por lo tanto, los espacios fuera del ámbito escolar son parte de una buena formación. Muchos de los museos de ciencia están interesados en continuar con el movimiento "Maker" en el ámbito de las actividades del tipo *"Do It Yourself - DIY"* (hazlo tú mismo), que han ganado importancia en diferentes escenarios. Los museos y parques de ciencia son una alternativa importante para acercar a los visitantes de todas las edades a la ciencia, propiciar espacios de creatividad y desarrollar ideas propias. (Purzer, Strobel, Cardella, 2014).

Maker Spaces o espacios de creatividad

Veamos cómo se han convertido los espacios de creación en una importante herramienta para despertar el interés y la creatividad de las personas. Aunque se está pasando por una primera fase en el desarrollo de estos espacios para fomentar la creatividad, se está trabajando intensamente en un marco teórico que apoye este tipo de iniciativas. (Purzer, Strobel, Cardella, 2014).

Son áreas de trabajo, dentro o fuera de la institución educativa, que permiten que los visitantes puedan ser creativos con sus propias ideas. No están diseñados bajo los parámetros de una clase tradicional, las personas solo llegan al sitio, como a una biblioteca, y hacen uso del material y herramientas disponibles. Están constituidos por materiales y herramientas de construcción básicos, como cartón, papel, pegantes, tapas plásticas, destornilladores, llaves, taladros, etc., y por maquinaria especial o de alta especificación como puede ser una cortadora de metal, una sierra eléctrica, una impresora 3D, computadores, equipo electrónico, *"protoboards"* (placa de pruebas), microprocesadores del tipo Arduino, leds, kits de Lego o littleBits, etc. Estos espacios han estado muy de moda en los últimos años y sus contenidos varían de uno a otro.

No solamente en los museos y parques de ciencia se está trabajando en estos espacios de creatividad. Es común dentro de la comunidad de docentes de tecnología hablar sobre el desarrollo de estos espacios dentro de las instalaciones de un colegio.

Constituir un tipo de espacio así es un gran avance para el cambio a nivel escolar, porque invita a todos los estudiantes a explorar su curiosidad y a desarrollar su creatividad y su inventiva. Un proyecto de esta índole no es fácil de acometer, es necesario convencer a las directivas de una institución de que esta inversión va a ser efectiva en el aprendizaje y que los resultados son de gran beneficio para el estudiante. Por lo tanto, no deja de ser una tarea muy compleja. En muchos casos, estos proyectos no tienen una persona responsable, y en otros se le deja esta responsabilidad al bibliotecario. En estas condiciones, es muy posible que el primer intento sea fallido y se incurra en una inversión cuantiosa que impida que el objetivo original dé sus frutos.

Por esta razón es muy importante que se conciba esta iniciativa dentro de un marco de referencia más amplio, y atado a otros propósitos mayores para la institución educativa. Un cambio hacia una educación STEM integrada trae un nuevo contenido curricular, un cambio de rol del docente frente a la forma de llevar su asignatura y una serie de actividades en las que el estudiante participa activamente. Un modelo fundamentado en el aprendizaje basado en proyectos requiere de los estudiantes un mayor nivel de investigación para el desarrollo de soluciones o prototipos. Desarrollar prácticas de ingeniería dentro de un modelo STEM integrado va a requerir de espacios especialmente concebidos para el desarrollo de modelos y prototipos.

Un docente de tecnología podría ser el responsable de un proyecto académico de esta índole, y podría incluir dentro del plan de estudios temas que se estén desarrollando tanto en su asignatura como en ciencias o matemáticas. Suponer que el espacio con todo el equipo va a atraer por sí mismo la atención de los estudiantes puede ser una conclusión acelerada. Primero hay que ampliar el tráfico de estudiantes hacia el "maker space", apoyándose en los contenidos académicos que se estén desarrollando, y paralelamente abrir unos horarios adicionales para que estudiantes con sus propias ideas tengan la forma de desarrollarlas.

Desde hace varios años se está poniendo en práctica una nueva iniciativa para el desarrollo de prototipos con últimas tecnologías, que están diseñados para propiciar la creación y la fabricación de elementos. Se llaman "Fab Labs", y no hacen parte de las instituciones educativas, sino de iniciativas de desarrollo económico de las ciudades. Están concebidos para atender a habitantes de una zona de la ciudad, de tal manera que quien tenga un proyecto de emprendimiento o una necesidad puntual de aprender a manejar maquinaria sofisticada para desarrollar elementos, pueda hacerlo sin problemas, y tan solo acercándose al lugar previsto, puede recibir entrenamiento y tener acceso a información mundial disponible para descargar diseños o desarrollos que se han llevado a cabo en otras partes del mundo. Las organizaciones no gubernamentales son las principales promotoras de estas iniciativas. Con subsidios del estado se logra obtener los fondos para invertir en maquinaria y personal calificado, y el objetivo especial es apoyar a la pequeña empresa y a los nuevos emprendedores. En Latinoamérica hay varios "Fab Labs", que juegan un papel importante para las soluciones de producción de pequeñas empresas. Es posible que en un futuro los bachilleres sean usuarios de estas instalaciones, y por lo tanto, desarrollar un proyecto "maker" en una institución educativa tendría el mayor sentido con miras a las nuevas tecnologías y las condiciones de una nueva economía.

Conclusiones

La experiencia de aprendizaje de una persona es una actividad de toda su vida, que no solo se da dentro del colegio o en un aula de clase. Hay muchas ocasiones en las que una persona puede seguir profundizando en su aprendizaje. Puede ser también iniciativa de los padres de familia auspiciar estos momentos específicos, ya sea en casa o en un lugar externo.

Los museos y parques de ciencia han evolucionado de forma importante y se han especializado en facilitar experiencias que atraigan el interés de las personas de todas las edades. Hemos visto ejemplos de parques de ciencia que llegan a los colegios, establecen relaciones estrechas con los docentes y estudiantes y forjan el interés de los futuros científicos e ingenieros.

La ingeniería dentro de la formación estudiantil está tomando fuerza año a año, y formar hábitos de pensamiento estructurado es clave para el desarrollo de habilidades de pensamiento crítico y solución de problemas. Un espacio adecuado para ello son los "Maker Spaces" o espacios creativos, que propician la curiosidad y la creatividad de los estudiantes. Apoyar la creación y utilización de estos espacios es responsabilidad de todos, y llevar a cabo un proyecto de esta índole es más fácil dentro de un contexto de educación STEM. La mejor manera de garantizar el uso de estos espacios creativos por los estudiantes es a través de actividades de aprendizaje STEM, que auspician la investigación y la creación de prototipos en la búsqueda de soluciones específicas.

Estos espacios de aprendizaje complementan la formación escolar y despiertan el interés de las personas por la ciencia y la tecnología. Es de esperar que en los próximos años existan más lugares de esta índole, y que las administraciones de las ciudades en nuestros países los consideren dentro de sus planes de desarrollo en ciencia y tecnología.

Referencias

National Center for Technological Literacy, (2018), Página web, http://legacy.mos.org/nctl/index.php

National Research Council of the National Academies, (2012), *A Framework for K-12 Science Education, Practices, Crosscutting Concepts, and Core Ideas,* 2012, National Academies Press.

Maloka, (2018), *Informe de Gestión 2017*, Maloka.

Museum of Science, (2018), Museum President, Página web, https://www.mos.org/president

Purzer Ş., Strobel J., Cardella M.C., (2014) *Engineering in Pre-College Settings: Synthesizing Research, Policy, and Practices,* Purdue University Press.

Sternberg, R. J. (2006). *The nature of creativity. Creativity Research Journal,* 18 (1), 87–98. http://dx.doi.org/10.1207/s15326934crj1801_10

The Lawrence Hall Of Science, (2018), Página web https://www.lawrencehallofscience.org

Torrance, E. P. (1966). *The Torrance tests of creative thinking-norms-technical manual research edition-verbal tests, forms a and b-figural tests, forms a and b.* Princeton, NJ: Personnel Press.

Vasquez J. A., Sneider C., Comer M., (2013), *STEM Lesson Essentials, Grades 3-8 Integrating Science, Technology, Engineering and Mathematics,* Heinemann.

Apéndice A
Ideas disciplinares fundamentales NGSS

Ciencias físicas

PS1: Materia y sus interacciones.	
¿Cómo se puede explicar la estructura, las propiedades y la interacción de la materia?	
PS1.A	Estructura y propiedades de la materia.
	¿Cómo se combinan las partículas para formar la variedad de la materia que se ve?
PS1.B	Reacciones químicas.
	¿Cómo cambian o se combinan las sustancias (reaccionan) para crear una nueva sustancia? ¿Cómo se caracterizan y explican esas reacciones y se hacen predicciones sobre ellas?
PS1.C	Procesos nucleares.
	¿Qué fuerzas mantienen unidos a los núcleos e influyen en los procesos nucleares?

PS2: Movimiento y estabilidad: Fuerzas e interacciones.	
¿Cómo se pueden explicar y predecir las interacciones entre los objetos y dentro de los sistemas de objetos?	
PS2.A	Fuerzas y movimiento.
	¿Cómo se puede predecir el movimiento continuo, el cambio o estabilidad de un objeto?
PS2.B	Tipos de interacciones.
	¿Qué fuerzas subyacentes explican la variedad de interacciones observadas?
PS2.C	Estabilidad e inestabilidad en sistemas físicos.
	¿Por qué hay algunos sistemas físicos más estables que otros?

PS3: Energía.	
¿Cómo es transferida y conservada la energía?	
PS3.A	Definición de la energía.
	¿Qué es energía?
PS3.B	Conservación y transferencia de la energía.
	¿Qué quiere decir conservación de la energía? *¿Cómo se transfiere la energía entre objetos o sistemas?*
PS3.C	Relación entre energía y fuerzas.
	¿Cómo están relacionadas las fuerzas con la energía?
PS3.D	Energía en los procesos químicos y la vida diaria.
	¿Cómo proveen energía los alimentos y el combustible?

Apéndice A. Ideas disciplinares fundamentales NGSS

PS4: Las ondas y sus aplicaciones para la transferencia de la información.	
¿Cómo se utilizan las ondas para transferir energía e información?	
PS4.A	Propiedades de las ondas.
	¿Cuáles son las propiedades y comportamientos característicos de las ondas?
PS4.B	Radiación electromagnética.
	¿Qué es la luz? *¿Cómo se pueden explicar la variedad de efectos relacionados con la luz?* *¿Qué otras formas de radiación electromagnética existen?*
PS4.C	Tecnologías de la información e instrumentación.
	¿Cómo se usan los instrumentos que transmiten y detectan ondas para extender los sentidos del ser humano?

Ciencias de la vida

LS1: Desde las moléculas hasta los organismos: Estructuras y procesos.	
¿Cómo viven, crecen, responden al medio ambiente y se reproducen los organismos?	
LS1.A	Estructura y funciones.
	¿Cómo permiten las estructuras de los organismos las funciones de la vida?
LS1.B	Crecimiento y desarrollo de los organismos.
	¿Cómo crecen y se desarrollan los organismos?
LS1.C	Organización de la materia y el flujo de energía en los organismos.
	¿Cómo obtienen y utilizan los organismos la materia y la energía que necesitan para vivir y crecer?
LS1.D	Procesamiento de información.
	¿Cómo detectan, procesan y utilizan los organismos la información del medio ambiente?

LS2: Ecosistemas, interacciones, energía y dinámica.	
¿Cómo y por qué interactúan los organismos con el entorno, y cuáles son los efectos de esas interacciones?	
LS2.A	Relaciones interdependientes en ecosistemas.
	¿Cómo interactúan los organismos con ambientes vivos y no vivos para obtener materia y energía?
LS2.B	Los ciclos de la materia y la transferencia de energía en los ecosistemas.
	¿Cómo se mueven la materia y la energía a través de un ecosistema?
LS2.C	Dinámica de los ecosistemas, funcionamiento y adaptabilidad.
	¿Qué les ocurre a los ecosistemas cuando hay cambios en el entorno?
LS2.D	Interacciones sociales y comportamientos grupales.
	¿Cómo interactúan los organismos en grupos para beneficiar a los individuos?

LS3: Herencia y variación de las características.	
¿Cómo pasan las características de una generación a la siguiente? ¿Cómo pueden tener diferentes características los individuos de una misma especie e inclusive los hermanos?	
LS3.A	Herencia de las características.
	¿Cómo están relacionadas las características de una generación con la anterior?
LS3.B	Variación de las características.
	¿Cómo varían en su aspecto, actúan y se comportan los individuos de una misma especie?

Apéndice A. Ideas disciplinares fundamentales NGSS

LS4: Evolución biológica. Unidad y diversidad.	
¿Cómo puede haber tantas similitudes entre los organismos, pero tan diferentes tipos de plantas, animales y microorganismos? ¿Cómo afecta la biodiversidad a los humanos?	
LS4.A	Evidencia de un ancestro común y diversidad.
	¿Qué evidencias muestran que las especies están relacionadas?
LS4.B	Selección natural.
	¿Cómo afecta la variación genética entre organismos la supervivencia y la reproducción?
LS4.C	Adaptación.
	¿Cómo influye el ambiente en las poblaciones de los organismos a través de las generaciones?
LS4.D	Biodiversidad y humanos.
	¿Qué es la biodiversidad, cómo la afecta los humanos y cómo esta afecta a los humanos?

Ciencias de la Tierra y del Espacio

ESS1: El lugar de la Tierra en el universo.	
¿Qué es el universo y cuál es el lugar de la Tierra en él?	
ESS1.A	El universo y sus estrellas.
	¿Qué es el universo y qué fenómenos hay en las estrellas y en los cuerpos celestes?
ESS1.B	La Tierra y el sistema solar.
	¿Cuáles son los patrones predecibles causados por el movimiento de la Tierra en el sistema solar?
ESS1.C	La historia del planeta Tierra.
	¿Cómo se datan y reconstruyen los eventos de la historia planetaria de la Tierra?

ESS2: Sistemas de la Tierra.	
¿Cómo y por qué la Tierra está en constante cambio?	
ESS2.A	Materiales y sistemas de la Tierra.
	¿Cómo interactúan los principales sistemas de la Tierra?
ESS2.B	Las placas tectónicas y las interacciones de los sistemas a gran escala.
	¿Por qué se mueven los continentes y qué causa los terremotos y los volcanes?
ESS2.C	Los roles del agua en los procesos de la superficie terrestre.
	¿Cómo conforman la superficie de la Tierra las propiedades y los movimientos del agua y cómo afectan sus sistemas?
ESS2.D	El estado del tiempo y el clima.
	¿Qué regula el estado del tiempo y el clima?
ESS2.E	Biogeología.
	¿Cómo afectan los organismos vivos los procesos y estructuras de la Tierra?

ESS3: La Tierra y la actividad humana.	
¿Cómo se afectan mutuamente los procesos de la superficie terrestre y las actividades humanas?	
ESS3.A.	Recursos naturales.
	¿Cómo dependen los humanos de los recursos de la Tierra?
ESS3.B	Peligros naturales.
	¿Cómo afectan los peligros naturales a los individuos y a las sociedades?
ESS3.C	El impacto del hombre en los sistemas de la Tierra.
	¿Cómo cambian los humanos el planeta?
ESS3.D	Cambio climático global.
	¿Cómo se modelan y predicen los efectos de las actividades humanas sobre el clima de la Tierra?

Apéndice A. Ideas disciplinares fundamentales NGSS

Tecnología y aplicaciones de las ciencias.

ETS1: Diseño en ingeniería.	
¿Cómo resuelven los problemas los ingenieros?	
ETS1.A	Definición y delimitación de un problema de ingeniería.
	¿Para qué sirve el diseño? ¿Cuáles son los criterios y las restricciones de una solución exitosa?
ETS1.B	Desarrollo de soluciones posibles.
	¿Cuál es el proceso para desarrollar soluciones de diseño viables?
ETS1.C	Optimización de una solución de diseño.
	¿Cómo se pueden comparar y mejorar las soluciones de diseño propuestas?

ETS2: Relación entre la ingeniería, la tecnología, las ciencias y la sociedad	
¿Cómo están interconectadas la ingeniería, la tecnología, las ciencias y la sociedad?	
ETS2.A	Interdependencia de la ciencia, la ingeniería y la tecnología
	¿Cuál es la relación entre las ciencias, la ingeniería y la tecnología?
ETS2.B	Influencia de la ingeniería, la tecnología y las ciencias en la sociedad y el mundo natural.
	¿Cómo puede afectar el resultado de las ciencias la ingeniería y la tecnología, la forma en que vive la gente? ¿Cómo puede afectar el mundo natural?

(National Research Council of the National Academies, 2012)

Apéndice B. Estándares de tecnología según la ITEEA

A. La naturaleza de la tecnología

1. Los estudiantes comprenderán las características y el alcance de la tecnología.

K-2	A.	El mundo natural y el mundo construido por los humanos son diferentes.
	B.	Todas las personas usan herramientas y técnicas para ayudarles a hacer cosas.
3-5	C.	Las cosas que se encuentran en la naturaleza son diferentes de las hechas por el ser humano en la forma en que se producen y utilizan.
	D.	Herramientas, materiales y habilidades son utilizadas para hacer cosas y realizar tareas.
	E.	El pensamiento crítico, las influencias económicas y culturales le dan forma al desarrollo tecnológico.

6-8	F.	Los nuevos productos y sistemas pueden ser desarrollados para resolver problemas o para ayudar a hacer cosas que no pueden realizarse sin la tecnología.
	G.	El desarrollo de la tecnología es una actividad humana y es el resultado de las necesidades individuales y colectivas y de la habilidad de ser creativo.
	H.	La tecnología está estrechamente vinculada con la creatividad, la cual ha dado lugar a la innovación.
	I.	Las empresas crean una demanda para un producto a través de la presentación en el mercado y su promoción.
9-12	J.	La naturaleza del desarrollo del conocimiento en tecnología y los procesos, son funciones del entorno.
	K.	El índice del desarrollo tecnológico y su difusión se está incrementando rápidamente.
	L.	La invención y la innovación son el resultado de una investigación específica.
	M.	Hoy en día la mayor parte del desarrollo de las tecnologías es propiciado por el beneficio económico y el mercado.

2. Los estudiantes desarrollarán una comprensión de los conceptos fundamentales de la tecnología.

K-2	A.	Algunos sistemas se encuentran en la naturaleza y otros son desarrollados por los humanos.
	B.	Los sistemas están compuestos de partes y trabajan en conjunto para cumplir un objetivo.
	C.	Las herramientas son objetos que ayudan a los humanos a realizar tareas.
	D.	Para fabricar cosas se usan diferentes tipos de materiales.
	E.	Se hacen planes con el objetivo de lograr hacer cosas.

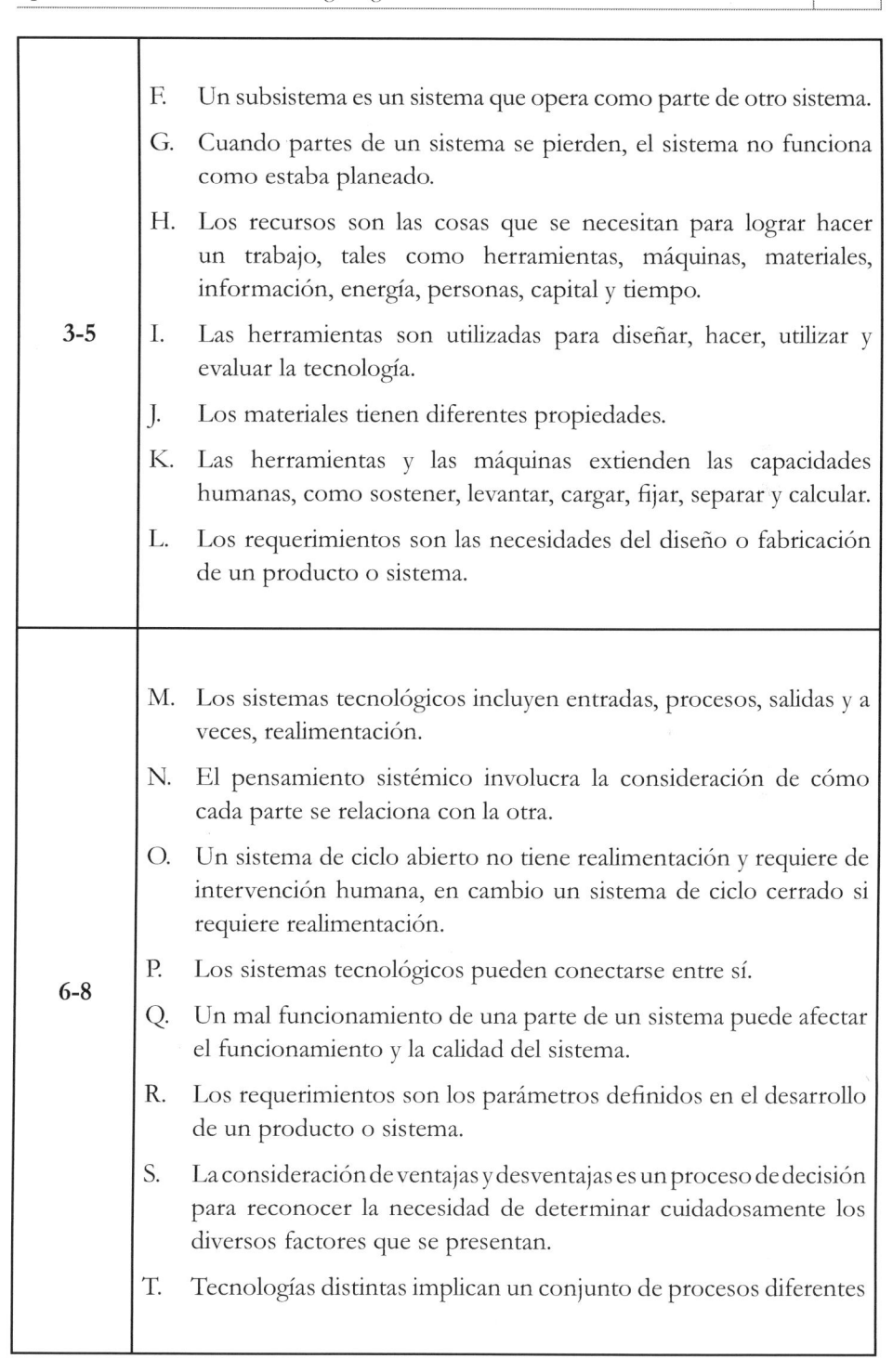

Apéndice B. Estándares de tecnología según la ITEEA

3-5	F.	Un subsistema es un sistema que opera como parte de otro sistema.
	G.	Cuando partes de un sistema se pierden, el sistema no funciona como estaba planeado.
	H.	Los recursos son las cosas que se necesitan para lograr hacer un trabajo, tales como herramientas, máquinas, materiales, información, energía, personas, capital y tiempo.
	I.	Las herramientas son utilizadas para diseñar, hacer, utilizar y evaluar la tecnología.
	J.	Los materiales tienen diferentes propiedades.
	K.	Las herramientas y las máquinas extienden las capacidades humanas, como sostener, levantar, cargar, fijar, separar y calcular.
	L.	Los requerimientos son las necesidades del diseño o fabricación de un producto o sistema.
6-8	M.	Los sistemas tecnológicos incluyen entradas, procesos, salidas y a veces, realimentación.
	N.	El pensamiento sistémico involucra la consideración de cómo cada parte se relaciona con la otra.
	O.	Un sistema de ciclo abierto no tiene realimentación y requiere de intervención humana, en cambio un sistema de ciclo cerrado si requiere realimentación.
	P.	Los sistemas tecnológicos pueden conectarse entre sí.
	Q.	Un mal funcionamiento de una parte de un sistema puede afectar el funcionamiento y la calidad del sistema.
	R.	Los requerimientos son los parámetros definidos en el desarrollo de un producto o sistema.
	S.	La consideración de ventajas y desventajas es un proceso de decisión para reconocer la necesidad de determinar cuidadosamente los diversos factores que se presentan.
	T.	Tecnologías distintas implican un conjunto de procesos diferentes

	U. El mantenimiento es un proceso de inspección y servicio de un producto o sistema que se hace periódicamente, con el objetivo de que este funcione óptimamente y prolongue su vida o para mejorar sus prestaciones.
	V. El sistema de control es un mecanismo o un conjunto de pasos particulares que utiliza información sobre el sistema y que hace que haya cambios en él mismo.
9-12	W. El pensamiento sistémico utiliza la lógica y la creatividad con consideraciones apropiadas para resolver problemas de la vida real.
	X. Los sistemas, que hacen parte de los cimientos de la tecnología, están incrustados en sistemas tecnológicos, sociales y ambientales más amplios.
	Y. La estabilidad de un sistema tecnológico está influenciada por todos los componentes de un sistema, especialmente por aquellos que se encuentran en el ciclo de realimentación.
	Z. La selección de recursos involucra decisiones de ventaja-desventaja entre los valores considerados, tales como disponibilidad, costo, atractivo del producto y desperdicios.
	AA. Los requerimientos involucran la identificación de los criterios y restricciones de un producto o sistema y la determinación de cómo afectan el diseño final y su desarrollo.
	BB. La optimización es un proceso continuo para el diseño o fabricación de un producto, y este depende de los criterios y las restricciones.
	CC. Las nuevas tecnologías crean nuevos procesos.
	DD. El control de calidad es un proceso planeado que garantiza que un producto, servicio o sistema, cumple con los criterios establecidos.
	EE. La dirección es un proceso de trabajo planeado, organizado y controlado.
	FF. Los sistemas complejos tienen muchas capas de control y ciclos de realimentación que tienen el objetivo de brindar información.

3. Los estudiantes comprenderán la relación entre tecnologías y las relaciones entre tecnología y otros campos de estudio.

K-2	A. El estudio de la tecnología utiliza muchas de las ideas y habilidades de otras asignaturas.
3-5	B. Las tecnologías se combinan a menudo. C. Existen relaciones entre tecnología y otros campos de estudio.
6-8	D. Los sistemas tecnológicos interactúan entre sí. E. Un producto, un sistema o un medio es desarrollado para una configuración pero es posible que pueda utilizarse en otra configuración. F. El conocimiento que se obtiene de otros campos de estudio tiene un efecto directo sobre el desarrollo de productos o sistemas tecnológicos.
9-12	G. La transferencia de tecnología ocurre cuando un nuevo usuario utiliza una innovación para una función diferente de la que fue concebida. H. La innovación tecnológica ocurre a menudo cuando las ideas, el conocimiento o las habilidades son compartidas dentro de una misma tecnología, entre tecnologías o entre otros campos. I. Las ideas de la tecnología algunas veces son protegidas mediante el uso de patentes. J. El progreso tecnológico promueve el avance de la ciencia y nuevas ideas en las matemáticas.

B. Tecnología y sociedad

4. Los estudiantes desarrollarán una comprensión de los efectos de la tecnología en la cultura, la sociedad, la economía y la política.

K-2	A.	El uso de herramientas y máquinas puede ser útil o perjudicial.
3-5	B.	Cuando se utilizan las tecnologías los resultados pueden ser buenos o malos.
	C.	El uso de la tecnología puede producir consecuencias no intencionales.
6-8	D.	El uso de la tecnología afecta a los seres humanos en diversos campos, como la seguridad, el confort, las opciones y las posturas frente al desarrollo y el uso de la tecnología.
	E.	La tecnología por sí misma no es ni buena ni mala. Las decisiones sobre el uso de productos y sistemas puede desembocar en consecuencias deseables o indeseables.
	F.	El desarrollo y uso de la tecnología plantea problemas éticos.
	G.	Los problemas económicos, políticos y culturales son influenciados por el desarrollo y uso de la tecnología.
9-12	H.	Los cambios causados por el uso de la tecnología pueden ser graduales o rápidos y sutiles u obvios.
	I.	La toma de decisiones sobre el uso de tecnología obliga a considerar las ventajas-desventajas así como los efectos positivos y negativos.
	J.	Las consideraciones éticas son importantes en el desarrollo, selección y uso de las tecnologías.
	K.	La transferencia de tecnología de una sociedad a otra puede causar cambios culturales, sociales, económicos y políticos que pueden afectar en diferentes grados a ambas sociedades.

Apéndice B. Estándares de tecnología según la ITEEA

5. Los estudiantes desarrollarán una comprensión de los efectos de la tecnología en el medio ambiente.

K-2	A.	Algunos materiales pueden ser reutilizados o reciclados.
3-5	B.	Los desechos deben ser reciclados o ubicados de forma apropiada para no ocasionar daño al medio ambiente.
	C.	El uso de la tecnología afecta al medio ambiente en forma positiva o negativa.
6-8	D.	La administración de los residuos producidos por sistemas tecnológicos es un problema importante de la sociedad.
	E.	La tecnología puede ser utilizada para reparar el daño causado por desastres naturales y para descomponer los residuos resultantes del uso de productos y sistemas.
	F.	Las decisiones sobre el desarrollo y el uso de las tecnologías, a menudo implica efectos económicos y ambientales en forma directa.
9-12	G.	Los seres humanos pueden inventar tecnologías para conservar el agua, el suelo y la energía a través de técnicas de reutilización, reducción y reciclaje.
	H.	Las consideraciones de las ventajas y desventajas son importantes cuando se crean tecnologías para la reducción del uso de los recursos.
	I.	Con la ayuda de la tecnología es posible monitorear diversos aspectos del medio ambiente y proveer información para la toma de decisiones.
	J.	El ajuste de los procesos tecnológicos a los naturales mejora el desempeño y reduce el impacto negativo en el medio ambiente.
	K.	Los seres humanos pueden inventar tecnologías para reducir las consecuencias negativas de otras tecnologías.
	L.	Las decisiones asociadas al uso de tecnologías involucra la evaluación de "ventajas-desventajas" entre los efectos pronosticados en el medio ambiente.

6. Los estudiantes desarrollarán una comprensión del rol de la sociedad en el desarrollo y el uso de la tecnología.

K-2	A.	Los productos se fabrican para responder a las necesidades de las personas.
3-5	B.	A medida que las necesidades de la gente cambian, se desarrollan nuevas tecnologías y las antiguas son mejoradas para enfrentar esos cambios.
	C.	Las preocupaciones de orden económico individuales, de la familia y de la comunidad pueden expandir o limitar el desarrollo tecnológico.
6-8	D.	A través de la historia, las nuevas tecnologías han resultado de las solicitudes, de los valores, de los intereses de los individuos, de los negocios, de las industrias y de las sociedades.
	E.	El uso de los inventos y las innovaciones han liderado los cambios en la sociedad, así como la gestación de nuevas necesidades.
	F.	Los valores y las prioridades sociales y culturales se ven reflejados en los equipos tecnológicos.
	G.	El cumplimiento de las expectativas sociales es la razón fundamental detrás de la aceptación y uso de los productos y sistemas.
9-12	H.	Las culturas desarrollan sus propias tecnologías para satisfacer sus necesidades y valores.
	I.	La decisión de desarrollar una tecnología es influenciada por las opiniones y solicitudes sociales y por la cultura empresariales.
	J.	La publicidad, la solidez económica, las metas de una compañía y las últimas modas, son factores que contribuyen a definir el diseño y la demanda de la tecnología.

Apéndice B. Estándares de tecnología según la ITEEA

7. Los estudiantes desarrollarán una comprensión de la influencia de la tecnología en la historia.

K-2	A. La tecnología ha cambiado a través de la historia la forma en que las personas viven y trabajan.
3-5	B. Las personas han elaborado herramientas para obtener alimentos, elaborar vestimenta y protegerse.
6-8	C. Muchas invenciones e innovaciones han evolucionado por el refinamiento y la práctica de procesos de prueba lentos y metódicos. D. La especialización de las funciones han sido el corazón de las mejoras tecnológicas. E. El diseño y la construcción de sistemas de disposición de aguas y residuos han evolucionado a partir del desarrollo de sistemas de medida, control y de la comprensión de las relaciones espaciales. F. En el pasado, la invención y la innovación no siempre fueron desarrolladas a partir del conocimiento científico.
9-12	G. La mayoría de los desarrollos tecnológicos han sido evolutivos. Fueron el resultado de un principio básico que sufrió una serie de refinamientos. H. La evolución de la civilización se ha visto afectada directamente por el desarrollo y el uso de herramientas y materiales. Y la civilización también ha afectado el desarrollo de las herramientas y los materiales. I. A través de la historia la tecnología ha sido una fuerza poderosa que ha dado forma al panorama cultural, político y económico. J. En los albores de la historia de la tecnología, el desarrollo de muchas herramientas y máquinas no se basó en el conocimiento científico, sino en el conocimiento tecnológico.

9-12	K. La edad de hierro estuvo se caracterizó por el uso del hierro y el acero como materiales principales para la elaboración de herramientas. L. La edad media fue testigo del desarrollo de muchos dispositivos tecnológicos, que causaron efectos de larga duración en la tecnología y la sociedad. M. En el renacimiento, época del resurgimiento de las artes y las humanidades hubo un desarrollo i mportante en la historia de la tecnología. N. La revolución industrial fue testigo de la manufactura ininterrumpida, de los sistemas de transporte sofisticados, de los sistemas de comunicaciones, de las prácticas avanzadas de construcción, de la educación mejorada y del aumento del tiempo de esparcimiento. O. La era de la información hace énfasis en el procesamiento e intercambio de información.

Apéndice B. Estándares de tecnología según la ITEEA

C. Diseño

8. Los estudiantes desarrollarán una comprensión de los atributos del diseño.

K-2	A.	Todos podemos diseñar soluciones a un problema.
	B.	El diseño es un proceso creativo.
3-5	C.	El proceso de diseño es un método necesario para planear soluciones prácticas para un problema.
	D.	Los requerimientos de un diseño incluyen factores tales como los elementos deseados, las características de un producto o sistema, así como los límites que impone el diseño.
6-8	E.	El diseño es un proceso de planeación creativa que conduce a productos y sistemas útiles.
	F.	No hay diseño perfecto.
	G.	Los requerimientos de un diseño incluyen los criterios y las restricciones.
9-12	H.	El proceso de diseño incluye la definición de un problema, la lluvia de ideas, la investigación, la generación de ideas, la identificación de criterios, la especificación de las restricciones, explorar las posibilidades, definir la forma de acometer la solución, desarrollar y diseñar una propuesta, construir un modelo o prototipo, probar y evaluar el diseño usando las especificaciones, el refinamiento del diseño, la creación o fabricación y el proceso de comunicación de los resultados.
	I.	Pocas veces los problemas de diseño se presentan de una forma claramente definida.
	J.	El diseño debe ser continuamente verificado y criticado y las ideas del diseño deben ser refinadas y mejoradas.
	K.	Los requerimientos de un diseño, tales como, criterios, restricciones, y eficiencia, a veces compiten entre ellos.

9. Los estudiantes desarrollarán una comprensión de la ingeniería de diseño.

K-2	A.	El proceso de ingeniería incluye la definición de un problema, la búsqueda de ideas, desarrollar soluciones y compartir ideas con otros.
	B.	Expresar las ideas a otros verbalmente y a través de dibujos y modelos es una parte importante del proceso de diseño.
3-5	C.	El proceso de diseño en ingeniería incluye definir el problema, generar ideas, escoger una solución, probar las soluciones, elaborar el producto, evaluarlo y presentar los resultados.
	D.	Cuando se diseña un objeto es importante ser creativo y considerar todas las ideas.
	E.	Los modelos son utilizados para comunicar y probar ideas y procesos de diseño.
6-8	F.	El diseño incluye una serie de pasos que pueden ser ejecutados en secuencias diferentes y repetidas según como sea necesario.
	G.	La lluvia de ideas es un proceso para la solución de problemas de diseño, en el cual cada persona del grupo presenta sus ideas en forma de debate.
	H.	Para transformar las ideas en soluciones prácticas se acostumbra acudir a procesos de modelaje, prueba, evaluación y modificación.
9-12	I.	Los principios del diseño ya establecidos son utilizados para evaluar diseños existentes, para recopilar datos y para guiar el proceso de diseño.
	J.	El diseño en ingeniería es influenciado por las características personales tales como: Creatividad, inventiva y habilidad para visualizar y pensar de manera abstracta.
	K.	Un prototipo es un modelo en funcionamiento usado para probar el concepto de diseño, y para hacer las observaciones y los ajustes necesarios.
	L.	El proceso de ingeniería de diseño toma en cuenta un gran número de factores.

Apéndice B. Estándares de tecnología según la ITEEA

10. Los estudiantes desarrollarán una comprensión del proceso para la localización de averías, la investigación y el desarrollo, la invención y la innovación y la experimentación en la solución de problemas.

K-2	A.	Las preguntas y la observación ayudan a las personas a comprender cómo funcionan las cosas.
	B.	Todo producto o sistema está expuesto a fallar. Muchos productos y sistemas pueden ser reparados.
3-5	C.	La resolución de problemas es una manera para comprender por qué no funciona algo, y si puede repararse.
6-8	D.	La inventiva y la innovación son formas creativas de hacer que las ideas se conviertan en cosas reales.
	E.	El proceso de experimentación, que es común en la ciencia, es útil en la solución de problemas tecnológicos.
	F.	La localización de averías es un método de solución de problemas, útil para identificar la causa de una falla en un sistema.
	G.	La invención es un proceso para convertir las ideas y la imaginación en dispositivos y sistemas. La innovación es un proceso para modificar un producto existente y mejorarlo.
	H.	Algunos problemas tecnológicos se pueden solucionar mejor a través de la experimentación.
9-12	I.	La investigación y el desarrollo son una forma específica de solucionar problemas y se utilizan comercial e industrialmente para preparar los dispositivos y los sistemas para el mercado.
	J.	Los problemas tecnológicos deben ser investigados antes de que puedan ser solucionados.
	K.	No todos los problemas son de tipo tecnológico ni pueden ser solucionados con tecnología.
	L.	Muchos problemas tecnológicos requieren de una comprensión multidisciplinaria.

D. Habilidades para un mundo tecnológico

11. Los estudiantes desarrollarán habilidades para poner en práctica el proceso de diseño.

K-2	A. Hacer prácticas de lluvias de ideas sobre las necesidades y deseos de las personas y tomar algunos problemas que puedan ser resueltos a través del proceso de diseño. B. Construir un objeto utilizando el proceso de diseño. C. Investigar cómo se hacen las cosas y cómo se pueden mejorar.
3-5	D. Identificar y recolectar información sobre problemas de la vida diaria que puedan ser resueltos con tecnología y generar ideas y requerimientos para resolver un problema. E. El proceso de diseño incluye la presentación de algunas posibles soluciones de manera visual, para luego escoger, entre varias, la mejor. F. Probar y evaluar la solución para el problema de diseño. G. Mejorar la solución de diseño.
6-8	H. Poner en práctica un proceso de diseño para solucionar problemas dentro y fuera del laboratorio. I. Especificar los criterios y restricciones para el diseño. J. Elaborar una representación, en dos y tres dimensiones, de la solución de diseño. K. Probar y evaluar el diseño en relación con los requerimientos preestablecidos, tales como son los criterios y las restricciones, y refinarlos según sea necesario. L. Elaborar un producto o un sistema y documentar la solución.

Apéndice B. Estándares de tecnología según la ITEEA

9-12	M.	Identificar el problema de diseño a resolver, para decidir si abordarlo o no.
	N.	Identificar los criterios y las restricciones y determinar cómo afectan el proceso de diseño.
	O.	Refinar el diseño usando prototipos y modelos para garantizar la calidad, eficiencia y productividad del producto final.
	P.	Evaluar la solución de diseño usando modelos conceptuales, físicos y matemáticos en diversos puntos del proceso de diseño, con el fin de comprobar si es apropiado y encontrar áreas en donde las mejoras sean necesarias.
	Q.	Desarrollar y producir un producto o sistema utilizando el proceso de diseño.
	R.	Evaluar una solución definitiva y comunicar las observaciones, los procesos y los resultados de todo el proceso de diseño. Para ello utilizar medios verbales, gráficos, cuantitativos, virtuales y escritos, así como modelos tridimensionales.

12. Los estudiantes desarrollarán habilidades para usar y mantener productos y sistemas tecnológicos.

K-2	A.	Descubrir cómo funcionan las cosas.
	B.	Utilizar las herramientas segura y apropiadamente y llamarlas correctamente por su nombre.
	C.	Reconocer y utilizar símbolos de la vida diaria.
3-5	D.	Seguir paso a paso las instrucciones para ensamblar un producto.
	E.	Seleccionar herramientas, productos y sistemas, y utilizarlos de forma segura para tareas específicas.
	F.	Utilizar computadores para obtener y organizar información.
	G.	Usar símbolos comunes, tales como números y palabras, para expresar ideas fundamentales.

6-8	H.	Utilizar la información que se encuentra en manuales y protocolos e incluso la de personas con experiencia, para entender cómo funcionan las cosas.
	I.	Utilizar herramientas, materiales y máquinas, de manera segura, para diagnosticar, ajustar y reparar sistemas.
	J.	Utilizar los computadores y calculadoras en diversas aplicaciones.
	K.	Operar y mantener sistemas, con el objetivo de alcanzar un propósito dado.
9-12	L.	Documentar procesos y procedimientos y comunicarlos a diferentes audiencias mediante el uso de técnicas orales y escritas.
	M.	Diagnosticar un sistema que está funcionando mal y utilizar herramientas, materiales, máquinas y conocimientos para repararlo.
	N.	Solucionar problemas, analizar y mantener sistemas, para garantizar un funcionamiento seguro, apropiado y preciso.
	O.	Operar sistemas de tal manera que funcionen en la forma para la cual fueron diseñados
	P.	Utilizar computadores y calculadoras para leer, recuperar, organizar, procesar, mantener, interpretar y evaluar datos e información con el objetivo de comunicarlos.

13. Los estudiantes desarrollarán habilidades para evaluar el impacto de los productos y sistemas.

K-2	A.	Recolectar información sobre productos y sistemas de la vida diaria a través de preguntas.
	B.	Determinar si el uso humano de un producto o sistema crea resultados positivos o negativos.

Apéndice B. Estándares de tecnología según la ITEEA

3-5	C.	Comparar, contrastar, y clasificar información recolectada con el objetivo de reconocer patrones.
	D.	Investigar y evaluar la influencia de una tecnología específica en el medio individual, familiar o en la comunidad.
	E.	Examinar las ventajas y desventajas del uso de un producto o sistema y decidir cuándo puede utilizarse.
6-8	F.	Diseñar y utilizar instrumentos para recolectar datos.
	G.	Utilizar los datos recogidos para analizar e interpretar tendencias con el objetivo de identificar efectos positivos o negativos de una tecnología.
	H.	Identificar tendencias y observar posibles consecuencias de un desarrollo tecnológico.
	I.	Interpretar y evaluar la precisión de la información obtenida y determinar si es útil.
9-12	J.	Recoger información y evaluar su calidad.
	K.	Sintetizar datos, analizar tendencias y sacar conclusiones relacionadas con el efecto de una tecnología en el individuo, la sociedad y el medio ambiente.
	L.	Utilizar técnicas de evaluación tales como análisis de tendencia y experimentación, para hacer predicciones sobre el desarrollo futuro de una tecnología.
	M.	Diseñar técnicas de predicción para evaluar los resultados de la afectación de sistemas naturales.

E. El mundo diseñado por el hombre

14. Los estudiantes desarrollarán una comprensión de las tecnologías médicas. Serán capaces de seleccionarlas y utilizarlas.

K-2	A.	La vacunación protege a la gente de adquirir algunas enfermedades.
	B.	La medicina ayuda a la gente enferma a recuperarse.
	C.	Hay productos diseñados especialmente para ayudar a la gente a cuidarse.
3-5	D.	Las vacunas han sido diseñadas para prevenir el desarrollo y extensión de las enfermedades. Los medicamentos son diseñadas para aliviar los síntomas y detener el desarrollo de las enfermedades.
	E.	Los avances tecnológicos han hecho posible la creación de nuevos dispositivos, para reparar o reemplazar algunas partes del cuerpo humano y proveer los medios para su movilidad.
	F.	Se han diseñado instrumentos y dispositivos para ayudar a encontrar indicios sobre la salud y proveer un ambiente seguro.
6-8	G.	Los avances e innovaciones en tecnologías médicas son utilizados para mejorar la salud.
	H.	Los procesos de disposición de desechos para descartar los residuos de productos médicos, ayudan a proteger de microorganismos peligrosos y enfermedades, y contribuyen a la seguridad médica.
	I.	En la producción de vacunas, usadas en los procesos de inmunización, se requiere de tecnologías especiales para crear entornos apropiados, que permitan producir suficiente cantidad de unidades.
	J.	La ingeniería genética incluye la modificación de la estructura de ADN para producir nuevas composiciones genéticas.

Apéndice B. Estándares de tecnología según la ITEEA

9-12	K. Las tecnologías de la medicina incluyen la prevención y la rehabilitación, vacunas y medicamentos, procedimientos médicos y quirúrgicos, ingeniería genética y sistemas con los cuales se protege y cuida la salud. L. La telemedicina refleja la convergencia de los avances tecnológicos y de otros campos que incluyen a la misma medicina, las telecomunicaciones, la presencia virtual, la ingeniería de la computación, la informática, la inteligencia artificial, la robótica, la ciencia de los materiales y la sicología de la percepción. M. Las Bioquímica y la Biología Molecular han hecho posible manipular la información genética que se encuentra en las criaturas vivas.

15. Los estudiantes desarrollarán una comprensión de las tecnologías agrícola, ganadera y biotecnológica. Serán capaces de seleccionarlas y utilizarlas.

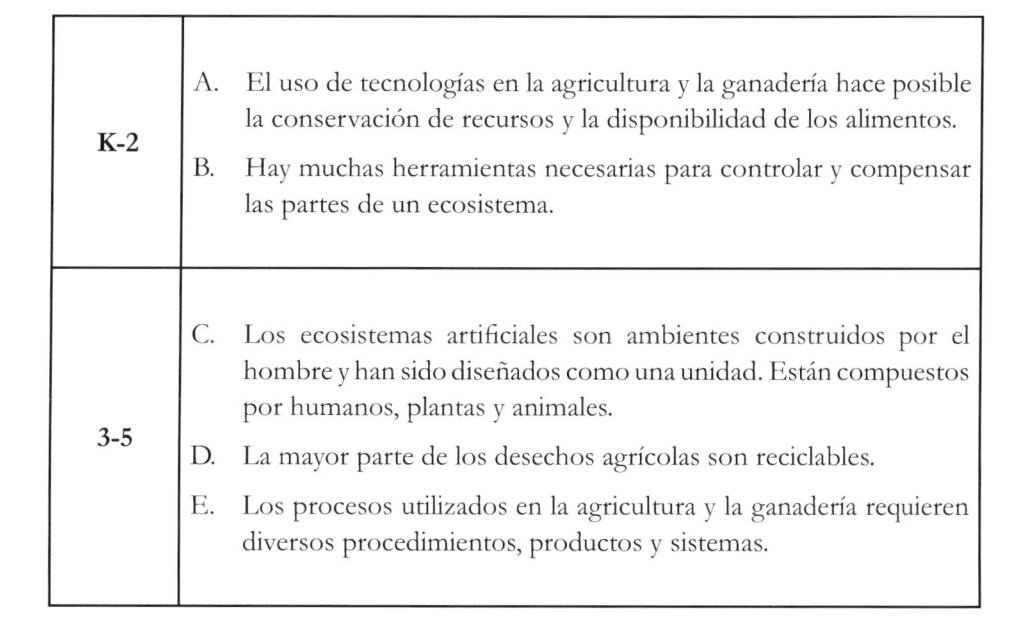

K-2	A. El uso de tecnologías en la agricultura y la ganadería hace posible la conservación de recursos y la disponibilidad de los alimentos. B. Hay muchas herramientas necesarias para controlar y compensar las partes de un ecosistema.
3-5	C. Los ecosistemas artificiales son ambientes construidos por el hombre y han sido diseñados como una unidad. Están compuestos por humanos, plantas y animales. D. La mayor parte de los desechos agrícolas son reciclables. E. Los procesos utilizados en la agricultura y la ganadería requieren diversos procedimientos, productos y sistemas.

6-8	F.	Los avances tecnológicos en la agricultura y la ganadería afectan directamente el tiempo y el número de personas requeridas para producir alimentos para grandes poblaciones.
	G.	Un amplio rango de equipos y prácticas especializados son utilizados para mejorar la producción de alimentos, de combustibles y de productos para el cuidado de animales.
	H.	La biotecnología emplea los principios de la biología para crear productos y sistemas de uso comercial.
	I.	Los ecosistemas artificiales son instalaciones que imitan aspectos de los ambientes naturales.
	J.	El desarrollo de la refrigeración, la congelación, la deshidratación, la preservación y la irradiación, hacen posible almacenar los alimentos por largo tiempo. Estos desarrollos reducen los riesgos para la salud causados por los alimentos en descomposición.
9-12	K.	La agricultura y la ganadería incluyen una variedad de industrias que utilizan un amplio rango de productos y sistemas. Con ellos producen, procesan, distribuyen alimentos, combustibles, productos químicos, etc.
	L.	La biotecnología tiene acción en diversos campos tales como: La agricultura, la ganadería, la industria farmacéutica, la industria alimenticia, la medicina, la energía, el medio ambiente y la ingeniería genética.
	M.	La conservación en la agricultura tiene como objeto controlar la erosión del suelo, reducir la sedimentación en las canalizaciones, la conservación y el mejoramiento de la calidad del agua.
	N.	El diseño de ingeniería y la administración de sistemas agrícolas requiere del conocimiento de los ecosistemas artificiales y de los efectos de los desarrollos tecnológicos en la flora y la fauna.

Apéndice B. Estándares de tecnología según la ITEEA

16. Los estudiantes desarrollarán una comprensión de las tecnologías para el suministro de energía. Serán capaces de seleccionarlas y utilizarlas.

K-2	A.	Hay muchas formas de energía.
	B.	La energía no se debe desperdiciar.
3-5	C.	Hay muchas formas de energía.
	D.	Las herramientas, las máquinas, los productos y los sistemas utilizan energía para poder hacer su trabajo.
6-8	E.	La energía es la capacidad de hacer un trabajo.
	F.	La energía puede ser utilizada para hacer un trabajo mediante el uso de diversos procesos.
	G.	La potencia es: El índice de conversión de energía de una forma a otra, el índice de transferencia de un lugar a otro y el índice de trabajo que fue ejecutado.
	H.	Los sistemas de potencia son utilizados para llevar y proveer energía a otros productos y sistemas tecnológicos.
	I.	Gran parte de la energía que se usa en nuestro medio no se utiliza de manera eficiente.
9-12	J.	La energía no se crea ni se destruye, sin embargo se puede convertir de una forma en otra.
	K.	La energía tiene muchas formas: Térmica, radiante, eléctrica, mecánica, química, nuclear y otras.
	L.	Es imposible construir un motor que ejecute un trabajo que no transfiera energía térmica al ambiente.
	M.	Las fuentes de energía pueden ser renovables o no renovables.
	N.	Los sistemas de potencia deben tener una fuente de energía, un proceso y unas cargas.

17. Los estudiantes desarrollarán una comprensión de las tecnologías para la información y las comunicaciones. Serán capaces de seleccionarlas y utilizarlas.

K-2	A.	La información son datos que deben ser organizados.
	B.	La tecnología permite que la gente se pueda comunicar mediante el envío y la recepción de información.
	C.	Las personas utilizan símbolos cuando se comunican utilizando tecnología.
3-5	D.	El procesamiento de información a través de la tecnología ayuda a los humanos a tomar decisiones y resolver problemas.
	E.	La información puede ser adquirida y enviada a través de medios tecnológicos, que pueden ser físicos o electrónicos.
	F.	La tecnología de las comunicaciones es la transferencia de mensajes entre las personas o máquinas a través de largas distancias.
	G.	Letras, caracteres, íconos y signos son símbolos que representan ideas, cantidades, elementos y operaciones.
6-8	H.	Los sistemas de información y comunicaciones permiten que la información sea transferida de humano a humano, de humano a máquina y de máquina a humano.
	I.	Los sistemas de comunicaciones están compuestos por una fuente, un codificador, un transmisor, un receptor, un decodificador y un destinatario.
	J.	El diseño de un mensaje está influenciado por factores como el público, el medio, el propósito y la naturaleza del mensaje.
	K.	El uso de símbolos, medidas, y planos promueven la clara comunicación al proveer un lenguaje común para expresar las ideas.

Apéndice B. Estándares de tecnología según la ITEEA

9-12	L.	Las tecnologías de la información y las comunicaciones están compuestas por los procesos de entrada y salida, relacionados con el envío y la recepción de información.
	M.	Los sistemas de información y comunicaciones permiten que la información sea transferida de humano a humano, humano a máquina, de máquina a humano y de máquina a máquina.
	N.	Los sistemas de información y comunicaciones pueden ser utilizados para informar, persuadir, entretener, controlar, administrar y educar.
	O.	Los sistemas de comunicaciones están compuestos por una fuente, un codificador, un transmisor, un receptor, un decodificador, sistemas de almacenamiento, sistemas de recuperación y un destinatario.
	P.	Hay muchas formas de comunicar información que pueden incluir gráficas y otros medios electrónicos.
	Q.	El conocimiento tecnológico y los procesos son comunicados mediante el uso de símbolos, medidas, convenciones, íconos, imágenes y lenguajes e incorporan imágenes, audios y estimulación táctil.

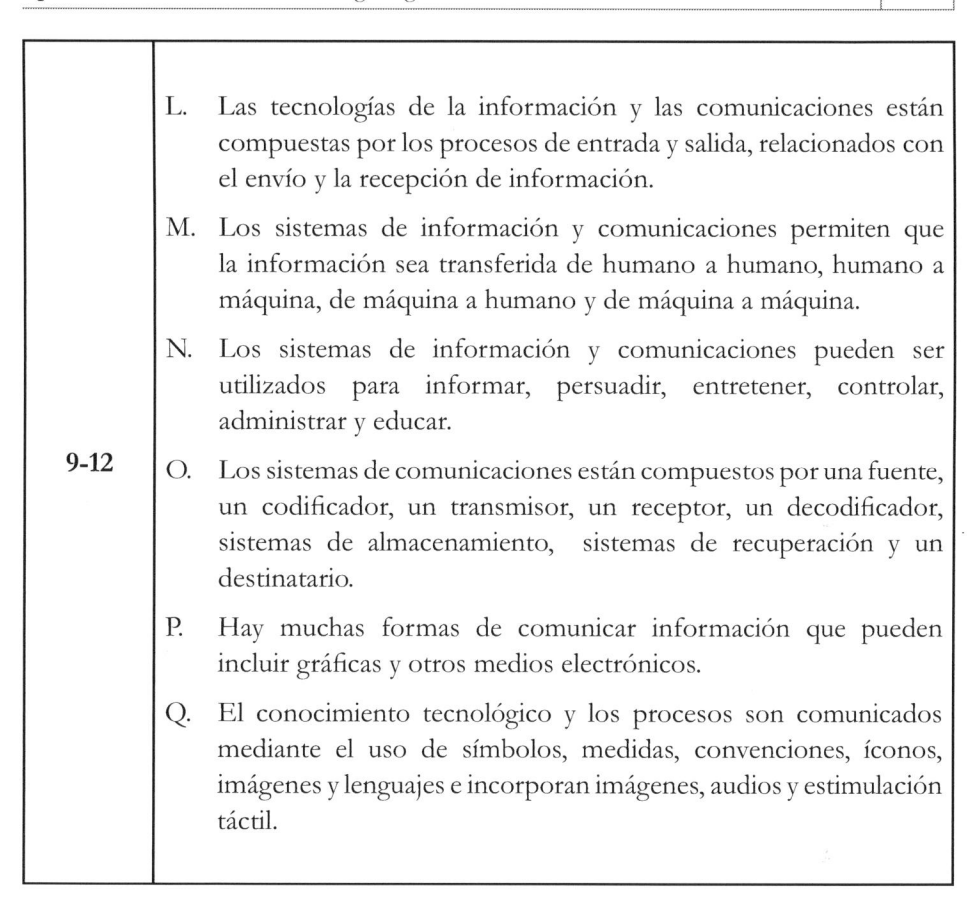

18. Los estudiantes desarrollarán una comprensión de las tecnologías para el transporte. Serán capaces de seleccionarlas y utilizarlas.

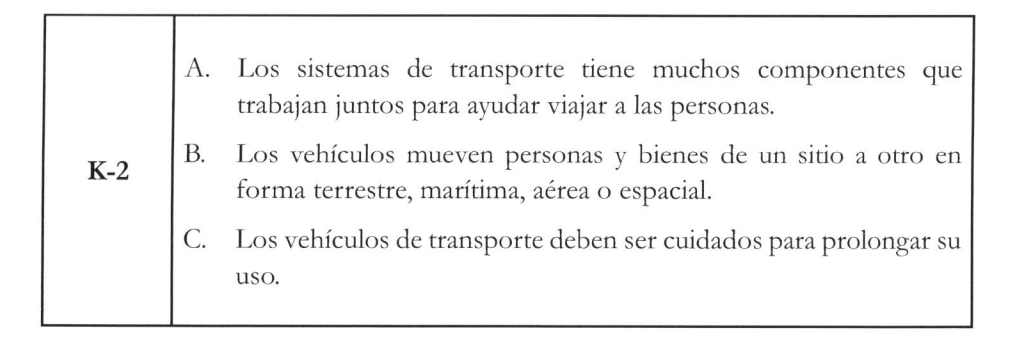

K-2	A.	Los sistemas de transporte tiene muchos componentes que trabajan juntos para ayudar viajar a las personas.
	B.	Los vehículos mueven personas y bienes de un sitio a otro en forma terrestre, marítima, aérea o espacial.
	C.	Los vehículos de transporte deben ser cuidados para prolongar su uso.

3-5	D.	El uso del transporte permite que las personas y bienes puedan desplazarse de un sitio a otro.
	E.	Un sistema de transporte perderá eficiencia o fallará si una de sus partes se pierde o funciona incorrectamente o si un subsistema no está funcionando.
6-8	F.	El transporte de personas o bienes incluye la combinación de personas y vehículos.
	G.	Los vehículos de transporte están compuestos por subsistemas, tales como la estructura, la propulsión, la suspensión, la dirección, el control y los puntos de apoyo. Deben funcionar en conjunto para que el sistema sea eficiente.
	H.	Las normas gubernamentales definen el diseño y la operación de los sistemas de transporte.
	I.	Los procesos del sistema de transporte son necesarios para que este funcione eficientemente. Los procesos que incluyen son: Recibo, almacenamiento, tenencia, carga, movilización, descarga, despacho, evaluación, mercadeo, administración y comunicación
9-12	J.	El transporte juega un rol vital en otras tecnologías tales como: Manufactura, construcción, comunicación, salud, seguridad, agricultura y ganadería.
	K.	La forma de transporte multimodal es aquella en la que múltiples formas de transporte tales como: Autopistas, sistemas de trenes, canales, ríos y océanos. Todos ellos son parte de un sistema interconectado que puede mover personas y bienes de forma sencilla de un modo u otro.
	L.	Los métodos y servicios de transporte movilizan a una población que se encuentra regularmente en movimiento.
	M.	El diseño de sistemas de transporte inteligentes y no inteligentes dependen de diversos procesos y técnicas innovadores.

Apéndice B. Estándares de tecnología según la ITEEA

19. Los estudiantes desarrollarán una comprensión de las tecnologías para la manufactura. Serán capaces de seleccionarlas y utilizarlas.

K-2	A. Los sistemas de manufactura elaboran productos en grandes cantidades. B. Los productos manufacturados son el resultado de un diseño.
3-5	C. Los sistemas de procesamiento convierten materiales naturales en productos. D. Los procesos de manufactura incluyen: El diseño de los productos y la adquisición de materiales. Y se utilizan herramientas para separar, dar forma y combinar para así obtener los productos. E. Las empresas de manufactura existen debido al consumo de bienes.
6-8	F. Los procesos de manufactura utilizan medios mecánicos para cambiar la forma de los materiales a través de separar, dar forma, combinar y acondicionar. G. Los productos de manufactura se clasifican en durables y no durables. H. Los procesos de manufactura están compuestos por el diseño, el desarrollo, la creación y el servicio de los productos y servicios. I. Las tecnologías químicas son utilizadas para modificar substancias naturales o artificiales. J. Los materiales naturales deben ser localizados antes de extraerlos de la tierra mediante procesos de recolección, de perforación o a través de la explotación minera. K. La mercadotecnia de un producto incluye informar al público como también ayudar a su venta y distribución.

9-12	L.	El mantenimiento de los productos los conserva utilizables en buenas condiciones.
	M.	Los materiales tienen diferentes cualidades y pueden ser naturales, sintéticos o mixtos.
	N.	Los bienes se pueden clasificar por su tiempo de operación, pueden ser duraderos o no duraderos.
	O.	Las manufacturas pueden ser hechas a la medida, producidas por lotes o por producción continua.
	P.	La posibilidad del intercambio de partes aumenta la efectividad de los procesos de manufactura.
	Q.	Las tecnologías químicas proveen los medios para modificar los materiales y suministrar productos químicos.
	R.	La mercadotecnia incluye el establecimiento de la identidad de un producto, hacer investigaciones de su potencial de venta, promocionarlo, distribuirlo y venderlo.

20. Los estudiantes desarrollarán una comprensión de las tecnologías de la construcción. Serán capaces de seleccionarlas y utilizarlas.

K-2	A.	Las personas viven, trabajan, estudian dentro de edificios. Estos son de diferentes tipos: Casas, apartamentos, edificios de oficinas y colegios.
	B.	El tipo de construcción determina las partes que lo componen.
3-5	C.	Los desarrollos urbanos modernos se planean de acuerdo con ciertas directrices.
	D.	Las estructuras requieren de mantenimiento.
	E.	Los edificios incluyen diversos sistemas.

Apéndice B. Estándares de tecnología según la ITEEA

6-8	F. La selección de los diseños de las estructuras está basada en factores como: Leyes y códigos de construcción, estilos, utilidad, costo, clima y funcionalidad. G. Las estructuras descansan sobre cimientos. H. Algunas construcciones son temporales y otras permanentes. I. Las construcciones contienen diversos subsistemas.
9-12	J. La infraestructura es el conjunto de elementos, dotaciones y servicios de un sistema. K. Las estructuras son construidas a mediante diversos procedimientos y procesos. L. El diseño de estructuras incluye un conjunto de requerimientos. M. Las estructuras requieren de mantenimiento, modificaciones y renovaciones periódicas, para mejorarlas o para modificar su uso. N. Las estructuras pueden incluir materiales prefabricados.

Apéndice C: Abreviaturas y tablas de equivalencia

Abreviatura	Definición	Observaciones
100Kin10	**100 thousand** teachers **in 10** years	Es una red de los Estados Unidos a nivel nacional comprometida en llevar una educación STEM excelente mediante el aporte de 100.000 docentes más a los salones de clase para el año 2021
ABL	**A**prendizaje **B**asado en **L**ecciones	Modelo de actividad interdisciplinaria de corta duración que utiliza la educación STEM.
ABP	**A**prendizaje **B**asado en **P**royectos	Modelo de actividad interdisciplinaria de larga duración que utiliza la educación STEM.
ACOLA	**A**ustralian **C**ouncil of **L**earned **A**cademies	Concilio Australiano de Academias Eruditas
CCSSO	**C**ouncil of **C**hief **S**tate **S**chools **O**fficers	Consejo de Jefes de colegios Estatales.

Abreviatura	Definición	Observaciones
CTIM	Acrónimo en español de **C**iencias, **T**ecnología, **I**ngeniería y **M**atemáticas.	Utilizado en algunos países de habla hispana. No tiene un reconocimiento tan amplio como la abreviatura STEM.
ESSA	**E**very **S**tudent **S**ucceed **A**ct	Ley aprobada en diciembre de 2015 que establece la política pública para la educación de Preescolar a grado 12 en los Estados Unidos.
INTEL ISEF	**Intel** **I**nternational **S**cience and **E**ngineering **F**air	Feria internacional de ciencias e ingeniería de Intel.
ITEA	**I**nternational **T**echnology **E**ducation **A**ssociation	Asociación Internacional de Educación de Tecnología. Antecesor de la ITEEA.
ITEEA	**I**nternational **T**echnology and **E**ngineering **E**ducators **A**ssociation	Asociación Internacional de Educadores de Tecnología e Ingeniería.
K-12	**K**inder (Educación Preescolar) a grado **12**	Notación internacional para indicar el intervalo de grados que corresponden a un tema determinado. Siempre indica el grado inicial del intervalo y el final separado por un guion.
MINT	**M**athematik-**I**nformatik-**N**aturwissenschaften-**T**echnik	Siglas para STEM en Alemán.
NAEP	**N**ational **A**ssessment of **E**ducational **P**rogress	Evaluación nacional para el progreso de la educación. Es un conjunto de pruebas nacionales para evaluar lo que los estudiantes saben y están en capacidad de hacer en varias asignaturas.

Apéndice C. Abreviaturas y tablas de equivalencia

Abreviatura	Definición	Observaciones
NCTM	**N**ational **C**ouncil of **T**eachers of **M**athematics	Concilio Nacional de Profesores de Matemáticas.
NCTL	The **N**ational **C**enter of **T**echnological **L**iteracy	Centro nacional para la instrucción en tecnología es un programa del Museo de ciencias de Boston con el objetivo de la difusión de la tecnología y la ingeniería para personas de todas las edades.
NGA	**N**ational **G**overnors **A**ssociation	Asociación Nacional de Gobernadores.
NGSS	**N**ext **G**eneration **S**cience **S**tandards	Estándares de ciencias para la próxima generación.
NRC	**N**ational **R**esearch **C**ouncil	Concilio de investigación nacional. Hace parte de la reunión de las Academias de Ciencias, Ingeniería y Medicina de los Estados Unidos y tiene por objetivo la investigación en estas áreas.
NSF	**N**ational **S**cience **F**undation	Fundación Nacional para la Ciencia. Agencia federal de los Estados Unidos que impulsa la investigación en todos los campos no médicos de la ciencia y la ingeniería.
NSTA	**N**ational **S**cience **T**eacher **A**ssociation	Asociación Nacional de Profesores de Ciencias de los Estados Unidos.
OCDE	**O**rganización para la **C**olaboración y el **D**esarrollo **E**conómicos	Organismo de cooperación internacional.

Abreviatura	Definición	Observaciones
PBL (Caso 2)	Project Based Learning	Aprendizaje basado en proyectos. En la mayoría de los casos PBL hace referencia a esta definición.
PBL (Caso1)	Problem Based Lesson	Lecciones basadas en problemas.
PEI	Proyecto Educativo Institucional	Herramienta que incluye principios, finalidades, recursos docentes, recursos didácticos y la estrategia pedagógica de una institución educativa.
PISA	Programme for International Student Assessment	Programa internacional para la evaluación de estudiantes, perteneciente a la OCDE
S.T.E.M.	Acrónimo en inglés de una educación STEM no integrada.	Los puntos hacen referencia a que cada asignatura se enseña por separado.
SPRK	Schools Parent Robots and Kids	Es un proyecto de educación de la marca Sphero Inc, que lleva su robot Sphero a los colegios en todo el mundo.
STEAM	Science-Technology-Engineering-Arts-Mathematics.	Modelo STEM que incluye las artes plásticas dentro de sus fundamentos conceptuales.
STEM	Acrónimo en inglés de Science-Technology-Engineering-Mathematics.	En español Ciencias, tecnología, ingeniería y matemáticas
STL	Standards for Technological Literacy	Estándares para la instrucción en tecnología.
TEL	Technology and Engineering Literacy Assessment	Evaluación de la instrucción de tecnología e ingeniería.

Apéndice C. Abreviaturas y tablas de equivalencia

Abreviatura	Definición	Observaciones
NSERC	**N**atural **S**ciences and **E**ngineering **R**esearch **C**ouncil	Concilio para la investigación de ciencias naturales e ingeniería. (Canadá)
TIC	**T**ecnologías de la **I**nformación y las **C**omunicaciones	Es el área encargada de la infraestructura de cómputo para administrar la información y las comunicaciones de una empresa.
TIMSS	**T**rends in **I**nternational **M**athematics and **S**cience **S**tudy	Tendencias internacionales en matemáticas y estudios en ciencias.

Tablas de equivalencias de grados escolares en países de habla hispana

SECUENCIA ESCOLAR	EDAD	ARGENTINA (datos de 2007)		BRASIL (datos de 2007)	
13	17	"5° año de Educación Secundaria"	3° año de Educación Polimodal	"3° año do Ensino Médio"	"3° año do Ensino Médio"
12	16	4° año de Educación Secundaria	2° año de Educación Polimodal	"2° año do Ensino Médio"	"2° año do Ensino Médio"
11	15	3° año de Educación Secundaria	1° año de Educación Polimodal	"1° año do Ensino Médio"	"1° año do Ensino Médio"
10	14	2° año de Educación Secundaria	9° año de Educación General Básica (EGB)		"9° Serie do Ensino Fundamental"
9	13	1° año de Educación Secundaria	8° año de EGB	"8° Serie do Ensino Fundamental"	"8° Serie do Ensino Fundamental"
8	12	7° grado de Educación Primaria	7° año de EGB	"7° Serie do Ensino Fundamental"	"7° Serie do Ensino Fundamental"
7	11	6° grado de Educación Primaria	6° año de EGB	"6° Serie do Ensino Fundamental"	"6° Serie do Ensino Fundamental"
6	10	5° grado de Educación Primaria	5° año de EGB	"5° Serie do Ensino Fundamental"	"5° Serie do Ensino Fundamental"
5	9	4° grado de Educación Primaria	4° año de EGB	"4° Serie do Ensino Fundamental"	"4° Serie do Ensino Fundamental"
4	8	3° grado de Educación Primaria	3° año de EGB	"3° Serie do Ensino Fundamental"	"3° Serie do Ensino Fundamental"

Apéndice C. Abreviaturas y tablas de equivalencia

SECUENCIA ESCOLAR	EDAD	ARGENTINA (datos de 2007)		BRASIL (datos de 2007)	
3	7	2° grado de Educación Primaria	2° año de EGB	"2° Serie do Ensino Fundamental"	"2° Serie do Ensino Fundamental"
2	6	1° grado de Educación Primaria	1° año de EGB	"1° Serie do Ensino Fundamental"	"1° Serie do Ensino Fundamental"
1	0-5	Preescolar	Inicial	Educaçao Infantil	Educaçao Infantil
		Anterior	Actual	Periodo de transición	Periodo de transición
NOTAS					

Tabla C.1a Tabla de equivalencias, primaria o básica y media o secundaria de los países de Mercosur y del convenio Andrés Bello tabla de equivalencias con denominaciones de cursos y títulos. Tomado del documento Convenio Andrés Bello año 2013.

SECUENCIA ESCOLAR	EDAD	URUGUAY (datos de 2007)	PARAGUAY (datos de 2013)	REPÚBLICA BOLIVARIANA DE VENEZUELA (datos de 2008)	
13	17	"3° del Bachillerato de Educación Media"	3° Curso de Educación Media (*)		
12	16	"2° del Bachillerato de Educación Media"	2° Curso de Educación Media	2° Educación Media y Diversificada Profesional (*)	"5° Liceo Bolivariano (*)"
11	15	"1° del Bachillerato de Educación Media"	1° Curso de Educación Media	1° Educación Media y Diversificada Profesional	4° Liceo Bolivarianao
10	14	"3° del Ciclo Básico de Educación Media"	"9° Grado Educación Escolar Básica (EEB) (**)"	"9° Educación Básica 3a Etapa (**)"	3° Liceo Bolivariaño
9	13	"2° del Ciclo Básico de Educación Media"	8° EEB	"8° Educación Básica 3a Etapa"	2° Liceo Bolivariaño
8	12	"1° del Ciclo Básico de Educación Media"	7° EEB	"7° Educación Básica 3a Etapa"	1° Liceo Bolivariaño
7	11	6° de Educación Primaria	6° EEB	"6° Educación Básica 2a Etapa"	"6° de Escuela Bolivariana"
6	10	5° de Educación Primaria	5° EEB	"5° Educación Básica 2a Etapa"	"5° de Escuela Bolivariana"
5	9	4° de Educación Primaria	4° EEB	"4° Educación Básica 2a Etapa"	"4° de Escuela Bolivariana"
4	8	3° de Educación Primaria	3° EEB	"3° Educación Básica 2a Etapa"	"3° de Escuela Bolivariana"

Apéndice C. Abreviaturas y tablas de equivalencia

SECUENCIA ESCOLAR	EDAD	URUGUAY (datos de 2007)	PARAGUAY (datos de 2013)	REPÚBLICA BOLIVARIANA DE VENEZUELA (datos de 2008)	
3	7	2° de Educación Primaria	2° EEB	"2° Educación Básica 2a Etapa"	"2° de Escuela Bolivariana"
2	6	1° de Educación Primaria	1° EEB	"1° Educación Básica 2a Etapa"	"1° de Escuela Bolivariana"
1	0-5	Educación Inicial	Educación Inicial	Inicial introductoria	Preescolar Simoncito
NOTAS			"(*) Título de Bachiller Científico o Técnico (**) Al terminar el Tercer Ciclo Básico, se otorga un diploma de terminación de la Educación Escolar Básica."	"(*) Bachillerato Técnico o Medio con mención específica en la especialidad correspondiente. (**) Certificado de Educación Básica"	"La segunda columna, hasta el 2008, estaba en proceso de implementación (*) Bachiller o Técnico Medio con mención específica en la especialidad"

Tabla C.1b Tabla de equivalencias, primaria o básica y media o secundaria de los países de Mercosur y del convenio Andrés Bello tabla de equivalencias con denominaciones de cursos y títulos. Tomado del documento Convenio Andrés Bello año 2013.

SECUENCIA ESCOLAR	EDAD	BOLIVIA Ley 1565 de 1994	BOLIVIA Ley 070 de 2010	COLOMBIA	CUBA
13	17	"4° del Nivel Secundario (*)"	6° Educación Secundaria Comunitaria Productiva (*)		12° grado de Preuniversitario (*)
12	16	"3° del Nivel Secundario"	5° Educación Secundaria Comunitaria Productiva	11° grado de Educación Media (*)	"11° grado de Preuniversitario"
11	15	"2° del Nivel Secundario (**)"	4° Educación Secundaria Comunitaria Productiva	10° grado de Educación Media	"10° grado de Preuniversitario"
10	14	"1° del Nivel Secundario"	3° Educación Secundaria Comunitaria Productiva	9° grado de Educación Básica Secundaria (**)	9° grado de Secundaria Básica (**)
9	13	"8° del Nivel Primario (***)"	2° Educación Secundaria Comunitaria Productiva	8° grado de Educación Básica Secundaria	8° grado de Secundaria Básica
8	12	"7° del Nivel Primario"	1° Educación Secundaria Comunitaria Productiva	7° grado de Educación Básica Secundaria	7° grado de Secundaria Básica
7	11	"6° del Nivel Primario"	6° Educación Primaria Comunitaria Vocacional	6° grado de Educación Básica Secundaria	6° grado de Educación Primaria (**)
6	10	"5° del Nivel Primario"	5° Educación Primaria Comunitaria Vocacional	5° grado de Educación Básica Primaria	5° grado de Educación Primaria
5	9	"4° del Nivel Primario"	4° Educación Primaria Comunitaria Vocacional	4° grado de Educación Básica Primaria	4° grado de Educación Primaria
4	8	"3° del Nivel Primario"	3° Educación Primaria Comunitaria Vocacional	3° grado de Educación Básica Primaria	3° grado de Educación Primaria

Apéndice C. Abreviaturas y tablas de equivalencia

SECUENCIA ESCOLAR	EDAD	BOLIVIA Ley 1565 de 1994	BOLIVIA Ley 070 de 2010	COLOMBIA	CUBA
2	6	"1° del Nivel Primario"	1° Educación Primaria Comunitaria Vocacional	1° grado de Educación Básica Primaria	1° grado de Educación Primaria
1	0-5	Pre-escolar	2° Educación Inicial en Familia Comunitaria Escolarizada / 1° Educación Inicial en Familia Comunitaria Escolarizada	Grado de Transición en el nivel de Educación Pre-escolar (***)	Grado Pre-escolar
NOTAS		"(*) Diploma de Bachiller Técnico Medio o en Humanidades (**) Diploma de Técnico Básico (***) Certificado de Egreso Nivel Primario"	Se otorgará el título de Bachiller Técnico Humanístico	"(*) Bachiller Académico o Técnico en la especialidad cursada (**) Certificado Término de Educación Básica (***)Solo es obligatorio el grado de transición"	"(*) Título de bachillerato (**)Certificado de egreso de 6°, 9° y 12°"

Tabla C.1c Tabla de equivalencias, primaria o básica y media o secundaria de los países de Mercosur y del convenio Andrés Bello tabla de equivalencias con denominaciones de cursos y títulos. Tomado del documento Convenio Andrés Bello año 2013.

SECUENCIA ESCOLAR	EDAD	CHILE	ECUADOR	ESPAÑA	MÉXICO
13	17	"4º de Educación Media (*)"	"3º año de Bachillerato (*)"	"2º de Bachillerato (*)"	"3er año de Bachillerato (*)"
12	16	"3º de Educación Media"	"2º año de Bachillerato"	"1º de Bachillerato"	"2o año de Bachillerato"
11	15	"2º de Educación Media"	"1º año de Bachillerato"	4º de Educación Secundaria Obligatoria (**)	"1er año de Bachillerato"
10	14	"1º de Educación Media"	10º año de Educación General Básica (**)	3º de Educación Secundaria Obligatoria	3er grado de Educación Secundaria
9	13	"8º de Educación Básica"	9º año de Educación General Básica	2º de Educación Secundaria Obligatoria	2o grado de Educación Secundaria
8	12	"7º de Educación Básica"	8º año de Educación General Básica	1º de Educación Secundaria Obligatoria	1er grado de Educación Secundaria
7	11	"6º de Educación Básica"	7º año de Educación General Básica (***)	"6º de Educación Primaria"	6o grado de Educación Primaria
6	10	"5º de Educación Básica"	6º año de Educación General Básica	"5º de Educación Primaria"	5o grado de Educación Primaria
5	9	"4º de Educación Básica"	5º año de Educación General Básica	"4º de Educación Primaria"	4o grado de Educación Primaria
4	8	"3º de Educación Básica"	4º año de Educación General Básica	"3º de Educación Primaria"	3er grado de Educación Primaria

Apéndice C. Abreviaturas y tablas de equivalencia

SECUENCIA ESCOLAR	EDAD	CHILE	ECUADOR	ESPAÑA	MÉXICO
3	7	"2° de Educación Básica"	3° año de Educación General Básica	"2° de Educación Primaria"	2o grado de Educación Primaria
2	6	"1° de Educación Básica"	2° año de Educación General Básica	"1° de Educación Primaria"	1er grado de Educación Primaria
1	0-5	Parvularia	1° año de Educación General Básica / "Educación inicial 2 Educación inicial 1 (no escolarizado)"	Infantil	"3er grado de Preescolar (**)"
NOTAS		(*) Licencia de Educación Media	"(*) Se otorga título de Bachiller General unificado en Ciencias o Técnico (**) Certificado de aprobación de la Educa-ción General Básica (***) Certificado de promoción de 2° EGB a 3° de Bachillerato."	"(*) Bachiller con mención de modalidad (**) ESO: Graduado en Educa-ción Secundaria Obligatoria"	"(*) Certificado de Bachiller General o Título y Certificado de Bachillerato Técnico según la especialidad (**) Tres años obligatorios de preescolar que inicia a los tres años de edad."

Tabla C.1d Tabla de equivalencias, primaria o básica y media o secundaria de los países de Mercosur y del convenio Andrés Bello tabla de equivalencias con denominaciones de cursos y títulos. Tomado del documento Convenio Andrés Bello año 2013.

SECUENCIA ESCOLAR	EDAD	PANAMÁ	PERÚ	REPÚBLICA DOMINICANA
13	17	"12° Educación Media"		"4° de Educación Media (*)"
12	16	"11° Educación Media"	"5° Educación Secundaria (*)"	"3° de Educación Media"
11	15	"10° Educación Media"	"4° Educación Secundaria"	"2° de Educación Media"
10	14	"9° Educación Básica General"	"3° Educación Secundaria"	"1° de Educación Media"
9	13	"8° Educación Básica General"	"2° Educación Secundaria"	"8° de Educación Básica (**)"
8	12	"7° Educación Básica General"	"1° Educación Secundaria"	"7° de Educación Básica"
7	11	"6° Educación Básica General"	"6° Educación Primaria"	"6° de Educación Básica"
6	10	"5° Educación Básica General"	"5° Educación Primaria"	"5° de Educación Básica"
5	9	"4° Educación Básica General"	"4° Educación Primaria"	"4° de Educación Básica"
4	8	"3° Educación Básica General"	"3° Educación Primaria"	"3° de Educación Básica"

Apéndice C. Abreviaturas y tablas de equivalencia

SECUENCIA ESCOLAR	EDAD	PANAMÁ	PERÚ	REPÚBLICA DOMINICANA
3	7	"2° Educación Básica General"	"2° Educación Primaria"	"2° de Educación Básica"
2	6	"1° Educación Básica General"	"1° de Educación Primaria"	"1° de Educación Básica"
1	0-5	"Educación Inicial Formal Prescolar (4 y 5 años) No formal Parvularia 1 (0-2 años) Parvularia 2 (maternal 2 -4) Parvularia 3 (Preescolares 4- 5 años)"	"Educación Inicial: Primer ciclo (0- 2 años) Segundo Ciclo (3- 5 años)"	Educación inicial
NOTAS			"(*)Certificado de Estudios al culminar satisfactoriame nte la Educación Básica (**) Al finalizar la Educación Primaria se otorga Certificado de Estudios."	"(*) Titulo que lo acredita como Bachiller en cualquiera de las modalidades del Nivel Medio. (Existen tres Modalidades: General, Técnico Profesional y Artes, es obligatorio que los estudiantes participen en Pruebas Nacionales como requisito para la obtención del título de bachiller). (**) Diploma que acredita que finalizó la Educación Básica.

Tabla C.1e Tabla de equivalencias, primaria o básica y media o secundaria de los países de Mercosur y del convenio Andrés Bello tabla de equivalencias con denominaciones de cursos y títulos. Tomado del documento Convenio Andrés Bello año 2013.

Made in the USA
Columbia, SC
23 November 2024